Rebekka Reinhard

Die Sinn-Diät

Rebekka Reinhard

Die Sinn-Diät

Warum wir schon alles haben, was wir brauchen

Philosophische Rezepte
für ein erfülltes Leben

FSC
Mix
Produktgruppe aus vorbildlich
bewirtschafteten Wäldern und
anderen kontrollierten Herkünften
Zert.-Nr. SGS-COC-1940
www.fsc.org
© 1996 Forest Stewardship Council

Verlagsgruppe Random House FSC-DEU-0100
Das für dieses Buch verwendete
FSC-zertifizierte Papier Munken Premium Cream
liefert Arctic Paper Munkedals AB, Schweden.

Copyright © 2009 by Ludwig Verlag, München,
in der Verlagsgruppe Random House GmbH
www.ludwig-verlag.de
Umschlaggestaltung: Eisele Grafik-Design, München
Satz: C. Schaber Datentechnik, Wels
Druck und Bindung: GGP Media GmbH, Pößneck
Printed in Germany 2009

ISBN: 978-3-453-28008-3

*Erst wenn Ebbe kommt, sieht man,
wer ohne Badehose ins Wasser ging.*

WARREN BUFFETT

*Ein paar Krähen kreisten hoch oben am
Himmel, über den Gleisen.
Ich hätte gern ein Glas Tee gehabt,
obwohl ich inzwischen wusste,
dass das ein bourgeoiser Wunsch war.*

CHRISTIAN KRACHT, 1979

*Der Sinn – und dieser Satz steht fest –
ist stets der Unsinn, den man lässt.*

ODO MARQUARD

Inhalt

Vorwort ... 9

1 Perfektionismus bei der Generation Option ... 13
   Die Sinn-Diät – 1. Rezept:
   Optionen reduzieren 22

2 Warum Angst nur ein anderes Wort für Freiheit ist ... 26
   Die Sinn-Diät – 2. Rezept:
   Die Angst aus dem Schrank holen 35

3 Was der Tod mit dem Leben zu tun hat ... 40
   Die Sinn-Diät – 3. Rezept:
   Todesbewusst gegen Größenwahn 50

4 Wie man das Zeit-Monster besiegt ... 55
   Die Sinn-Diät – 4. Rezept:
   Auf das gute Timing pfeifen 64

5 Die beste Art zu lachen ... 69
   Die Sinn-Diät – 5. Rezept:
   Das Gelächter im Zaum halten 79

6 Der Unterschied zwischen Liebe und Lieben ... 85
   Die Sinn-Diät – 6. Rezept:
   Weniger Drama, mehr Kunst 94

7 Das Gute ... 99
   Die Sinn-Diät – 7. Rezept:
   Die Gleichgültigkeit loswerden 108

8 Das Böse ... 113
   Die Sinn-Diät – 8. Rezept:
   Selber-Denken trainieren 121

9 Das Geheimnis der Freundschaft 127
Die Sinn-Diät – 9. Rezept:
Sich mit der Einsamkeit befreunden 136

10 Das Fremde und das Normale 144
Die Sinn-Diät – 10. Rezept:
Das Normale mit Unnormalität anreichern 155

11 Big Talk und andere
Kommunikationskatastrophen 160
Die Sinn-Diät – 11. Rezept:
Erst überlegen, dann reden 169

12 Pessimismus gegen Unzufriedenheit 175
Die Sinn-Diät – 12. Rezept:
Den Hirngespinsten den Garaus machen 184

13 Akuter Glückszustand 190
Die Sinn-Diät – 13. Rezept:
Abhängigkeit minimieren 200

14 Chronisches Glück 205
Die Sinn-Diät – 14. Rezept:
Das Leben mit Respekt behandeln 214

Literatur 221

Webadressen 228

Anhang 229
Ein Selbsttest: Wie viel Philosophie brauchen Sie
für ein erfülltes Leben? 229

Danksagung 240

Vorwort

Dies ist ein Philosophiebuch der etwas anderen Art. Hier geht es nicht um trockene Theorie, sondern um die Kunst, philosophisch zu *leben*. Philosophisch leben heißt: Selber-Denken und -Handeln kultivieren. Neugierig sein. Auf Un-Sinn verzichten. Unangemessene Ansprüche, Schwarz-Weiß-Denken, Konkurrenzdenken, Vorurteile, Selbstverliebtheit, Gleichgültigkeit, Unzufriedenheit, Neid, Ängste, die ständige Jagd nach »Höhepunkten« – all das ist Un-Sinn.

In diesem Buch finden Sie philosophische Rezepte für ein erfülltes, vom Un-Sinn befreites Leben. Das Wort »Rezept« geht auf lateinisch *recipere* = »(auf-)nehmen« zurück. Einst leiteten Ärzte ihre schriftlichen Anweisungen zu Medikamenten, die sie den Apothekern übergaben, mit »*recipe!*« (»nimm!«) ein. Heute steht »Rezept« nicht mehr nur für Arzneiverordnungen, sondern für Mittel aller Art, die helfen sollen, ein bestimmtes Ziel zu erreichen. Ein Erfolgsrezept soll zum Erfolg führen, ein Kochrezept zu einem Gaumenschmaus. Und ein philosophisches Rezept?

Als Heilmittel gegen Sorgen, Ängste und »schädliche« Leidenschaften wurde die Philosophie schon in der griechischen Antike eingesetzt. Erneuerer dieser Tradition sind heute Philosophen wie Wilhelm Schmid oder Gerd B. Achenbach. Mit der Institutionalisierung der ersten, inzwischen weltweit etablierten *Philosophischen Praxis* im Jahr 1981 bestimmte Achenbach den Wert der Philosophie neu. Die Philosophische Praxis (Philosophische Beratung) holt die Philosophie aus dem Elfenbeinturm der akademischen Wissenschaft. Sie macht die Philosophie für eine Gesellschaft, in der alle Lebensbereiche strengen Kriterien der Marktfähigkeit, Performance, Effizienz, Effektivität und Optimierbarkeit zu unterstehen scheinen, *lebbar*. Hierzu enthält dieses Buch zahlreiche Fallbeispiele.

Die Philosophische Beratung ist keine Psychotherapie – sie ist eine ressourcenorientierte, kreative Form des zwischenmenschlichen Austausches und der Selbstreflexion. Anders als ein Arzt oder Psychotherapeut – Spezialisten auf ihrem Gebiet – versteht sich der Philosophische Berater als »Generaldilettant« (Achenbach). Er will dem Ratsuchenden nicht mit feststehenden Theorien, sondern mit größtmöglicher Unvoreingenommenheit begegnen. Er betrachtet Probleme und Beschwerden nicht nur als etwas Negatives, das schnellstmöglich eliminiert werden muss. Die speziellen Probleme, die ein Mensch mit sich herumschleppt, helfen ihm immer auch, die Einmaligkeit und Einzigartigkeit dieses Menschen zu erkunden. Der Philosophische Berater kennt weder »Kranke« noch »Gesunde« – er sträubt sich gegen hierarchische Unterscheidungen wie gesund/krank, normal/unnormal, heilsam/heillos. In der Philosophischen Beratung gibt es keine Kranken oder Hilfsbedürftigen, nur Ratsuchende. Deshalb kann es hier auch keine »Indikationen« im medizinischen Sinn geben, allenfalls typische Themen: Sinnfragen, Identitätskrisen, Dauerstress, Alltagsfrustrationen, Kommunikationsprobleme, Auseinandersetzung mit der eigenen Endlichkeit, Umgang mit Veränderlichem und Unabänderlichem, chronische Unzufriedenheit, chronische Langeweile, Orientierungslosigkeit ... Die Philosophische Beratung kann und will keine Patentlösungen anbieten. Ihr Wert liegt vielmehr in inhaltlichen Anregungen. Sie will zum Weiterdenken einladen, zu neuen, bisher undenkbaren Einstellungen und Handlungsmöglichkeiten inspirieren, zu Mut und Engagement.

Wer diese Beratung in Anspruch nimmt, braucht keine philosophischen Vorkenntnisse. Voraussetzung ist vielmehr der Wunsch, die eigene Situation aus neuen, umfassenderen Sichtweisen als der üblichen begreifen zu wollen. Nicht mehr wird vom Leser dieses Buches verlangt. Die Rezepte in diesem Buch sollen Ihnen Mittel zum Perspektivenwechsel, zum Umdenken und Um-die-Ecke-Denken sein. Alles Weitere liegt in Ihren Händen. Ein Patentrezept für ein erfülltes Leben gibt es nicht.

Dieses Buch empfiehlt Ihnen eine Sinn-Diät. Unter »Diät« oder »Diätetik« versteht Hippokrates, der berühmteste Arzt der Antike, eine maßvolle Lebensgestaltung, die weit über den Bereich gesunder Ernährung hinausgeht. Diäten brauchen wir, um möglichst lange möglichst schön und jung zu bleiben – aber wozu brauchen wir eine *Sinn-Diät*? In seinen Bemerkungen »Zur Diätetik der Sinnerwartung« schreibt der Philosoph Odo Marquard: »... wenn irgendwo Erwartung und Erfüllung divergieren, sodass Enttäuschungen, Erfüllungsdefiziterlebnisse, Mangelerfahrungen entstehen, dann gibt es niemals nur eine, sondern dann gibt es stets zwei Möglichkeiten der Erklärung: entweder nämlich ist da zu wenig Erfüllung oder es ist da zu viel Erwartung; entweder das Angebot ist zu klein oder die Nachfrage ist zu groß.«
 Was jetzt also!? Fangen Sie an zu lesen – und finden Sie es selbst heraus. Wenn Sie sich vom Leben benachteiligt fühlen, an Unzufriedenheit leiden oder nicht genau wissen, wer Sie sind und wohin Sie wollen, ist dies das richtige Buch für Sie. Es erwarten Sie eine Vielzahl spannender Erkenntnisse und wertvolle Orientierungshilfen für Ihren Alltag. Die *Sinn-Diät* gibt Ihnen Anregungen zu einer sinnvollen Lebensgestaltung – dazu, endlich die richtige Balance zwischen Ihren Ansprüchen ans Leben und dem Leben selbst zu finden.

Was Sie noch wissen sollten: Bei den Fallbeispielen in diesem Buch handelt es sich nicht um vollständige Philosophische Beratungen, sondern um Gesprächs*ausschnitte*. Die Identität der jeweiligen Ratsuchenden (Klienten) wurde aus Gründen der Diskretion anonymisiert.

Ich kann immer wählen, aber ich muss mir bewusst sein, dass ich, wenn ich nicht wähle, trotzdem wähle.

JEAN-PAUL SARTRE

1 Perfektionismus bei der Generation Option

»Werde, der du bist!«, fordert Friedrich Nietzsche. Sollten wir uns angesprochen fühlen? Wir, die wir uns mit tausend Dingen gleichzeitig beschäftigen müssen? Wir sind ja schon, was wir sind. Ziemlich perfekt. Fast ganz perfekt. »Werde noch perfekter, als du bist!« Ist es das, was Nietzsche meint?

Wir sind im besten Alter, weder zu jung noch zu alt. Wir stehen mitten im Leben. Wir wissen, welche Tasten wir drücken müssen, um gleichzeitig telefonieren, Musik hören und eine Grafik erstellen zu können. Wir klicken, tippen und scrollen, bis alles perfekt ist. Perfektion ist für uns kein Ideal – es ist ein Kampf. Wir sagen: »Ich muss nicht alles haben.« Schließlich gehören wir zu den Privilegierten – zur Generation Option: In unserer Position, mit unserem Status und unserem Einkommen können wir wählen, was wir zu wollen haben und was nicht. Denken wir. Und suchen immer nur das Optimale: den perfekten Körper, den perfekten Partner, das perfekte Frühförderungsprogramm, die perfekte Work-Life-Balance, das perfekte DSL-Paket. Perfekt heißt für uns keineswegs: absolut vollkommen. Wir sind schließlich realistisch (nur Idealisten streben nach absoluter Vollkommenheit). Unter *perfekt* verstehen wir: *effizient, effektiv, produktiv, schnell zu kriegen, teuer anzusehen, günstig zu haben – und mit größtmöglichem Lustgewinn ausgestattet.* Unser Generalziel ist klar: das perfekte Leben. Solange wir das nicht erreicht haben, müssen wir uns mit einem Zustand der Vorläufigkeit zufriedengeben. Deshalb bemühen wir uns, alles noch perfekter zu machen. Wir stemmen Gewichte, gehen mit dem Laptop ins Bett, meditieren, beschränken uns auf Bio-Produkte, vergleichen unaufhörlich die Preise.

Irgendwann glauben wir, das Perfekte irgendwie verfehlt zu haben. Tief in unserem Inneren fühlen wir uns ein klein wenig schuldig. Könnte es sein, dass es Optionen gab, die wir übersehen haben? Wir fangen an zu warten. Wir warten, dass sich uns eine nie da gewesene – die optimale – Option eröffnet. Dass irgendetwas Großartiges passiert. Einfach so. Nebenbei. Als Lohn für unsere Anstrengungen im Kampf um die Perfektion. Wir warten darauf, endlich zu verstehen, warum wir uns so anstrengen.

Es ist ganz natürlich, dass wir irgendwann an diesen Punkt kommen. Machen wir uns klar, in welcher Welt wir leben. Diese Welt ist bis zur Unübersichtlichkeit komplex – hyperkomplex. Realitäten (Managergehälter, Arbeitslosigkeit, Inflation, Eisbären, Migranten, Kriege, demografischer Wandel, Gesundheitssystem, Finanzkrise) konkurrieren mit Virtualitäten (Internet, MySpace, PlayStation, TV, Lara Croft, Ego-Shooter). Alles hat seine eigene Wahrheit. Alles hat seine Vor- und Nachteile. Vor diesem Hintergrund sind die Optionen, wie wir unser Leben gestalten können, potenziell unendlich. Wir können faul, fleißig oder sehr fleißig sein. Wir können Gucci oder ZARA lieben. Mit einer guten Ausbildung können wir Key Account Manager werden oder Hartz-IV-Empfänger. Wir können heiraten, Kinder kriegen oder Karriere machen. Oder wir können erst Key Account

Manager werden, heiraten, Kinder kriegen und dann Hartz-IV-Empfänger werden. Dazwischen liegen jeweils zahlreiche Optionen, die wir ergreifen können oder nicht. Eine Option reiht sich an die andere. Hinter jeder Option lauert eine nächste. Wenn ein Bekannter, den wir nicht besonders mögen und der uns beruflich oder privat nicht weiterbringt, zu einer Party lädt, fragen wir uns vielleicht: »Soll ich jetzt zusagen, absagen oder einfach nicht reagieren?« Wenn wir vermuten, auf dieser Party Leute zu treffen, mit denen wir ebenfalls nicht besonders warm werden und die uns auf unserem Weg zum perfekten Leben ebenso wenig nützen wie jener Bekannter, werden wir wahrscheinlich nicht zusagen. Wir werden absagen. Noch wahrscheinlicher ist es, dass wir überhaupt nicht reagieren. Wozu auch? Was sollte uns das bringen?

Der dänische Philosoph Søren Kierkegaard (1813–1855) schrieb mit großer Ehrlichkeit von der Gabe des modernen Menschen, aus einem vielversprechenden Leben ein sinnloses Leben zu machen. Er sagt: Solange man ein Kind ist, kann man allein in einem dunklen Zimmer ohne Weiteres viel Spaß haben. Einfach deshalb, weil man als Kind alles neu und fantastisch findet. Als Erwachsener dagegen ist man vom Weihnachtsbaum schon gelangweilt, bevor man ihn zu sehen bekommt.

Mit anderen Worten: Je älter wir werden, desto mehr verlieren wir die Fähigkeit zu staunen. Wir glauben, die Menschen, Dinge und Sachverhalte zu kennen, und nehmen sie deshalb für selbstverständlich – selbstverständlich gut, selbstverständlich schlecht. Aber je selbstverständlicher uns alles wird, desto unzufriedener werden wir. Und je unzufriedener wir werden, desto unmäßiger wird unser Anspruch auf Perfektion. Uns wird klar, dass dieser Anspruch nicht das erfüllt, was wir uns von ihm versprechen. Wir beginnen zu glauben, dass uns etwas fehlt. Warum? Alles in allem kommen wir in unserem Leben doch gut voran. Vielleicht ist unser Job interessant und nicht schlecht bezahlt. Vielleicht ist unser Ehepartner attraktiv und liebevoll. Vielleicht machen unsere Kinder uns sehr stolz. Vielleicht haben wir auch tolle Freunde. Oder sogar alles zusammen. Trotzdem glauben wir, es gäbe da noch andere Optionen. Wir glauben, wir bräuchten noch etwas anderes, Besseres. Wir wollen mehr.

Vielleicht geht es uns manchmal wie jener Frau, die Blumen wollte und deshalb Rosen, Veilchen, Nelken und Krokusse in den Müll warf. Schließlich wollte sie nicht Rosen, sondern Blumen. Nicht Veilchen, sondern Blumen. Nicht Nelken, sondern Blumen. Nicht Krokusse, sondern Blumen. Seien wir ehrlich: So wie jene Frau den einzig sicheren Weg wählte, um gerade nicht zu bekommen, was sie wollte – Blumen –, so wählen auch wir manchmal mit erstaunlicher Geschicklichkeit Wege, die gerade nicht zu dem führen, was wir wollen. »Ich muss nicht alles haben«, sagen wir. Trotzdem fehlt uns immer etwas. Uns ist das, *was* wir haben, selbstverständlich geworden. Dieses Phänomen ist in unserer hyperkomplexen Welt weit verbreitet.

Kürzlich kam ein junger Mann zu mir in die Philosophische Beratung. Seine Kleidung und Gestik waren perfekt auf seinen Typ abgestimmt. Äußerlich schien ihm nichts zu fehlen.

»Erzählen Sie doch mal, wo Ihr Problem liegt«, sagte ich.

»Keine Ahnung. Ich dachte, das sagen Sie mir«, meinte er.

»Wie kann ich etwas zu Ihrem Problem sagen, wenn ich nichts von Ihnen weiß?«

»Ja, also: Ich arbeite im kreativen Bereich und habe eine Freundin, eigentlich Ex-Freundin. Die wollte ein Kind. Jetzt möchte ich mich vielleicht beruflich umorientieren.«

»Wunderbar.«

»Meine Geschwister sind alle Anwälte und ich ... hm, das ist schwierig ... keine Ahnung.«

»Sie befinden sich in einer Situation der Neuorientierung und müssen ein paar wichtige Entscheidungen treffen?«

»Kann sein. Weiß nicht. Aber was ich Sie fragen wollte: Wie war das noch mal mit der Rechnung? Kann ich die irgendwie absetzen?«

Das Problem war klar: Der junge Mann erwartete die perfekte Beratung. Sie sollte effizient, effektiv, produktiv, schnell zu kriegen, teuer anzusehen, günstig zu haben sein – und mit größtmöglichem Lustgewinn ausgestattet. Dafür kämpfte er. Er wollte sich nicht vorschnell festlegen. Es gab schließlich viele Optionen. Und er wollte auf keinen Fall zu kurz kommen. In Wirklichkeit dauerte unser Gespräch viel länger, aber die Länge der Zeit änderte an seiner Erwartungshaltung nichts. Der sympathische Mensch sagte, er werde sich im Laufe einer Woche wieder bei mir melden. Tatsächlich aber hörte ich nie wieder von ihm. Er sagte nicht zu. Er sagte nicht ab. Er reagierte überhaupt nicht.

Ein wichtiger Grund, weshalb Perfektion im Leben der Bewohner einer hyperkomplexen Welt eine so große Rolle spielt, sind *die Anderen*. *Die Anderen* sind die Menschen, die einem zwar nicht in jedem Fall etwas bringen, die einem aber trotzdem nicht egal sind. Weil sie einen oder mehrere Bereiche mit einem selbst gemeinsam haben: den Job, das Einkommen, die Anzahl der Kinder, das Alter, die Attraktivität oder die Intelligenz. Es sind Freunde, Bekannte, Kollegen. Menschen, mit denen man sich in der einen oder anderen Weise identifizieren kann. *Die Anderen* sind die treibende Kraft bei der Jagd nach Perfektion. Denn sie sind die einzigen verlässlichen Maßstäbe inmitten der ganzen Hyperkomplexität.

Oft hat man zu verschiedenen Zeitpunkten die unterschiedlichsten Meinungen von sich selbst. Heute hält man sich für clever, morgen für dumm. Erst liebt man sich, dann hasst man sich, erst fühlt man sich überflüssig, dann plötzlich unersetzlich. Dieses Wechselspiel von Selbstbeurteilungen hängt nicht nur von den eigenen Anstrengungen ab, alles perfekt zu machen. Es wird auch entscheidend davon beeinflusst, wie die anderen einen sehen. Dabei gilt der Grundsatz: Je mehr soziale Anerkennung man bekommt, desto positiver die Selbstbeurteilung. In einer Zeit der elektronischen Hyperkommunikation, in der E-Mails, Handys, BlackBerrys die Erwartung auf sofortige Resonanz bis ins Unendliche steigern, kann ausbleibende Anerkennung zu einem bedeutenden Stressfaktor werden. Wer zustimmende Anrufe für seine Anstrengungen erhält, ist wichtig. Wer ablehnende Mails empfängt, ist unwichtig. Wer gar keine Reaktion bekommt, ist so gut wie tot. Wenn bei *den Anderen* mehr zustimmende Anrufe eingehen als bei einem selbst und wenn sich an dieser Situation nach einigen Wochen oder Monaten nichts ändert, wird man mit hoher Wahrscheinlichkeit neidisch. »Der Vergleich ist das Ende des Glücks und der Anfang der Unzufriedenheit«, schreibt Kierkegaard.

Weil soziale Anerkennung so eine fundamentale Bedeutung für die Selbstbeurteilung und somit für das Selbstwertgefühl hat, neigt man dazu, ausbleibende Resonanz persönlich zu nehmen. Dabei vergisst man leicht, dass diese überhaupt nichts mit der eigenen Person zu tun hat. Sondern mit konkurrierenden Optionen *der Anderen*. *Die Anderen* meinen es ja nicht böse, sondern verhalten sich nur genauso wie man selbst. Wen ein Mensch, ein Ding oder ein Sachverhalt nicht weiterbringt auf seinem Weg zum perfekten Leben, der reagiert nicht mehr darauf. Was einen nicht weiterbringt, ist nutzlos. Nutzlosigkeit ist das Gegenteil von Perfektion. Es kostet Zeit. Deshalb ignoriert man das Nutzlose. Man klickt es aus seiner Wahrnehmung einfach weg – so wie man ein Fenster im Windows-Programm wegklickt.

Einerseits will man *die Anderen* wenigstens in einem Bereich ein bisschen übertrumpfen. Andererseits will man ihre Anerkennung. Man will ihre Anerkennung, ihre Liebe und ihren Respekt dafür, dass man sie übertrumpft hat. Wenn man intelligentere Kinder, einen schöneren Mund, eine höhere Abfindung oder mehr Meditationserfahrung hat als die anderen, will man dafür auch noch gelobt werden. Ehrliche Anerkennung von *den Anderen* aber wird man nur dann erhalten, wenn sie einen Grund dafür haben. Und dieser Grund ist nur dann gegeben, wenn einen *die Anderen* – in anderen Bereichen – ebenfalls übertrumpft haben. In allen anderen Fällen erstickt der Neid die Anerkennung.

Das eigentliche Problem ist aber nicht die ausbleibende Anerkennung *der Anderen*. Das Problem ist weder unser mäßig sinnlicher Mund noch die überteuerte Flatrate, sondern das Warten auf etwas Großartiges: ein Sehnen nach Mehr. Es ist der Wunsch nach mehr Sinn, der hinter der Jagd nach Perfektion steht. Irgendwann sagen wir uns: »Ich muss *wirklich* nicht alles haben.« Uns wird klar, dass ein sinnvolles Leben besser als ein perfektes Leben ist. Sinn ist für uns gleichbedeutend mit dauerhaftem Glück. Da wir realistisch sind, wissen wir, dass man dauerhaftes Glück nicht erzwingen kann. Deshalb ziehen wir es vor zu warten. Außerdem haben wir sowieso keine Lust, auch noch in dieser Hinsicht aktiv zu werden. Schließlich verausgaben wir uns schon genug, alles perfekt zu machen. Wir wollen erst einmal abwarten, was da an Sinn und Glück auf uns zukommt. Zunächst sind wir zuversichtlich, dass wir bald – am liebsten sofort – für unsere Mühen entschädigt werden.

Während wir warten, sind wir natürlich weiter emsig dabei, die Optionen zu checken und uns nur mit dem Perfekten zufriedenzugeben. Dabei beeilen wir uns sehr. Denn Zeit ist Geld. Und die Konkurrenz *der Anderen* schläft nicht. Langsam werden wir nervös. Der Sinn des Ganzen will sich nicht zeigen. Unser Terminkalender ist zum Bersten gefüllt: Arbeit, Kindergarten, Elternabend, Golf, Geschäftsessen, Workout, Snowboarden, Trekking, Nahreisen, Fernreisen, Einkaufen, Meditation. Kaum haben wir neunundfünfzig Minuten Meditation hinter uns gebracht, rennen wir wie ein gehetztes Tier aus dem Yoga-Center, um gerade noch rechtzeitig unser Kind, unseren Mantel oder unser Auto abzuholen.

Dabei wollen wir gar keinen Zeitdruck. Sondern Sinn. Wir wollen auch keinen perfekten Partner. Sondern Sinn. Wir wollen nicht einmal ein perfektes DSL-Paket. Sondern Sinn. Aber was tun wir nicht alles, um am Sinn vorbeizuleben?

Søren Kierkegaard: »Von den lächerlichen Dingen in der Welt scheint mit das Allerlächerlichste ein viel beschäftigter Mann zu sein, der hastig isst und eilig seine Arbeit verrichtet. Sehe ich daher eine Fliege, wie sie sich im entscheidenden Moment auf die Nase eines solchen Geschäftsmannes setzt oder wie er von einem Wagen bespritzt wird, der in noch größerer Eile an ihm vorbeifährt ... lache ich von ganzem Herzen. Und wer müsste denn wohl nicht lachen? Geht es ihm nicht wie jener Frau, die in aller Aufregung darüber, dass im Hause Feuer ausgebrochen war, die Feuerzange rettete? Was retten sie denn wohl mehr aus der großen Feuersbrunst des Lebens?«

Mit anderen Worten: Während wir hoch konzentriert damit beschäftigt sind, an allen möglichen Ecken und Enden Feuer zu legen, könnte das Leben hinter unserem Rücken längst in Flammen stehen. Es könnte sein, dass wir vor lauter Ringen um Perfektion das Aufregendste, Spannendste und Staunenswerteste verbrennen lassen: unser Leben. *Unser Leben ist keine Option, die wir ergreifen können oder nicht. Unser Leben ist wirklich und einzigartig.* Es gibt (zumindest in diesem Leben) keine Alternative. Wir müssen es leben.

Doch es besteht kein Grund zur Sorge. Alles, was wir für ein erfülltes Leben brauchen, ist bereits in uns angelegt. Wir brauchen nicht mehr Sinn. Wir brauchen weniger Un-Sinn. Wenn wir der Perfektionsfalle entkommen wollen, brauchen wir eine Sinn-Diät. Solange wir auf Sinn-Diät sind, müssen wir uns mit Fragen auseinandersetzen. Mit scheinbar *nutzlosen* Fragen, die uns (angeblich!) nicht weiterbringen, wie: »Was ist Angst? Was ist Ironie? Was ist das Fremde?« Solange wir auf Sinn-Diät sind, müssen wir unsere Ungeduld nach schnellen Antworten unterdrücken (genauso wie wir unsere Gier nach Sahneschnittchen bezwingen müssen, solange wir abnehmen wollen). Wenn die Diät ein dauerhafter Erfolg sein soll, müssen wir dies aus freiem Entschluss tun. Aber unsere Entschlossenheit darf mit der Diät nicht enden. Sie sollte von nun an unser ganzes Leben lang andauern. Es ist eine Qual, nicht das Sahneschnittchen essen zu dürfen, das man liebt. Es ist quälend, ums Haus zu joggen, wenn man lieber in orthopädisch unkorrekter Haltung vor dem Fernseher lümmeln würde. Aber man nimmt die Quälerei in Kauf, weil die eigene freiwillige Selbstbeschränkung auf lange Sicht gesünder und das Leben dadurch leichter macht. Es ist auch eine Qual, sich mit seinem Anspruch auf die perfekte Lösung aller Probleme zurückhalten zu müssen, wenn man am liebsten alles sofort haben würde. Liebe. Glück. Sinn. Aber es gibt keinen anderen Weg, wenn wir wirklich dauerhaft glücklich werden wollen. Die Qual ist der Preis für das Glück. Aber trösten wir uns: Sie wird mit der Zeit immer erträglicher – so erträglich, dass wir am Ende gar nicht mehr ohne sie leben wollen.

Die Sinn-Diät
1. Rezept: Optionen reduzieren

Optionen sind nicht realisierte Möglichkeiten. Sich ein Übermaß an Optionen offenzuhalten ist gefährlich. Damit gaukeln wir uns vor, wir könnten im Prinzip tun und lassen, was wir wollen – solange es die Kriterien der Perfektion erfüllt. Dies ist ein Irrtum. Je mehr Optionen wir uns offenhalten, desto mehr gewöhnen wir uns an eine provisorische Lebenshaltung. Je mehr Wahlmöglichkeiten wir zu haben glauben, desto mehr gleiten wir ab ins hypothetische Denken: »Theoretisch könnte ich ... Ich könnte aber auch ... Oder ich könnte ...«

Das hypothetische Denken liebt die Lebenshaltung der Vorläufigkeit: »Vorläufig will ich mich nicht festlegen. Schauen wir mal, was noch so kommt. Vielleicht ergibt sich noch etwas Besseres.«

Je mehr sich eine solche – an sich sehr bequeme – Einstellung verfestigt, desto schwieriger wird es, wichtige von unwichtigen Optionen zu unterscheiden und entsprechende Entscheidungen zu treffen. Dies kann fatale Auswirkungen auf unsere zwischenmenschlichen Beziehungen haben. Und auf den Verlauf unseres Lebens insgesamt. Wenn wir uns Optionen zu lange offenhalten, fangen sie an, von selbst zu entschwinden. Wenn wir zu lange überlegen, ob wir Key Account Manager werden wollen oder doch lieber Personalberater, werden wir am Ende vielleicht Hartz-IV-Empfänger. Entsprechendes gilt für die Optionen der Eheschließung, Elternschaft oder Rentenversicherung. Wenn wir unsere Optionen reduzieren, bevor sie von selbst verstreichen, können wir unsinnige Zustände vermeiden, die unser Leben langsam, aber wirksam vergiften: Langeweile, Vergesslichkeit, Gewissensbisse, Selbstwertprobleme, Sinnlosigkeitsgefühle.

Gewöhnen Sie sich daher an, Ihre Optionen auf ein überschaubares Maß zu reduzieren, indem Sie wieder

Ja und Nein sagen lernen. Die Praxis des Ja- oder Neinsagens ist Ihnen sicher noch aus Kindertagen bekannt. Wenn Sie selbst Kinder haben, sind Sie mit dieser Praxis sogar täglich konfrontiert. Nehmen Sie sich zum Üben ein Beispiel an Ihren Kindern: Wenn Ihnen eine Option nicht gefällt, sagen Sie laut: »Nein!« – ansonsten sagen Sie: »Ja!« Versuchen Sie nicht, spitzfindig zu werden und mit »Vielleicht«, »Weiß nicht« oder »Keine Ahnung« zu antworten.

Legen Sie jetzt auf keinen Fall das Buch zur Seite! Versuchen Sie auch keinesfalls, überhaupt nicht zu reagieren und die Übung zu ignorieren. Lernen Sie wieder zu wählen – und hinter Ihrer Wahl zu stehen. Wenden Sie dieses Rezept im sozialen Kontext an. Vergessen Sie dabei nicht, Ihr Ja oder Nein auch zu begründen – Sie sind schließlich kein Kind mehr. Hier ein paar Beispiele:

▶ Sie sind beliebt. Ständig ruft man Sie an. Sie aber rufen selten zurück, obwohl Sie oft die Absicht haben, es zu tun.

Prüfen Sie Ihre Kontakt-Optionen. Sagen Sie »Ja« zu den wichtigen Beziehungen und seien Sie ein treuer Freund. Sagen Sie »Nein« zu den Schönwetterbegleitern (mit denen Sie viel Spaß haben, die aber nie da sind, wenn es Ihnen schlecht geht). Und begründen Sie Ihr »Nein« – wenigstens vor sich selbst.

▶ Sie haben die Angewohnheit, erst einmal abzuwarten, wenn jemand etwas von Ihnen will oder Sie etwas für ihn tun sollten. Zu schnelles Handeln erzeugt einen unangenehmen Druck in Ihnen.

Wenn Sie Nachrichten, Anfragen oder Bitten von Kollegen oder Bekannten erhalten, beantworten Sie sie auf jeden Fall. Streichen Sie Nicht-Reaktionen aus Ihrem Repertoire. Denken Sie immer daran: *Den Anderen* ist soziale Anerkennung ebenso wichtig wie Ihnen selbst! Leisten Sie Ihren Beitrag für eine zufriedenere Gesellschaft.

▶ Sie gehen gern zum Sport. In der Umkleidekabine schauen Sie weder nach links noch nach rechts. Sie reden nicht oder kaum mit den Anwesenden. Sie wissen ja nicht, ob eine Unterhaltung Ihnen etwas bringen würde.
Machen Sie ab sofort ein freundliches Gesicht, wenn Sie mit anderen Menschen Sport treiben. Zeigen Sie ihnen, dass sie nicht Luft für Sie sind. Reden Sie mit ihnen – und erfahren Sie vielleicht Dinge, die Sie nicht im Geringsten weiterbringen, dafür aber staunen machen.

▶ Sie haben ein wichtiges Meeting, wollen aber vorher im Supermarkt schnell noch ein Glas Gurken kaufen. Während Sie dabei sind, unter zehn verschiedenen Gurkenmarken die beste auszuwählen, hören Sie neben sich die Stimme eines Menschen, es ist ein Blinder: »Wo, bitte, finde ich Mayonnaise?«
Gehen Sie im Kopf kurz Ihre Optionen durch: Sie könnten a) die Frage ignorieren, sich ein Gurkenglas schnappen und auf leisen Sohlen zur Kasse schleichen. Sie könnten b) »Keine Ahnung!« sagen und dem Blinden noch einen schönen Tag wünschen, oder Sie könnten c) den Arm des Blinden nehmen und sich mit ihm auf die Suche nach der Mayonnaise begeben.
In den Fällen a) und b) sagen Sie »Ja« zum Meeting, bei dem Sie (als perfektes *High Potential*) pünktlich erscheinen wollen und versagen dem Blinden eine Antwort. Im Fall c) sagen Sie Ja zu den Tugenden der Hilfsbereitschaft und Nächstenliebe und Nein zur Perfektion. (Wenn Sie ehrlich sind: So wichtig war das Meeting auch wieder nicht.) Nur wenn Sie sich auf Variante c) festlegen, sind Sie im Einklang mit sich und der Welt – und vom Un-Sinn befreit.

Wenn Sie sich an dieses Rezept halten, werden Sie sich aufgeräumter fühlen. Ihre Gedanken und Gefühle, die bisher wie Kraut und Rüben durcheinanderlagen, werden Ihnen plötzlich wesentlich geordneter erscheinen. Im Laufe der Zeit werden Sie ein Gespür dafür entwickeln, was es heißt, eine echte Persönlichkeit zu sein. Eine echte Persönlichkeit sagt nicht »vielleicht«.

> *Angst ist ein Unbehagen des*
> *Gemüts bei dem Gedanken an ein*
> *zukünftiges Übel, das uns mit aller*
> *Wahrscheinlichkeit treffen wird.*
>
> JOHN LOCKE

2 Warum Angst nur ein anderes Wort für Freiheit ist

Angst – das ist für uns kein Thema. Angst vor dem Outsourcing? Haben wir nicht. Angst vor der Inflationsspirale? Bekommen wir nicht zu spüren. Angst vor unerwünschter Kinderlosigkeit? Kein Problem für uns, wir gehen einfach zur Samenbank. Es ist alles eine Frage der Planung, der Organisation, des richtigen Timings. Denken wir. In unseren Augen ist Angst etwas für Kinder. Und für Leute, die gerne dramatisieren, weil sie sich sonst langweilen. Ansonsten halten wir Angst für eine eher altmodische Emotion. Angst – das klingt so nach 19. Jahrhundert. Als es noch verwöhnte, von Asthmaanfällen geschwächte Schriftsteller wie Marcel Proust (1870–1922) gab. Die bis zu ihrem Tod mit ihrer Mutter zusammenlebten, weil sie ohne Gutenachtkuss nicht schlafen konnten.

Die Angst passt nicht in unser perfektes Leben. Sie bringt uns nichts. Deshalb schalten wir sie einfach aus. Wir klicken sie weg. Und widmen uns den wichtigen Dingen: der Arbeit und der Freizeit. Wir arbeiten wie die Wahnsinnigen, und wenn wir nicht arbeiten, organisieren wir unsere Freizeit. Die Organisation der Freizeit ist neben der Arbeit unsere liebste Disziplin. Wir teilen jede Stunde, jede Minute unserer Freizeit so ein, dass sie nicht sinnlos verstreicht. Der Sinn der Freizeit liegt für uns in einer guten Organisation. Wir ruhen erst dann, wenn unsere letzte freie Minute in sinnvoller Weise vergeben ist.

Am Freitagabend checken wir kurz die Börsenkurse und das Wetter, damit wir auf alles vorbereitet sind. Am Samstag holen wir unsere Freunde – nennen wir sie Dörte und Oliver – zu einer Bergtour ab. Damit Dörte und Oliver ganz sicher sein können, dass wir sie auch wirklich abholen, rufen wir vorher kurz durch. Einmal, wenn wir das Haus verlassen, einmal, während wir im Stau stehen, und einmal, wenn wir fast bei ihnen angekommen sind. Wenn sich dann herausstellt, dass sich Oliver, als er zum dritten Mal eilig nach dem Handy griff, um unseren Anruf entgegenzunehmen, eine Zerrung zuzog, die seine Teilnahme am Bergsteigen verhindert, gehen wir zügig zu Plan B über. Wir vertrösten Dörte und Oliver auf das nächste Mal, rufen Marcello an und gehen shoppen. Wir brauchen dringend ein paar Hemden, und Marcello weiß, wo es die tollsten Designer-Schnäppchen gibt. In der Stadt treffen wir zufällig Antje, mit der wir uns schnell auf ein improvisiertes Abendessen bei Martin und Paul einigen. Kaum hat Antje versprochen, die Details mit Martin und Paul zu klären, rufen wir unsere Eltern an, um eine möglichst frühe Abholzeit für die Kinder auszuhandeln. Nach dem Essen schauen wir DVDs auf Martin und Pauls neuem Flatscreen, trinken dabei aber nicht allzu viel Bier und bleiben auch nicht allzu lange. Schließlich wartet morgen ein weiterer freier Tag auf uns, den wir nicht ungenützt verstreichen lassen wollen.

Durch solche und ähnliche Aktionen verhindern wir systematisch, dass wir auch nur eine Minute zur Ruhe kommen. Wir verhindern, dass so etwas Schreckliches wie Angst überhaupt in uns aufsteigt. *Wir haben Angst, Angst zu haben, weil wir sie für etwas Negatives halten.* Angst vor Statusverlust. Angst vor dem Verfall unserer Vermögenswerte. Angst vor dem dreißigsten, vierzigsten oder fünfzigsten Lebensjahr. Angst davor, dass unser Kind nicht genug Sozialkompetenz entwickelt. Angst, dass unsere Glückssträhne abreißt. Angst vor einer Trennung. Angst vor einer Beziehung. Angst vor dem Dickwerden. Angst vor der Impotenz. Angst vor dem Alleinsein.

Angst ist weder effektiv noch effizient. Sie taucht immer dann auf, wenn wir sie am wenigsten brauchen können. Eine Zeit lang kam ein Mann zu mir in die Philosophische Beratung, der etwas für seine Persönlichkeitsentwicklung tun wollte. Er war jenseits der Fünfzig, trug Kapuzen-Shirts und Nikes. Eine Frohnatur. Er sagte, er sei gut im Organisieren. Er schaffe immer alles, was er sich vornehme, besser als manch Jüngerer. Deshalb habe er kein Problem mit dem Älterwerden. Er sei jetzt fitter als mit dreißig. Und klüger.

»Lassen Sie uns über die Angst reden«, schlug ich einmal vor. »Es gibt da einen Philosophen ...«

»Interessiert mich, ehrlich gesagt, nicht besonders«, unterbrach er mich.

»Worüber möchten Sie dann sprechen?«

»Über das Glück.«

Eine Woche später besuchte er mich erneut. Ich kannte ihn kaum wieder. Er wirkte, als sei er im falschen Film.

»Ich war gerade beim Arzt, ich habe Krebs«, sagte er.

»Und das macht Ihnen Angst, verständlicherweise. Möchten Sie darüber reden?«

»Nein.«

»Warum nicht?«

»Angst ist doch nicht real.«

Mein Klient meinte: Was nicht real ist, ist irreal. Was irreal ist, ist irrelevant. Solange das, was nicht real ist, nicht ideal ist, hat es einen nicht zu beschäftigen. So denken wir alle. Wenn wir uns über das Irreale Gedanken machten, würde uns das nur aus dem Konzept bringen. Also konzentrieren wir uns auf die Realität. Wenn die Realität finster ist, müssen wir sie eben wieder aufklaren. Und zwar *trotz* der Angst, nicht *mit* ihr. Denken wir. Uns erscheint die Angst so irreal wie die Antennen eines Außerirdischen. Die Angst beleidigt unser Bedürfnis nach dem Konkreten, klar Umrissenen. Sie ist auf unverschämte Weise ungreifbar. Nie hält sie sich bei dem auf, was gerade ist – immer lenkt sie unsere Aufmerksamkeit auf das Unvorhersehbare, das Was-wäre-Wenn ... Deshalb bringt es uns nichts, uns mit ihr zu befassen. Angst bringt weder Sinn noch Glück in unser Leben. Sie ist negativ. Meinen wir. Weil sich für uns Sinn und Glück nur aus den Dingen ergeben, die wir im Griff haben – die sichtbar, messbar, zählbar, quantifizierbar sind (für uns und *die Anderen*). Wie ein Toyota Land Cruiser, eine Bikram-Yoga-Stunde, eine Bergtour, ein Designer-Schnäppchen oder ein DVD-Abend.

Die Gewissheit, Dinge im Griff haben zu können, ist eine Pseudo-Gewissheit. Das wissen wir natürlich, und es macht uns Angst. Deshalb ziehen wir auch keine Konsequenzen aus dieser unangenehmen Tatsache. Lieber sperren wir die Angst in den Schrank und versuchen, so viel Spaß wie möglich zu haben. So handeln wir zwar zweckorientiert, aber vollkommen unphilosophisch. Wir wissen alles über das Planen, Organisieren und Timen. Von der Angst aber wissen wir nichts. Bei den Philosophen und Schriftstellern ist es genau umgekehrt. Philosophen und Schriftsteller wissen alles über die Angst. Planung, Organisation und Timing gehören nicht zu ihren Kernkompetenzen. Wir können davon ausgehen, dass es sich hier um keinen bloß zufälligen Zusammenhang handelt. Die Beschäftigung mit der Angst setzt ungenützte Zeit voraus.

Der Schriftsteller Marcel Proust zum Beispiel konnte sich in Ruhe der Angst widmen, weil er ständig krank war. Einen Großteil seiner Zeit verbrachte er in einer verdunkelten Wohnung. Anfang des 20. Jahrhunderts schrieb er in einem Brief: »Seitdem ich aus Cabourg zurück bin, habe ich dreimal das Bett – ich speise um Mitternacht – für eine Stunde verlassen, und dabei will ich auch noch irgendetwas zu schreiben anfangen. Aber ich habe Kopfweh, dass ich daran zweifle. Dennoch hatte ich um drei Uhr nachts das Bedürfnis, auszugehen, damit jemand mein Zimmer aufräumte, das jeder Beschreibung spottet. Aber diese Nebel jetzt haben es unmöglich gemacht ...«

Proust blieb ein Erwerbsleben erspart. So konnte er sich leicht der Angst hingeben, kein schriftstellerisches Talent zu haben. Nicht genug geliebt zu werden. Auf den allabendlichen Gutenachtkuss seiner Mutter verzichten zu müssen. Immerhin brachte er auf diese Weise einen Meilenstein des modernen Romans hervor: *Auf der Suche nach der verlorenen Zeit*. Dieses Werk von mehr als viertausend Seiten versammelt bis ins winzigste Detail Prousts Lebenserinnerungen. Dazu zählen Reflexionen über ovale Sandtörtchen, Lindenblütentee, die »Caritas« von Giotto, einen blau-orangefarben gestreiften Mantel aus Lamawolle, Neurasthenie, die Herzogin von Guermantes und Milliarden anderer nutzloser Dinge. Die Aneinanderreihung solcher im Zustand der Angst verfassten Nutzlosigkeiten, von denen ein Großteil irreal scheint, sicherte ihm nicht nur einen der renommiertesten französischen Literaturpreise (den Prix Goncourt), sondern auch Weltruhm. Nicht *trotz*, sondern *aufgrund* seiner Angst.

Auch im Leben des Philosophen Søren Kierkegaard spielte ungenützte Zeit von klein auf eine entscheidende Rolle. Anstatt wie jedes vernünftige Kind mit Gleichaltrigen im Grünen herumzutollen, sich mit Dreck zu besudeln und Ringkämpfe auszutragen, verließ Kierkegaard gar nicht erst das Haus. Stattdessen unternahm er virtuelle Spaziergänge, indem er an der Hand des Vaters die Wohnzimmerdielen auf und ab ging. Dabei grüßten sie nicht vorhandene Passanten, wichen imaginären Fahrzeugen aus und bewunderten die unsichtbaren Früchte einer Kuchenfrau. So entwickelte Kierkegaard früh eine Leidenschaft für das Irreale. Später vertrödelte er seine Zeit mit einem Theologiestudium, einer unglücklichen Liebe und vielen umfangreichen Traktaten. Auf diese Weise wurde er zwar nicht reich, dafür aber ein Profi im Umgang mit der Angst. In seinem Werk *Der Begriff Angst* von 1844 finden wir alles, was wir schon immer über die Angst wissen wollten, uns aber nie zu fragen trauten.

Ein Tier fürchtet sich (vor einem Feind) – der Mensch hat Angst (vor der Zukunft). Die Angst unterscheidet den Menschen vom Tier. Sie ist das Echtheitssiegel des modernen, vielversprechenden Menschen. Auch wenn er es noch nicht an sich entdeckt hat.

Führen wir uns unsere Ausgangsbedingungen vor Augen: Man wird in diese hyperkomplexe Welt hineingeboren. Einfach so! Niemand fragt einen, ob man überhaupt geboren werden will. Niemand fragt einen, ob man mit den Eltern, die man zugewiesen bekam, einverstanden ist. Man hat keine Chance, über die Gene, Anlagen und Talente, die einem geliefert wurden, zu verhandeln, wenn sich zu einem späteren Zeitpunkt herausstellt, dass sie einen *den Anderen* gegenüber benachteiligen. Es gibt kein höheres Gesetz, das einem garantiert, dass sich am Ende alles rechnet. Da man sich auf Gott nicht mehr verlassen kann, vertraut man Buddha. Aber auch für die Wahrheit von Buddhas Lehren gibt es keinen definitiven Beweis. Vielleicht wird man wiedergeboren. Vielleicht aber auch nicht. Nichts ist gewiss. Also ist man gezwungen, erst mithilfe der Eltern und dann aus eigener Kraft, das Beste aus sich zu machen. Dazu bedarf es ungeheurer Anstrengungen.

Man muss aufsteigen. Der Aufstieg ist ein steiler Weg, auf dem es keinen Rastplatz gibt. Kaum ist man ein paar Wochen auf der Welt, muss man auch schon in die PEKiP-Gruppe. Darauf sollen all die anderen Lernerfahrungen folgen, die ein Maximum an Sinn und Glück versprechen. Wem die optimale Selbstverwirklichung nicht gelingt, der kann zumindest davon träumen: Kindergarten mit musischem Schwerpunkt. Bilinguale Grundschule. Internationales Gymnasium. Auslandsstudium. Hochbezahlter Job in einem multinationalen Unternehmen. Exklusive Freizeitmöglichkeiten. Heirat mit einem/r britisch-indisch-schweizerischen Finanzspezialisten/in. Wohnsitze in drei Ländern. Alterswohnsitz auf der eigenen Südseeinsel ... Ob man sich tatsächlich eine internationale Karriere erkämpft oder seine Glückssuche auf einen realistischeren Radius beschränkt: Durch die richtige Planung, die richtige Organisation und ein perfektes Timing soll alles Unvorhersehbare und Irreale ausgeschlossen werden. Persönliches Versagen und Schicksalsschläge gehören nicht ins Programm. Als Krieger der hyperkomplexen Welt weiß man über alles Bescheid – nur nicht über die Angst.

Da nicht wenige moderne, vielversprechende Menschen – wir selbst und *die Anderen* – zum Aufstieg drängen, kommt es zu einem Phänomen, das der französische Publizist und Politiker Alexis de Tocqueville in seiner Analyse *Über die Demokratie in Amerika* schon 1840 beschrieb:

»Sind alle Vorrechte der Geburt und des Besitzes aufgehoben, sämtliche Berufe jedermann zugänglich, und kann man durch eigene Kraft überall an die Spitze gelangen, so ist es, als öffne sich dem Ehrgeiz der Menschen eine unabsehbare und bequeme Laufbahn, und sie bilden sich gerne ein, dass sie zu Großem berufen seien. Aber dies ist eine irrige Ansicht, die durch die Erfahrung täglich berichtigt wird. Dieselbe Gleichheit, die jedem Bürger weit gespannte Hoffnungen erlaubt, macht sämtliche Bürger als einzelne schwach. Sie schränkt ihre Kräfte von allen Seiten ein, derweil sie gleichzeitig die Erweiterung ihres Begehrens zulässt ...

Diesen Ursachen muss der seltsame Trübsinn zugeschrieben werden, der sich oft bei den Bewohnern demokratischer Gegenden inmitten ihres Überflusses zeigt, und jener Lebensüberdruss, der sie manchmal inmitten eines bequemen und ruhigen Lebens erfasst.

Man klagt in Frankreich über die Zunahme der Selbstmorde; in Amerika kommt der Selbstmord selten vor, aber man versichert, der Irrsinn sei verbreiteter als überall sonst.«

Wir planen, organisieren und timen, um unsere Zeit auf bestmögliche Weise auszunützen. Damit verhindern wir die Begegnung mit der Angst. Aber wie können wir unseren Trübsinn, unsere Unzufriedenheit verhindern?

Fragen wir Kierkegaard. Er sagt: Angst ist nur ein anderes Wort für Freiheit. Angst entsteht nur deshalb, weil der Mensch (anders als ein Wellensittich) einen freien Geist besitzt. Weil er sich ausmalen kann, welchen Lebensentwurf er Wirklichkeit werden lassen will. Weil er sich für einen bestimmten Entwurf, den er in seinem eigenen Kopf ausgebrütet hat, frei entscheiden kann. Und weil er nie mit hundertprozentiger Sicherheit sagen kann, ob er sich für das Richtige entschieden hat: »War es die richtige Wahl? Habe ich da vielleicht etwas übersehen? Hätte ich mich nicht doch lieber für etwas anderes entscheiden sollen? Habe ich mir mit meiner Wahl vielleicht irgendetwas Wichtiges verbaut?« Diese grundlegende Ungewissheit, die wir mit den Pseudo-Gewissheiten der richtigen Planung, der richtigen Organisation und des perfekten Timings zu überspielen versuchen, ist der Humus der Angst. Diese Ungewissheit ist schuld daran, dass wir ständig nach neuen Optionen suchen – und uns nie endgültig entscheiden wollen.

Wenn wir diese Ungewissheit überspielen, ersparen wir uns zwar eine Menge Angst. Aber wir bringen uns auch um unsere Freiheit. Frei sein heißt nicht: Tun, was *die Anderen* tun – und trübsinnig werden. Frei sein heißt: Angst haben – und leben. Angst mag so irreal sein wie die Antennen eines Außerirdischen, so unkonkret wie die Gedanken, die in unserem Kopf herumspuken. Aber deshalb brauchen wir sie nicht gleich in den Schrank zu sperren. Angst ist der Preis, den wir zahlen müssen, um von der kleinlichen Abhängigkeit von dem, was *die Anderen* tun, frei zu sein. Und sie ist ein hervorragendes Mittel, um den Un-Sinn in unserem Leben zu reduzieren.

Nehmen wir den Klienten mit der Krebsdiagnose. Die vielen Wochen im Krankenhaus, in denen er sich von einer Chemotherapie zur nächsten schleppte, veränderten ihn. Plötzlich gab es nichts mehr zu organisieren und zu optimieren. Es gab keine Meetings, keine Briefings, kein Shopping und keine Bundesliga. Plötzlich war er allein. Allein mit seiner Angst und seiner Freiheit. Konfrontiert mit massenhaft ungenützter Zeit. Dem Irrealen ausgesetzt. Als ich ihn lange Zeit später wiedersah, interessierte ihn nur noch ein Thema: die Angst.

»Wissen Sie, was das Beste an der ganzen Sache ist?«, fragte er mich.

»Nein«, sagte ich.

»Dass man immer noch tiefer sinken kann.«

»Wie meinen Sie das?«

»Man verliert seine Muskeln, es wird einem ständig schlecht, die Haare fallen einem aus. Man sagt sich: Jetzt bist du wirklich ganz unten. Dann setzt sich die Ehefrau neben einen auf die Bettkante und gesteht, sie hätte sich neu verliebt. Anschließend kommt der Chefarzt und spricht von möglichen neuen Metastasen. Da kapiert man auf einmal, dass es immer noch weiter abwärtsgehen kann. Aber das zu begreifen war auch ein unglaublich befreiendes Gefühl für mich.«

Mein Klient hatte keine Angst vor der Angst mehr. Ihm war klar geworden, dass es nicht nur darauf ankommt, unter verschiedenen Optionen auszuwählen, sondern auch, sich mit den grenzenlosen Möglichkeiten des Scheiterns anzufreunden (zumindest mit einigen davon). Er hatte verstanden, dass Planung, Organisation und Timing nur ungefähr ein Drittel des Menschenmöglichen ausmachen.

Die Sinn-Diät
2. Rezept: Die Angst aus dem Schrank holen

Wenn die Angst uns freundlich grüßt, wir ihr aber ständig ausweichen, besteht die Gefahr, dass ihre Laune plötzlich umschlägt. Und sie uns hinterrücks überwältigt, wenn wir sie am wenigsten brauchen können: in einem Meeting, auf der Flugzeugtoilette, in den Flitterwochen, auf der Autobahn. Wenn wir die Angst zu lange ignorieren, riskieren wir außerdem Trübsinn oder, schlimmer noch, Irrsinn (siehe de Tocqueville). Die Angst erinnert uns an das, was uns am wichtigsten ist – weil sie uns darauf hinweist, dass wir es verlieren könnten. Es ist klar, was sie damit bezweckt: Sie will uns motivieren zu retten, was zu retten ist. Wenn wir ihr keine Gelegenheit geben aufzutauchen, verlieren wir auf Dauer das Gespür dafür, was wirklich zählt. Stattdessen werden wir immer trübsinniger und unzufriedener. Wir wollen immer mehr – mehr Sinn. Dabei verwechseln wir Sinn mit Un-Sinn. Wir häufen massenhaft Dinge an, die wir nicht brauchen (Schuhe, Aktien, elektronische Geräte), betrügen unseren Partner, versuchen Planung, Organisation und Timing zu perfektionieren. Schneller, besser, höher. Wenn wir ständig so weitermachen, werden wir mit der Zeit verrückt. Oder zumindest griesgrämig.

Wollen Sie diese Entwicklung nicht mitmachen, sollten Sie Ihrer Angst mehr Respekt entgegenbringen. Holen Sie

sie als Erstes aus dem Schrank und sorgen Sie dafür, dass sie wieder Vertrauen zu ihnen fasst. Das gelingt am besten, wenn Sie allein sind und sich nicht ganz fit fühlen. Eine Krankheit ist aber keine Voraussetzung für eine gesunde Beziehung zur Angst. Es gibt viele Anlässe, um mit ihr ins Gespräch zu kommen: Dauerstress, Liebeskummer, ein unlösbares Software-Problem, eine neu entdeckte Vertiefung Ihrer rechten Nasolabialfalte. Wenn Sie spüren, dass die Angst versucht, an Ihnen hochzukriechen, springen Sie nicht gleich auf, rufen Sie nicht gleich Dörte und Oliver an. Vertagen Sie Ihr gutes Timing auf unbestimmte Zeit. Hören Sie erst zu, was die Angst Ihnen zu sagen hat – und antworten Sie ihr mit völliger Hingabe. Hier ein paar Beispiele:

▶ Eigentlich halten Sie sich nicht für einen ängstlichen Menschen. Man schätzt Sie, weil Sie immer für andere da sind. Allerdings haben Sie Probleme mit dem Iliosakralgelenk. Ferner leiden Sie an Schmerzen im Magen-Darm-Bereich, an Zungenbrennen und Tinnitus.

Sie somatisieren, das heißt, Sie »übersetzen« Ihre Ängste in die »Sprache« des Körpers. Holen Sie die Angst aus Ihrem Körper und setzen Sie sie dahin, wo sie hingehört: in Ihren Kopf! Im Klartext: Hören Sie auf, Ihrem/r besten Freund/in jeden Sonntag das Auto zu waschen. Schlagen Sie sich nicht länger die Nächte um die Ohren, um den PC Ihres Nachbarn auf Viren zu überprüfen. Und vor allem: Verwechseln Sie nicht mehr *Ja* mit *Nein*!

Wenn Ihre Bedürfnisse nicht erhört werden, gewöhnen Sie sich an, etwas lauter zu sprechen. Sie müssen ja nicht gleich losbrüllen. Sagen Sie einfach klar und deutlich, worum es Ihnen geht. Verständlichkeit ist das A und O einer gelungenen Kommunikation (siehe Kapitel 11). Beginnen Sie Ihre Sätze nicht mehr mit einem übervorsichtigen: »Ich glaube, ich könnte ...«, sondern mit einem wahrheitsgemäßen: »Ich will ..., ich will nicht ...« Sagen Sie Ihre Wünsche frei heraus. Wahrscheinlich spüren Sie dann, wie die Angst vor Strafe und Zurückweisung Besitz von Ihnen ergreift. Wehren Sie sich nicht. Lassen Sie die Angst zu. Ihre körperlichen Symptome werden deutlich abnehmen. Das wird Ihnen den nötigen Mut schenken, sich – gemeinsam mit der Angst – in dieser Welt zu behaupten.

▶ Sie sind ein Partylöwe. Sie können nicht allein sein. Sie brauchen den wilden, leidenschaftlichen Kontakt zu anderen Menschen. Als Ausgleich für Ihren stressigen Beruf sind Sie ständig auf der Suche nach schnellen Flirts und One-Night-Stands. Sie brauchen den ultimativen Kick.

Nehmen Sie Urlaub und buchen Sie eine Reise an einen Ort, wo es keine Zerstreuungen gibt. Mieten Sie sich für einen Monat in ein Kloster ein. Stehen Sie täglich um vier auf, gehen Sie in sich und lassen Sie sich zu mönchischer Gelassenheit inspirieren. Lernen Sie so, sich selbst auszuhalten und aus dem Alleinsein Kraft zu schöpfen. Auch wenn Ihnen vielleicht schon die Vorstellung eines solchen Urlaubs Angst macht – wagen Sie es! Am Ende werden Sie sich so frei fühlen, als hätten Sie unbeschadet den Mount Everest bezwungen.

▶ Sie nützen Ihre Zeit optimal. Wenn jemand versucht, Sie in ein Gespräch über seine Katze zu verwickeln, macht Sie die ungenützte Zeit fast wahnsinnig. Hin und wieder haben Sie unerklärliche Anflüge von Panik.

Geben Sie sich täglich zwanzig Minuten, in denen Sie alle Menschen und Uhren aus Ihrem Umkreis verbannen. Schließen Sie die Tür und tun Sie nichts. Warten Sie einfach, was passiert. Wenn sich die Angst in Form von Herzrasen oder Beklemmungsgefühlen bemerkbar macht, versuchen Sie sie nicht wegzudrängen. Wenn Ihnen die Angst zu irreal ist, geben Sie ihr einfach einen Namen, zum Beispiel »Dr. Nebel«. Denken Sie darüber nach, was Dr. Nebel Ihnen sagen will. Vielleicht will er Sie auf Ihre zu einseitige Lebensweise hinweisen. Darauf, dass Sie nicht so frei sind, wie Sie sein könnten. Darauf, dass Sie bestimmte Entscheidungen nicht länger aufschieben sollten. Wenn Ihnen der Druck, den Dr. Nebel auf Sie ausübt, zu groß wird, denken Sie an Marcel Proust. Auch Proust hatte Angst. Aber im Unterschied zu Ihnen hatte er auch noch ständig (bis zu zehnmal am Tag) Asthmaanfälle. Seine größten Ängste waren, zu früh zu sterben und zu wenig geliebt zu werden. Doch diese Ängste verhinderten nicht, sondern ermöglichten erst seine literarischen Ergebnisse. Zu was ist Ihre Angst gut? Fragen Sie Dr. Nebel.

▶ Sie sind in allen Lebensbereichen erfolgreich. Erfolg ist Ihr zweiter Name. Es gibt kaum etwas, das Sie ändern möchten. Es fehlt Ihnen nichts, nur manchmal fühlen Sie sich ein wenig trübsinnig – das irritiert Sie.

Testen Sie Ihren Mut und wagen Sie sich in Bereiche, in denen Angst, Hilflosigkeit und Scheitern Alltag sind. Gewöhnen Sie sich an, regelmäßig Dinge zu tun, die *die Anderen* nie von Ihnen erwarten würden. Unterstützen Sie ein Kinderhilfswerk oder engagieren Sie sich für eine andere wohltätige Organisation. Nehmen Sie Ihre nächste Gehaltserhöhung zum Anlass, Ihrer Verantwortung als Höherverdienender gerecht zu werden, und geben Sie einen Teil Ihres Geldes an die ab, die weniger besitzen. Verbringen Sie das Wochenende einmal statt auf dem Golfplatz bei Ihrer kranken Schwiegermutter. Auch wenn Ihr Verhältnis nicht das beste ist – bieten Sie ihr Ihre Hilfe an. Auch wenn Sie fürchten, Sie könnten sich zu Tode langweilen – leisten Sie ihr Gesellschaft. Halten Sie sie nicht nur aus, versuchen Sie auch freundlich zu ihr zu sein (egal, wie sie sich Ihnen gegenüber benimmt). Lernen Sie Geduld und Selbstbescheidung. Gehen Sie bis an die Grenzen des für Sie Erträglichen und gewinnen Sie so eine neue Perspektive auf Ihr Leben.

Wenn Sie sich an dieses Rezept halten, werden Sie sich freier fühlen. Sie werden besser allein sein können. Sie werden mutiger werden, Un-Sinniges sein zu lassen und wahren Mut zu beweisen: dem Unvorhersehbaren ins Auge zu blicken. Vielleicht werden Sie sogar Ihre eigene Endlichkeit akzeptieren lernen.

*Wenn du unbedingt an etwas denken musst –
dann denk an die Ungewissheit deiner Todesstunde.*

GYALSE RINPOCHE

3 Was der Tod mit dem Leben zu tun hat

Der Tod interessiert uns nicht. Schließlich ist der Tod noch irrealer als die Angst. Und er ist weit, weit weg. Denken wir. Noch sind wir jung und kräftig. Wozu sich also mit dem Tod auseinandersetzen – jetzt schon? Wir kennen den Tod flüchtig, aus der Zeitung, aus dem Fernsehen und vom Hörensagen. Ehepaar vom Nachbarn erschossen. Bergsteiger von Lawine überrollt. Zwanzig Tote nach Amoklauf. Achtzig Tote bei Selbstmordattentat. Wir sagen »schrecklich«, und dann reicht es uns auch wieder. Unser Leben ist schon schwer genug, da wollen wir es nicht noch zusätzlich belasten. Lieber zerstreuen wir uns bei einem schönen Krimi. Unsere DVD-Sammlung beherbergt ja so einige Schrecklichkeiten. Bei ein bis zwei übel zugerichteten Opfern können wir wunderbar abschalten. Wir relaxen, indem wir Serienmördern und Triebtätern bei der Arbeit zusehen.

Wir finden es angenehm, uns in einem weichen Sessel zu räkeln und an einer Salzstange zu knabbern, während vor unseren Augen Leichen verscharrt, exhumiert und seziert werden. Wenn uns die Bilder zu heftig werden, haben wir dank Fernbedienung optimale Dosierungs- und Minimierungsmöglichkeiten. Wir genießen es, uns in jemanden einzufühlen, dessen Ende kurz bevorsteht. Weil wir glauben, wir könnten nie in seine Lage geraten. Weder jetzt noch später. Schließlich ist unser Leben normal (siehe Kapitel 10) – durchgeplant, durchorganisiert, untheatralisch. *Ein normales Leben ist für uns ein Leben, in dem der Tod möglichst nicht vorkommt.* Der Tod hat sich auf bestimmte Formate zu beschränken. Auf das Format einer Tageszeitung, eines Krimis. Von der Tageszeitung erwarten wir Informationen über den Tod, vom Krimi tödliche Unterhaltung. So zweckmäßig wir unser Leben organisieren, so zweckmäßig wir unsere Optionen anhäufen – nach einem Tag harter Arbeit, nach vierzehn Stunden Überlebenskampf, haben wir ein Recht auf zweckfreie Unterhaltung. Also ziehen wir uns *Criminal Minds*, *CSI Miami* oder den neuen *Wallander* rein.

Wir haben ein bemerkenswert gestörtes Verhältnis zum Tod. Wir fragen uns nicht, warum Krimiserien so hohe Einschaltquoten haben. Wir wundern uns nicht, warum Thriller regelmäßig die Spitze der Bestsellerlisten anführen. Wir nutzen die fiktionalen Tode einfach dazu, am Ende eines hyperkomplexen Tages abzuschalten. Wir denken: Krimi gleich Spannung gleich Unterhaltung. Unser Denken ist weltlich und rational – es duldet keine Widersprüche. Es duldet nicht, dass der Tod sich dem Leben in irgendeiner Weise nähern könnte. Die Krimis, die wir so unterhaltsam finden, entsprechen diesem Denken. Sie basieren auf den Prämissen:

»Leben und Tod haben nichts miteinander zu tun.«
»Tod ist schlecht und schaurig.«
»Ein toter Mensch ist für immer tot.«
»Ein Tod geht einen Lebenden nur so lange etwas an, wie er seine Ursache herausfinden will, und nur in dem Maße, in dem ein persönlicher Verlust im Spiel ist.«

So erklärt sich, warum in jedem Krimi prinzipiell die gleiche Geschichte erzählt wird. Und warum wir jedes Mal glauben, diese Geschichte hätte nichts mit uns zu tun.

»Die Geburt des Menschen ist die Geburt seiner Not. Je länger er lebt, desto törichter wird er, denn immer drängender wird sein ängstliches Bemühen, dem unvermeidlichen Tod zu entweichen. Wie bitter das ist! Er lebt im Streben nach dem, was immer außer Reichweite bleibt! Sein Durst nach Überleben in der Zukunft macht ihn unfähig, in der Gegenwart zu leben«, so der chinesische Philosoph und Gründer des Taoismus, Chuang-tzu.

Das Unvermeidliche vermeiden zu wollen ist eines der typischen Merkmale der westlichen Kultur. Wir müssen immer die Kontrolle haben. Wir haben Angst vor Kontrollverlust. Wir fürchten nichts mehr als unkontrollierbare Veränderungen. Wir mögen Krimis, weil sie in einem kontrollierten und kontrollierbaren Rahmen ablaufen. Ihre Handlung ist unabänderlich, ihre Dauer wohlkalkuliert. Niemand zwingt uns, dem Geschehen bis ans Ende zu folgen. Wenn wir uns langweilen, können wir jederzeit aufstehen und gehen. Wir bestimmen, was und wie lange wir es anschauen. Wenn wir zu jedem Zeitpunkt unseres Lebens alles so unter Kontrolle hätten wie einen Thriller, wären wir wunschlos glücklich. Wir würden nicht mehr nach Sinn suchen. Zwar wissen wir, dass das Ideal der totalen Kontrolle unerreichbar ist. Trotzdem streben wir andauernd danach. Und das macht uns unglücklich. Dagegen müssen wir etwas unternehmen. Lassen wir uns einmal von einer ganz anderen Denkungsart inspirieren – der fernöstlichen.

Das fernöstliche Denken ist – anders als das westliche – bekannt für seine Uneindeutigkeit. Für den westlichen Denker kann nicht Tag und gleichzeitig Nacht sein. Tod kann nicht zugleich Leben sein. Für den fernöstlichen Denker ist dies sehr wohl möglich. In *Das tibetische Buch vom Leben und vom Sterben* schreibt Sogyal Rinpoche (* 1948) über den Meditationsmeister und Mystiker Dudjom Rinpoche (im Tibetischen ist »Rinpoche« ein Ehrentitel für einen Würdenträger):

»Eines Tages fuhr er mit seiner Frau durch Frankreich, und sie bewunderten die Landschaft. Als sie an einem langgezogenen Friedhof vorbeikamen, auf dem alles frisch gestrichen und mit Blumen geschmückt war, sagte Dudjom Rinpoches Frau: ›Rinpoche, sieh doch nur, wie hier im Westen alles so adrett und sauber ist. Selbst die Orte, wo sie die Leichen aufbewahren, sind makellos. In Asien sind selbst die Wohnhäuser oft nicht annähernd so sauber.‹

›Ach ja‹, antwortete er, ›dies ist ein wirklich zivilisiertes Land. Selbst für die Körper der Toten haben sie wunderbare Häuser. Aber ist dir noch nicht aufgefallen, dass auch in ihren anderen schönen Häusern oft nur lebende Leichname wohnen?‹«

Wenn eine bedeutende tibetische Heiligkeit unschuldige französische Staatsbürger als lebende Leichname bezeichnet, sollten wir dies nicht als Un-Sinn abtun. Auch wenn es unserer westlichen Logik, die auf Aristoteles (384–322 v. Chr.) zurückgeht, widerstrebt. Bis heute klammern wir uns an aristotelische Prinzipien wie den *Satz von der Identität* (»A ist gleich A«) und den *Satz vom Widerspruch* (»A ist nicht gleich Nicht-A«). Die Logik eines Tibeters wie Dudjom Rinpoche oder eines Chinesen wie Lao-tse folgt anderen Gesetzen. Lao-tse sagt: »Wirklich wahre Worte sind paradox.«

Vergegenwärtigen wir uns noch einmal, worum es hier geht. Die westliche und die fernöstliche Denkweise verhalten sich in etwa so zueinander wie unsere beiden Gehirnhälften. Das westliche Denken entspringt der linken Hemisphäre, dem Sitz des logischen Denkens. Das fernöstliche Denken leitet sich aus der rechten Hemisphäre ab, dem Ursprung von Intuition und Fantasie. Der westliche Denker gewinnt Klarheit, indem er – gemäß der aristotelischen Logik – die Dinge voneinander unterscheidet, einander entgegensetzt (»A« vs. »Nicht-A« / »tot« vs. »lebendig« / »alt« vs. »jung« / »gut« vs. »schlecht«). Der fernöstliche Denker sieht die Dinge erst dann klar, wenn er – gemäß einer paradoxen Logik – Gegensätze nicht als Gegensätze, sondern als Gleichwertiges nebeneinandersetzt (»Es ist Leben, und doch ist es Tod« / »Es ist schlecht, und doch ist es gut«) beziehungsweise ineinander fließen lässt (»Totes-und-Lebendiges« / »Altes-und-Junges« / »Schönes-und-Hässliches« / »Gutes-und-Schlechtes«).

So zu denken verwirrt uns. Es widerstrebt unserem Bedürfnis nach Kontrolle. Deshalb machen wir lieber Yoga, als etwas Grundsätzliches an unserem Denken zu ändern.

Hinter unserem Bedürfnis, immer alles unter Kontrolle haben zu müssen, steckt der Wunsch nach Dauerhaftigkeit. Wir denken: Wenn wir uns nur genügend Optionen sichern, wenn wir uns nur um die perfekte Planung kümmern, bleibt alles, wie es ist – nur besser. Wenn wir uns fragen: »Wohin fahren wir nächstes Jahr in den Urlaub?«, wollen wir den gleichen Ferienspaß wie letztes Jahr – nur billiger. Wenn wir uns fragen: »In welches Frühförderungsprogramm sollen wir unser Kind integrieren, wenn die Pränataldiagnostik ihm gute Chancen auf eine Führungsposition garantiert?«, rechnen wir damit, ein ganzes Leben unter den immer gleichen – den idealen – Bedingungen vorausplanen zu können. Wenn schon Veränderung, dann bitte kontrollierbar, fordern wir. Dem fernöstlichen Denken sind solche Forderungen fremd, es folgt anderen Prinzipien:

»Es ist, und es ist nicht so.«
»Es ist weder so noch so.«
»Es könnte schon sein, dass es so ist – aber es könnte auch vollkommen anders sein.«

Die aristotelische Logik fixiert die Dinge. Die paradoxe Logik macht sie los. Die aristotelische Logik geht davon aus: Was einmal wahr ist (»A ist ungleich B«), muss immer wahr sein. Die paradoxe Logik setzt voraus: Nichts bleibt, wie es ist. Alles verändert sich. Erst war Tag, jetzt ist Nacht. Der Tag war Nacht, die Nacht Tag. Aus Flut wird Ebbe, aus Ebbe Flut. Hell wird dunkel und dunkel hell. Frühling wird Sommer, Sommer Herbst und Herbst Winter. Alles geht ständig ineinander über und auseinander hervor. Wozu also die ganze Aufregung? Nichts ist berechenbar, nichts vorhersehbar. Reich wird reicher, arm wird ärmer. Reich wird arm, arm wird reich. Alles ist möglich. Alles kommt, wann es kommt, und geht, wann es geht. Nichts ist kontrollierbar. Schon gar nicht unser Leben.

Viele Monate lang führte ich philosophische Gespräche mit einem Mann, der sich für unheilbar krank hielt. Viele Monate lang verbrachte er in einer Klinik, immer wieder wurde er ärztlich untersucht. Wie sich aber stets herausstellte, war er körperlich völlig gesund. Er aber schenkte den Untersuchungsergebnissen keinen Glauben. Mit großer Sorge beobachtete er die Veränderungen an seinem Körper. Er war fest davon überzeugt, er würde – spätestens nach seiner Entlassung – sterben. Bevor er in diese Klinik kam, war er in einer anderen gewesen und davor wieder in einer anderen. Und davor hatte er einen angesehenen, gut bezahlten Job und eine tolle Familie gehabt. Der Mann hatte immer gedacht, alles in seinem Leben würde ewig auf die gleiche normale Weise weitergehen. Bis er eines Tages erkannte, dass dies nicht der Fall sein würde. Weil sein Leben nicht ewig dauern würde. Er wollte es einfach nicht wahrhaben, dass er eines Tages dem Tod die Kontrolle zu übergeben hatte. Daher zog er es vor, selbst die Kontrolle zu übernehmen. Indem er sich in tödliche Krankheiten hineindachte, die ihn garantiert nicht töteten.

Wie dieser Mann sind auch wir sehr besorgt, wenn wir mit der Zeit Veränderungen an unserem Körper feststellen. Zwar glauben wir nicht, solche Veränderungen würden uns kurzfristig dahinraffen. Aber wir sehen in ihnen doch eine gravierende Bedrohung unserer Lebensqualität. In einer Kultur, die nicht nur nach totaler Kontrolle, sondern auch nach totaler Jugend strebt, ist dies nicht weiter verwunderlich. Wir wollen *die Anderen* in unseren Kontrollmöglichkeiten übertrumpfen. Wir wollen *den Anderen* zeigen, dass wir auch das Unkontrollierbare unter Kontrolle haben. Wir denken: Wenn wir *die Anderen* davon überzeugen können, dass wir vom natürlichen Alterungsprozess nicht betroffen sind, sind wir quasi unsterblich.

Ein fernöstlicher Denker würde das nicht verstehen. Ein tibetischer Denker würde still in sich hineinlachen. Das tibetische Wort für »Körper« ist *Lü*. *Lü* hat keine eindeutige Bedeutung. Wörtlich übersetzt heißt *Lü*: »etwas, das man zurücklässt«. Wie einen Schirm. Ein Gepäckstück. Oder ein gebrauchtes Taschentuch. Für einen Tibeter ist der Körper eine Herberge, in der er sich auf seiner Reise durch den steten Wandel vorübergehend aufhält. Für uns ist er ein protziger Tempel, der vor dem Verfall geschützt werden muss. Um jeden Preis. Irgendwann wird es auch uns treffen. Irgendwann werden wir nicht mehr jung oder mitteljung sein, sondern mittelalt. Spätestens dann wird der Tag gekommen sein, an dem wir die Restaurierung des Tempels oder den Anbau eines schicken Nebengebäudes in Angriff nehmen werden müssen.

Die Restaurierung des Tempels (nur für Frauen):

Vitamine, Kalzium und Magnesium. Omega-3- und Omega-6-Fettsäuren. Retinol. Kollagen. Hyaluronsäure. Repair-Enzyme. Masken. Peelings. Veneers. Body-Wraps. Mikrodermabrasion. Stammzellencremes. Elektrostimulation. Botox. Fettabsaugung. Bruststraffung. Facelifting. Faltenunterspritzung. Genitalchirurgie: Immer mehr Frauen tun immer mehr immer früher dafür, die Risse an ihrem Tempel zu kitten. Das Erstaunliche daran ist nicht, dass sie es tun. Sie folgen nur dem Zeitgeist. Das Erstaunliche daran ist, dass sie sich dafür schämen, sobald sie ein bestimmtes Alter überschritten haben. Wenn wir fünfunddreißig sind und uns das erste Mal Botox spritzen lassen, geben wir noch damit an. *Den Anderen* soll es schließlich nicht entgehen, dass wir alles unter Kontrolle haben. Indem wir mit unserer ersten Botox-Injektion prahlen, geben wir zu erkennen, dass wir zur Avantgarde gehören, die nie altern wird, weil sie die Anfänge des Alterns noch in der Jugend abgewehrt hat.

Wenn wir fünfzig sein werden, wird die Sache ganz anders aussehen. Wenn wir fünfzig sein werden, wird es um die Frage gehen: »Wie schaffe ich es, dass es jedem auffällt, dass ich zehn Jahre jünger aussehe – aber ohne, dass jemand misstrauisch wird?« Bevor wir uns, fünfzigjährig, unters Messer legen werden, werden wir den Arzt nicht fragen: »Was sind die möglichen Risiken einer Schönheits-OP?« Wir werden fragen: »Wird man mir die OP anmerken?« Wir wollen jung erscheinen, ohne operiert auszusehen. Wer operiert aussieht, werden wir denken, sieht aus, als ob er es nötig gehabt hätte. So wie Brigitte Nielsen. Und wer aussieht, als hätte er es nötig gehabt, ist alt. Wertlos. Lächerlich. Deshalb werden wir nach unserer OP erst einmal bei unserer besten Freundin untertauchen, damit ja niemand die verräterischen Verbände, Schwellungen und blauen Flecken entdeckt. »Ich fahre zwei Monate nach Zermatt«, werden wir lügen. Hinterher werden wir unsere Verjüngung – hoffentlich unwidersprochen – als Erholungseffekt deklarieren. Wir werden sagen, wir hätten unser Aussehen dem natriumarmen Wasser zu verdanken, das wir literweise in uns hineinschütten. All das werden wir auf uns nehmen, um dem lauernden Prozess der Selbstauflösung entgegenzuwirken. Um Aristoteles wieder und wieder recht zu geben: Was

A ist, kann nicht B sein. Was jung aussieht, kann nicht alt sein.

»Die Todesfurcht spielt eine wesentliche Rolle in unserer inneren Erfahrung; sie verfolgt uns wie nichts anderes; sie rumort ständig unter der Oberfläche; sie ist eine dunkle, unstete Präsenz am Rande des Bewusstseins«, so der amerikanische Psychiater und Schriftsteller Irvin D. Yalom.

Wenn wir uns eines Tages schämen, als Facelift-Sünderin ertappt zu werden, werden wir uns in Wahrheit dafür schämen, sterblich zu sein. Das macht keinen Sinn. Werfen wir einen Blick auf die – nicht weniger unsinnige – Alternative.

Der Anbau eines schicken Nebengebäudes (nur für Männer):

Wenn wir einmal nicht mehr ganz so kräftig wie heute sind, werden wir uns weder spritzen noch aufschneiden lassen. Wir werden keine Lust haben, als Midlife-Crisis-geplagte Wachsfiguren verlacht zu werden. Wie Sylvester Stallone. Wir werden eine weitaus elegantere Lösung wählen. Die Renovierungsarbeiten an unserer dereinst fünfzigjährigen Frau könnten noch so gelungen sein, wir würden sie doch bemerken. Gemäß der aristotelischen Logik wird diese fünfzigjährige Frau nicht zwanzig sein können. Auch wenn sie so aussehen wird. Für uns wird es da nichts zu diskutieren geben. Das Argument mit den inneren Werten und der seelischen Reife wird bei uns nicht ziehen. Für uns werden die äußere Hülle und die seelische Unreife zählen. Da werden wir unbestechlich sein. Wir werden deshalb aber nicht gleich eine Psychoanalyse brauchen. Alles, was wir brauchen werden, ist ein Neubau, der unseren Tempel in neuem Glanz erstrahlen lassen wird. Wir werden das alte, heruntergewohnte Nebengebäude abreißen und uns ein neues anbauen lassen. Eines mit blonden Haaren, blauen Augen und dem Teint eines Engels. Wenn wir mit unserer späteren Ex-Frau auf Premierenfeiern, bei Geschäftsessen oder Vernissagen auftauchen, werden *die Anderen* lästern: »Ist der aber alt geworden.« Wenn wir mit unserer neuen Frau in Erscheinung treten, werden sie raunen: »Ist die aber jung.« Statt uns aber zu verurteilen, wird man uns Anerkennung zollen. Die faltenlose Schönheit an unserer Seite wird der Ausweis unserer Potenz – unserer potenziellen Unsterblichkeit – sein. Es ist alles eine Sache der Logik: Eine achtundzwanzigjährige Frau ist nicht fünfzig. Ein fünfzigjähriger Mann, der mit einer Achtundzwanzigjährigen verheiratet ist, kann folglich auch nicht fünfzig sein. Jedenfalls nicht wirklich.

Wir werden das Einstürzen unseres Tempels um (fast) jeden Preis zu verhindern wissen. Wir werden den Tod aufhalten, indem wir einen klaren Strich zwischen »tot«/»alt« auf der einen und »lebendig«/»jung« auf der anderen Seite ziehen und uns klar für die vorteilhaftere Alternative entscheiden. Denken wir. Wir irren. Aristoteles hin oder her: Der Tod ist keine Option, die wir ergreifen können oder nicht – genauso wenig wie das Leben. Es ist eine Tatsache, dass wir geboren werden und sterben. Vergessen wir nicht: Der Zeitpunkt unseres Todes ist ungewiss. Schon morgen könnte alles vorbei sein. Wir können weder die Jugend noch das Leben festhalten. Wir haben die Wahl: Entweder wir erstarren im Kontrollwahn und riskieren, als lebende Leichname zu enden. Oder wir sehen Leben und Tod nicht mehr als Gegensätze, sondern im Zusammenhang. Bedenken wir: Der Tod macht unser Leben erst zu dem, was es ist. Spannend, voller Gefahren und Chancen. Wie ein Thriller. Unbewusst haben wir das längst erkannt. Sonst würde es uns nicht so zu den Krimis hinziehen. Krimis sind nie nur zweckfrei. Intelligente, gut gemachte Krimis sind immer auch eine gute

Gelegenheit, sich mit dem Tod auseinanderzusetzen. Denn der Tod passiert nicht nur auf dem Bildschirm. Der Tod beschränkt sich nicht auf die Tageszeitung. Er ist ein universelles Ereignis, das auch uns betrifft. Auch wenn er uns noch so irreal scheint.

Die Sinn-Diät
3. Rezept: Todesbewusst gegen Größenwahn

Gäbe es Alter und Krankheit nicht, gäbe es den Tod nicht. Das hieße, wir würden ewig leben. Eine entsetzliche Vorstellung. Machen wir uns klar: Würden wir ewig leben, müssten wir uns für nichts mehr entscheiden. Wir könnten alles endlos aufschieben. Wir hätten ja keinen Zeitdruck. Wir könnten uns dem grenzenlosen Vergnügen hingeben, das uns aber (weil es ja grenzenlos wäre) endlos langweilen würde. Wir wären zum Sterben frustriert und doch nicht totzukriegen. Wir wären nicht im Paradies, sondern in der Hölle.

Woody Allen: »Die Ewigkeit ist sehr lang, besonders zum Ende hin.«

Legen Sie also Ihren Größenwahn ab und gewöhnen Sie sich an den Gedanken, dass auch Sie einmal sterben müssen. Eines Tages werden Sie so mausetot sein wie eine TV-Leiche (mit dem Unterschied, dass es für Sie keinen Drehschluss geben wird). Lernen Sie den Tod zu respektieren: Der Tod ist das Loch in Ihrem Tempel, durch das Sie ausbrechen können. Gäbe es dieses Loch nicht, würden Sie ewig in Ihrem Prachtbau eingesperrt bleiben. Der Tod gehört zum Leben. Ohne den Tod wäre das Leben sinnlos. Hören Sie daher auf, Thriller mit zweckfreier Unterhaltung gleichzusetzen. Sehen Sie sie lieber als Einübung in das, was Sie später selbst erwartet. Hier ein paar Beispiele:

▶ Sie sind ein Krimi-Fan. Sie fordern von Ihren Lieblingsserien vor allem eines: Spannung. Sie selbst dagegen sind vollkommen spannungslos. Im Büro ertappen Sie sich mehrmals am Tag bei herzhaftem Gähnen. Wenn Sie im Kreise Ihrer Kollegen einen Witz erzählen sollen, fällt Ihnen nichts ein. Wenn das Leben von Ihnen Improvisationstalent verlangt, greifen Sie zur Fernbedienung.

Im Krimi dreht sich alles um den Tod. Krimihelden sind Helden nicht nur, weil sie nach genau sechzig Minuten den Mörder überführen. Sondern auch, weil sie aus der immer wieder neuen Begegnung mit dem Tod fürs Leben lernen. Weil sie dadurch zu spannenden, interessanten, lebendigen Persönlichkeiten werden (zumindest für die Dauer einer Folge, einer Staffel). Sie wünschten, Sie wären auch so eine Persönlichkeit? Sie wünschten, Sie könnten Ihren ganz persönlichen Krimi leben – ohne Risiko, aber mit diesem lustvollen Kribbeln im Bauch?

Versuchen Sie es mit einer *Sterbemeditation*. Gehen Sie zu Bett und stellen Sie sich vor, es wäre das letzte Mal. Fühlen Sie die zunehmende Verschlechterung Ihres Zustands. Spüren Sie alle Einzelheiten des nahenden Todes. Sehen Sie zu, wie sich Ihre Lieben um Ihr Bett versammeln. Und lassen Sie los. Fragen Sie sich: »Wenn dies mein letzter Tag wäre, würde es mir schwerfallen zu gehen? Wie war mein Leben insgesamt? Was habe ich erreicht, was versäumt? Gibt es etwas, das ich unbedingt noch erledigen möchte? Wenn ich tot bin – was kommt danach?«

Falls Sie diese Übung als geschmacklos empfinden, so möchte ich einwenden: Und wie empfinden Sie die blutigen Szenen, die Sie so lieben? Eine Sterbemeditation ist nicht geschmacklos, sondern höchst zweckmäßig: Sie sensibilisiert dafür, dass nichts von Dauer ist – weder das Gute noch das Schlechte. Die Sterbemeditation ist nicht nur eine Jahrtausende alte buddhistische Praxis – sie findet sich in allen religiösen und philosophischen Traditionen der Welt.

▶ Sie sind ein gläubiger Mensch. Sie glauben an den BMW X5, an die Lidstraffung und an Ihren Haarschnitt von Udo Walz. Das ist gut. Ihr Glaube hat allerdings nur in unserer Multioptionsgesellschaft Bestand. Das ist schlecht.

Unsere Gesellschaft hat den Glauben an die Macht religiöser Glaubenssätze weitgehend verloren. Glaube ist heute Privatsache. Man kann an alles Mögliche glauben, aber man muss es nicht. In einer von Kontrolle besessenen Welt ist der Glaube an ein Jenseits keine Selbstverständlichkeit – in einer Welt, die auf Optionen im Diesseits fixiert ist, erst recht nicht. So ist es für die meisten von uns nur logisch, lieber wissen als glauben zu wollen. Leider aber können wir nicht alles wissen. Vor allen Dingen können wir nicht wissen, ob »danach« noch etwas kommt. Wir können nicht ausschließen, dass es wichtig sein könnte vorzusorgen. Wälzen Sie nicht lange Argumente hin und her, tun Sie es einfach: Glauben Sie an eine höhere Ordnung. Lernen Sie, an etwas zu glauben, das Ihnen in schwierigen Situationen Kraft gibt – und möglicherweise auch nach Ihrem Tod noch von Wert ist. Man weiß nie, was einen erwartet. Geben Sie Ihrem Glauben einen Namen:

Glaube an Gott
Glaube an eine Urkraft
Glaube an den Sinn des Lebens
Glaube an den Sinn des Leidens

Vertiefen Sie Ihren Glauben. Lesen Sie darüber. Beten Sie regelmäßig. Beziehen Sie nicht nur die Lebenden, sondern auch die Toten in Ihre Gebete ein. Wenn Sie schon alles planen müssen, dann planen Sie auch täglich eine Gedenkminute für die Verstorbenen ein. Man weiß nie, was kommt. Lassen Sie es zu, dass Ihr Glaube an etwas Übergeordnetes Ihr Leben bereichert – auf eine Art, wie es ein BMW X5 nie könnte!

▶ Sie machen sich Sorgen um Ihre vierzehnjährige Tochter. Sie trägt lange schwarze Ledermäntel und Netzstrumpfhosen, ihr Kopf ist auf einer Seite kahl rasiert, die restlichen Haarsträhnen hängen ihr ins Gesicht, Nase und Zunge sind gepierct, das Gesicht mit Babypuder gebleicht.

Die Pubertät ist keine leichte Lebensphase. Der Übergang von der Kindheit zum Erwachsenenalter zieht sich oft über Jahre hin. Die körperlichen und seelischen Strapazen der hormonellen Umstellung kosten viel Kraft – den Betroffenen und Erziehungsberechtigten gleichermaßen. Aber die Pubertät hat auch positive Aspekte. Die Neigung zu philosophischer Kritik ist in diesem Alter besonders ausgeprägt. Pubertierende lieben es, alles in Frage zu stellen: die elterlichen Konventionen, die Gesellschaft im Allgemeinen, den Sinn des Lebens, ihre eigene Identität. Sie möchten experimentieren, den Dingen auf den Grund gehen. Für die sensibleren Gemüter gehört dazu auch die Auseinandersetzung mit dem Tod. Ihr Kind ist vermutlich Anhänger einer Subkultur, der Gothics. Hinter den Gothics verbergen sich empfindsame, nachdenkliche junge Menschen, die Todesbewusstheit zum Lifestyle-Prinzip erhoben haben. Doch schwarze Kleidung und bleiche Gesichter sind nicht zwangsläufig Ausdruck von Depression und Ablehnung.

Wenn sich Ihr Kind also derzeit zu den Gothics zählt, sorgen Sie sich nicht zu sehr. Es besteht auch kein Grund, sich für seine Erscheinung zu schämen. Seien Sie lieber stolz, dass es gegen die Zwänge des konventionellen Lebenslaufs aufbegehrt. Die Konventionen – Ausbildung, Beruf, Heirat, Kinderkriegen – werden es noch früh genug einholen. Gönnen Sie ihm also die Freiheit der Unangepasstheit. Nutzen Sie seine Offenheit für tiefsinnige Themen. Holen Sie die Erlaubnis Ihres Sprösslings ein, mit ihm über Endlichkeit und Ewigkeit zu debattieren. Vertiefen Sie sich gemeinsam in die Urgründe von Sein oder Nicht-Sein.

Mit diesem Rezept werden Sie den Weg zu einem erfüllten Leben einschlagen. Sie werden nicht mehr so größenwahnsinnig sein und denken, der Tod könne Ihnen noch nichts anhaben. Sie werden älteren Menschen – jenseits der fünfzig – respektvoller begegnen. Und Sie werden lernen, demütiger zu sein.

Wenn die Zeit kommt, in der man könnte,
ist die vorüber, in der man kann.

MARIE FREIFRAU VON EBNER-ESCHENBACH

4 Wie man das Zeit-Monster besiegt

Was ist Zeit? Wenn man uns nicht danach fragt, wissen wir es. Wenn wir gefragt werden und eine Erklärung abliefern sollen, wissen wir es nicht. Alles, was wir sagen können, ist, dass wir entweder zu viel oder zu wenig Zeit haben. Zu wenig Zeit: Dies ist für uns nicht immer und nicht unbedingt ein Nachteil. Im Gegenteil, solange wir im relativen Vollbesitz unserer Kräfte sind, bilden wir uns auf unsere Zeitknappheit sogar etwas ein. *Keine Zeit zu haben, ist für uns ein Statussymbol.* Es ist ein Statussymbol wie das Gerät, das Zeitdruck, Zeitknappheit und Hektik erst in Mode gebracht hat: das Handy. Das Handy dient dazu, die sowieso schon knapp bemessene Zeit durch penetrantes Klingeln noch weiter zu zerstückeln. Wenn es klingelt, während wir allein sind, haben wir keine Zeit mehr für uns. Wenn es klingelt, während wir unter Leuten sind, haben wir entweder keine Zeit mehr für die uns umgebenden Personen oder für den Anrufer. Je öfter das Handy klingelt, desto weniger Zeit haben wir. Je weniger Zeit wir haben, desto begehrter und erfolgreicher sind wir. Unsere ganze Größe scheint auf Zeitmangel gebaut zu sein. Hätten wir plötzlich Zeit, hieße das: Wir sind entbehrlich. *Die Anderen* brauchen uns nicht.

Zu viel Zeit: Dies ist immer dann der Fall, wenn wir warten, dass es endlich weitergeht. Wir tun alles, damit die Zeit wieder weniger wird. Wir sehen DVDs, bis uns die Augen tränen. Wir streifen durch Kaufhäuser. Wir kaufen ein, nur damit die Zeit vorübergeht. Wir betrachten uns stundenlang im Spiegel und essen den Kühlschrank leer. Zu viel Zeit zu haben ist für uns eine Qual. Je mehr Zeit wir haben, desto wertloser fühlen wir uns. Wir wollen schnellstmöglich zurück in den Kreis der Gehetzten. Denn unsere Religion ist der Stress. Wie schon Novalis bemerkte: »Das Leben ist kurz, wo es lang, und lang, wo es kurz sein sollte.«

Schuld an diesem »Entweder-Oder« ist das Zeit-Monster. Das Zeit-Monster hat nichts anderes zu tun, als mit seinem Riesenrüssel das Hier und Jetzt aufzusaugen. So erklärt sich, warum unsere Gedanken meist dort sind, wo sie nicht sein sollten: in der Zukunft oder in der Vergangenheit. Wir sind ständig unzufrieden, weil wir ständig an das denken, was wir noch alles tun müssen. Und wenn wir gerade nicht dabei sind, daran zu denken, was wir noch alles Dringendes tun müssen, dann grübeln wir. Wir grübeln endlos über Fehler, die wir gemacht haben. Was wir alles hätten besser machen können. Was früher alles besser war – jetzt aber nicht mehr. Kaum kommen wir einen Moment zur Ruhe und schauen zu, wie der Wind die Wolken bewegt, stülpt das Zeit-Monster seinen Rüssel über diesen Moment und saugt ihn auf. Und schon springen unsere Gedanken wieder im Quadrat: »Ich muss erst mal die nächsten zwei Wochen hinter mich bringen. Erst mal mein Idealgewicht erreichen. Mich erst mal scheiden lassen. Mich erst intensiver um die Kinder kümmern. Erst mal wieder richtig gesund werden ...« So denken wir und fügen hinzu: »... *dann* kommt die Erlösung. *Dann* spanne ich mal richtig aus.« Was wir natürlich nie tun. Denn haben wir einmal Zeit, um auszuspannen, ist es gleich wieder *zu viel* Zeit. Zu viel Zeit, um entspannt und zufrieden zu sein. Zu viel Zeit, um nicht ins Grübeln zu geraten. Zu viel Zeit, um nicht vom Komplizen des Zeit-Monsters überwältigt zu werden: dem schlechten Gewissen, das uns Ineffizienz vorwirft.

Das Zeit-Monster ist uralt. Schon die alten Griechen schlugen sich mit ihm herum. Sie nannten es *Chronos*. In der griechischen Mythologie ist Chronos der Gott der Zeit, ein besonders grausamer Gott. Erst entthront er seinen Vater. Dann, damit ihm nicht dasselbe passiert, verschlingt er seine Kinder – alle bis auf eines: Zeus, den mächtigsten aller Götter. Die Botschaft ist klar: Wer nicht aufpasst und Macht über sich gewinnt, wird von der Zeit verschlungen. Chronos, das Zeit-Monster, macht chronisch unzufrieden, chronisch gestresst, chronisch krank. Aber es ist nie zu spät. Die Rettung naht in der Gestalt von *Kairos*, dem jüngsten Sohn des Zeus, Chronos' Enkel. Kairos ist der Gott des rechten Augenblicks. Er wird dargestellt als Jüngling mit Flügeln an den Füßen (damit er schneller rennen kann) und einer Haarlocke auf der Stirn. Nur wer den vorübereilenden Kairos am Schopf packt, kann sich dem Sog der Zeit entziehen. Nur wer mächtig genug ist, sich davon zu befreien, kann aus dem »Zuwenig« oder »Zuviel« ein »Genau-Richtig« machen. Wer sich dagegen der Jagd nach Äußerlichkeiten (Geld, Status, *den Anderen*) verschreibt, treibt direkt in Chronos' Riesenschlund.

Wie können wir das Zeit-Monster besiegen? Sicher nicht, indem wir Seminare mit lächerlichen Titeln wie *Zeitmanagement*, *Work-Life-Balance* oder *Schneller lesen* besuchen. Unsere Vorstellung, wir könnten durch solche Kurse, in denen wir uns stundenlang langweiligen Power-Point-Präsentationen und autobiografischen Anekdoten der Trainer aussetzen, unser Leben neu ausrichten, ist reines Wunschdenken.

Das Einzige, was solche Kurse bewirken, ist eine kurzzeitige Beruhigung unseres schlechten Gewissens. Wir brauchen keine Belehrung darüber, was »wichtig« und was »dringend« ist. Das wissen wir schon selbst. Alles, was wir benötigen, haben wir bereits – seit zirka zweitausend Jahren. Es sind die Erkenntnisse des römischen Staatsmanns Seneca (0–65 n. Chr.). Bevor Seneca sich im Jahr 65 nach Christus auf Neros Befehl hin das Leben nahm, befasste er sich intensiv mit altgriechischer Philosophie. In seinem Essay *Von der Kürze des Lebens* erinnert er uns an ein paar wesentliche Punkte, die wir in unserer Chrono-Manie leider immer wieder vergessen:

»Gilt es, das Vermögen zu wahren, dann sind die Menschen zugeknöpft; steht aber die Zeit auf dem Spiel, dann geben sie mit vollen Händen aus, während doch gerade hier der Geiz eine Tugend wäre ... Nun gib Rechenschaft von deinen Jahren! Sag uns, wie viel Zeit dich dein Gläubiger gekostet hat, wie viel deine Geliebte! Wie viel dein Vorgesetzter, wie viel dein Klient, wie viel der Hader mit deinem Weib, wie viel die Schererei mit deinen Sklaven und wie viel deine dienstbeflissenen Rennereien in der Stadt ... Denk daran ... wie viele sich an deinem Leben bereicherten, ohne dass du den Verlust gewahr wurdest, wie teuer dich unbegründeter Kummer zu stehen kam, leidenschaftliche Gier und tändelnde Unterhaltung, wie wenig dir verblieb von dem, was du besaßest – denk an all dies, und du wirst zugeben müssen, dass du als unreife Frucht vom Lebensbaume fällst.«

Seneca mahnt:

»Von den meisten bekommt man zu hören: ›Von meinem fünfzigsten Lebensjahr an will ich mich der Muße widmen.‹ Oder: ›Das sechzigste Jahr soll mich frei von allen Ämtern sehen.‹ Doch wer bürgt dir schon dafür, dass du so lange lebst? Wer soll dafür sorgen, dass die Dinge so verlaufen, wie du es dir vorstellst?«

Und er gibt auch zu bedenken:

»Graues Haar und Falten sollen dir kein Zeichen für eine lange Lebenszeit sein; ein solcher hat nicht lange *gelebt*, sondern er ist nur lange *da gewesen*.«

Jetzt müssen wir aus Senecas Erkenntnissen nur noch den richtigen Schluss ziehen. Oder anders: Alles, was wir tun müssen, ist lernen, faul zu sein. Aus philosophischer Sicht ist Faulheit keineswegs gleichbedeutend mit passivem Nichtstun. *Faulheit heißt: absichtlich nicht das tun, was wir tun müssen – sondern das tun, was wir tun sollten, und zwar genau jetzt.* Faulheit beinhaltet also ein aktives Moment, eine Absicht. In der Philosophie und der schöngeistigen Literatur lesen wir statt Faulheit oft *Muße*. Dieses Wort stammt aus dem Mittel- und Althochdeutschen und heißt ursprünglich: »Gelegenheit oder Möglichkeit, etwas tun zu können«. Dieses Etwas ist das, was wir tun sollten – in diesem, dem rechten Augenblick. Nur leider wissen wir oft nicht, was wir tun sollten. Wenn es darauf ankommt, sind wir immer zu sehr auf das fixiert, was wir tun müssen.

Auch die Beamtin für steuerrechtliche Fragen, die mich zur Beratung aufsuchte, wusste nicht, was sie tun sollte. Die Klientin war fünfundvierzig und kam mit der Diagnose Burnout zu mir – der letzten in einer Reihe von Vordiagnosen. Sie setzte sich so steif wie möglich auf die äußerste Stuhlkante. Bevor ich den Mund öffnen konnte, drückte sie mir einen Stapel Papier in die Hand: ihren Lebenslauf, ihre Krankheitsgeschichte und ihre Aufzeichnungen über einen Mobbing-Prozess, in dem sie die Hauptklägerin gewesen war.

»Lesen Sie erst mal«, sagte sie.

»Warum erzählen Sie nicht selbst, worum es geht?«, fragte ich.

»Das wäre aber zu subjektiv.«

»Mündlich heißt subjektiv, schriftlich objektiv?«

»Genau. Ich habe so ein Sicherheitsdenken.«

Die Beamtin für steuerrechtliche Fragen wollte nichts mehr riskieren. Sie war verbittert und enttäuscht. Von den Menschen im Allgemeinen und ihren Vorgesetzten im Besonderen.

»Mein Chef sagt, ich muss schneller werden. Ich will aber immer erst mal alles durchdenken, da brauche ich eben länger«, erklärte sie.

»Wie schaffen Sie dann Ihr Pensum?«

»Meine Zeit ist total durchgestylt. Ich war schon immer gut im Planen. In der Schule nannten sie mich ›Plani‹. Aber eigentlich bin ich mehr ein kreativer Mensch.«

Nach fast fünfzig Minuten erfuhr ich, dass meine Klientin, bevor sie Beamtin für steuerrechtliche Fragen geworden war, in einer Big Band gesungen hatte. Als sie mir davon erzählte, lockerte sich plötzlich ihre Steifheit. Sie begann sogar ganz zart zu lächeln.

»Und was machen Sie am Wochenende?«, fragte ich.

»Am Samstag lasse ich mich immer hängen. Ich laufe bis Mittag im Nachthemd herum.«

An diesem Punkt brachte ich Seneca und die Bedeutung der Faulheit ins Spiel. Ich gab ihr *Von der Kürze des Lebens* zu lesen. Nun hatte sie es schriftlich. Sie fühlte sich durch die Lektüre objektiv in dem bestätigt, was sie tun sollte. Sie konnte sich von dem befreien, was sie tun musste. Wenigstens am Wochenende. Nachdem sie den Wert der Faulheit erkannt hatte, hörte sie auf, alles zu durchdenken und durch Denken sichern zu wollen. Sie begann sogar wieder Musik zu machen.

Wenn wir geboren werden, sind wir biegsam und elastisch. Solange wir Kinder sind, sprühen wir vor Lebendigkeit. Wir lachen und weinen und sind – sofern es Eltern und Lehrer zulassen – mit großer Begeisterung faul. Wenn wir älter werden, gönnen wir uns immer weniger Muße. Der Stress des »Zuviel« oder »Zuwenig« beginnt uns aufzufressen. Sobald wir erwachsen sind, hat uns das Zeit-Monster endgültig im Griff. Es nimmt uns unsere gute Laune und macht uns zu emsig ratternden Automaten.

»Übertriebene Geschäftigkeit ist immer ein Zeichen mangelnder Vitalität. Es gibt armselige Kreaturen, die in der Arbeit den Sinn des Lebens sehen. Würde man sie aufs Land oder auf ein Schiff bringen, würden sie sich nach ihrem Pult sehnen. Sie sind nie neugierig, niemals ausgelassen und mit sich selbst nicht zufrieden. Wenn sie nicht ins Büro gehen, ist die Welt leer für sie. Wenn sie auf die Eisenbahn eine Stunde warten müssen, schlafen sie mit geöffneten Augen«, so der schottische Schriftsteller Robert Louis Stevenson.

Wenn wir in den Fängen des Zeit-Monsters leben, entgeht uns leicht, dass unsere Gedanken des »Hätte-ich-nur« und »Wäre-ich-doch« von sehr begrenzter Reichweite sind. Ein Gedanke kann immer nur zum nächsten Gedanken führen, aber nie *das Wesentliche* erfassen. Das Wesentliche gelangt über die Sinne zum Kopf. Das Wesentliche sind Geheimnisse, die außerhalb des Denkens liegen, wie Geburt, Liebe und Tod. Ohne das Wesentliche wäre das Leben eine sehr trockene Angelegenheit. Trotzdem meinen viele von uns, ohne es auskommen zu können. Viele von uns sind süchtig nach Gedanken: je abstrakter, mechanischer, starrer, desto lieber. Bloß nichts sehen, nichts hören, nichts fühlen. Nichts, das das Gedankengebäude in irgendeiner Weise ins Wanken bringen könnte. Denken wir. Und schon sind wir im Stress. Und verpassen den rechten Augenblick, das Hier und Jetzt.

Im Stress achten wir nicht besonders auf das, was wir tun *sollten*. Wir nehmen nur das wahr, was wir tun *müssen*. Dinge, die uns nicht verwundern, nicht erschüttern, nicht inspirieren, nicht nachdenklich werden lassen. Das Zeit-Monster sorgt dafür, dass wir nur das registrieren, was wir schon kennen. Die weiße Wand (die wir nachts anstarren, während wir uns die Schrecken des nächsten Tages ausmalen). Das Ticken der Küchenuhr (das wie eine Zeitbombe klingt, während wir auf einen wichtigen Anruf warten). Die Spaghetti (die wir lustlos herunterschlingen, während wir an unsere unbezahlten Rechnungen denken). Dabei geraten die Dinge, die uns neu sind, uns neugierig machen, völlig außer Sichtweite.

Nehmen wir an, wir kommen jeden Morgen auf dem Weg zur Arbeit an einem Baum vorbei. Normalerweise denken wir an die fünfhundert Meter, die zwischen dem Baum und unserer Arbeitsstelle liegen. Fünfhundert Meter, die mit jedem Schritt weniger werden. Wir denken an unsere Aufgaben und Pflichten. An die Mittagspause. Und den endlos langen Nachmittag. Und an die anstehende Geschäftsreise nach Zürich. Und an den Besuch bei Tante Gundl nächstes Wochenende. Und an Tante Gundls Siamkatze, unsere Katzenallergie und daran, dass wir die Katze am liebsten ...

Eines Morgens kommen wir wie immer an dem Baum vorbei und sehen plötzlich, dass der Baum von oben bis unten zerborsten ist. Er wurde vom Blitz getroffen. Einfach so. Jetzt plötzlich begegnet uns da ein Ding, das uns aus dem Gefängnis des Stress-Denkens herausreißt. Uns verblüfft. Uns zwingt, genauer hinzusehen. Plötzlich schießen uns lauter Fragen durch den Kopf: »Was ist denn mit dem Baum los? Warum sieht der Baum nicht so aus wie immer? Warum wurde gerade dieser Baum vom Blitz getroffen, warum nicht der vor meinem Haus? Warum fasziniert mich der Baum jetzt so? Ist das alles bloß Zufall? Oder steht der Baum in irgendeinem Zusammenhang mit meinem Leben?« All diese Fragen schießen uns im Bruchteil einer Sekunde durch den Kopf, so schnell, dass wir sie kaum wahrnehmen. Gleich darauf treiben uns die Gedanken wieder mit gewohnter Geschäftigkeit in die gewohnten Bahnen – nur für kurze Zeit waren wir von etwas gebannt, das uns größer und wichtiger schien als unser starres Denken. Etwas, dem wir gern nachgehen würden – wenn wir die Zeit dazu hätten. Aber wir haben keine Zeit. Denken wir. Und so ziehen die Tage grußlos an uns vorüber, ohne dass wir ausschöpfen, was in ihnen liegt.

Rüsten wir uns also zum Kampf. Jeder von uns kann die Schlacht gegen das Zeit-Monster gewinnen. Die Waffen, die uns zum Sieg verhelfen, besitzen wir bereits. Es sind unsere menschlichsten Eigenschaften, die in der Hightech-Umgebung unserer hyperkomplexen Welt nur ein wenig aus der Mode gekommen sind. All diese Eigenschaften hängen zusammen, eines führt zum anderen:

Faulheit = Muße ➤ Geduld ➤ Offenheit ➤ Neugier ➤ Kreativität ➤ Lebendigkeit

Wer verlernt hat, das zu tun, was er tun sollte, braucht Vorbilder. Mit der Methode »Lernen am Modell« kann man, darin sind sich die Motivationsforscher einig, großartige Erfolge erzielen. Wenn wir ein wenig recherchieren und unser Umfeld nach Leuten abscannen, die in vorbildlicher Weise faul sind, suchen wir allerdings ziemlich lang. Das liegt daran, dass es neben der aktiven Faulheit auch eine passive gibt, die weitaus verbreiteter ist, aber leider nicht zum gewünschten Ergebnis führt:

Faulheit = Nichtstun ➤ Langeweile ➤ Depression ➤ Alkoholismus

Diese zweite Kausalkette hängt mit enttäuschten Sinn-Erwartungen zusammen. Eine solche Kausalität entwickelt sich oft bei Menschen, die zwar richtig erkannt haben, dass Perfektionsdenken, Geschäftigkeit, Planung, Organisation und Kontrolle nicht zu Sinn führen – die aber aus dieser Erkenntnis den falschen Schluss ziehen. Die Praxis des Nichtstuns verringert unsere Unzufriedenheit nicht, sie vermehrt sie.

Die Sinn-Diät
4. Rezept: Auf das gute Timing pfeifen

Wir können keine Zeit gewinnen, indem wir sie sparen. Es gibt kein Konto, auf dem wir unsere Zeit einzahlen könnten, damit sie sich vermehrt. In den meisten Fällen ist gesparte Zeit verlorene Zeit. Zeit-Ersparnis hat einen hohen Preis, der mit den Sparzinsen erst einmal verrechnet werden muss: Stress. Wenn wir Glück haben, kommt am Ende null heraus. Meist aber rutschen wir ins Minus. Denn wir geben uns mit unserem Ersparten ja nie zufrieden. Wir wollen immer noch mehr ansparen. Auf diese Weise kommen wir nie in den Genuss des Ersparten. Die Zeit wird immer weniger statt mehr. Wir können noch so viele Uhren tragen, um sie zu messen, wir können noch so viele Handys benutzen, um sie zu zerteilen. Das beste Timing der Welt kann uns nicht helfen, unsere verrinnende Lebenszeit aufzuhalten. Auch wenn das Zeit-Monster es uns glauben machen will.

Je mehr wir der Zeit hinterherrennen, desto automatenähnlicher werden wir. Wir übergeben das Kommando einem inneren Programm namens »Durchhalten-Müssen«. Mit seiner Hilfe funktioniert der Alltag optimal – bis das innere Programm sich auch äußerlich bemerkbar macht. Bevor wir selbst es merken, nehmen *die Anderen* eine gewisse Fehlsteuerung an uns wahr (was natürlich peinlich ist – wir wollen vor *den Anderen* ja perfekt sein): erhöhte Reizbarkeit. Gestörte Kommunikationsfähigkeit. Zerstreutheit. Vergesslichkeit. Mangelnde Konzentration auf das Wesentliche. Unkoordinierte Handlungen. Unfähigkeit abzuschalten.

Verkrampftheit. Außer Kontrolle geratenes Essen, Trinken oder Rauchen.

Wenn Sie sich vor *den Anderen* nicht bloßstellen wollen, sollten Sie auf Ihr gutes Timing pfeifen lernen. Dazu bedarf es einiger Übung. Zum Warmwerden empfehle ich einen vorübergehenden *Chronos*-Entzug. Sobald das Wochenende vor der Tür steht, schrauben Sie die Küchenuhr ab. Stecken Sie alle elektronischen Geräte mit LED-Display aus, auf denen das Verrinnen der Zeit zu erkennen ist. Anschließend entledigen Sie sich all Ihrer Tools, die Sie für unverzichtbar halten. Legen Sie Ihr Handy, Ihr BlackBerry, Ihre Uhr, Ihren Laptop oder womit Sie sich sonst noch das Leben schwer machen, in eine tiefe Tasche. Nehmen Sie eine Tasche mit Reißverschluss oder, noch besser, eine mit Vorhängeschloss. Verschließen Sie das Schloss mit dem passenden Schlüssel. Schieben Sie den Schlüssel in die hinterste Ecke Ihrer Schreibtischschublade, die Sie ebenfalls abschließen. (Bitte merken Sie sich, wo Sie den Schubladenschlüssel deponieren, damit es hinterher keine Aufregung gibt.)

Seien Sie sich dessen bewusst, was Sie eben getan haben – Handlungen wie diese haben eine hohe Symbolkraft! Bitten Sie einen Nachbarn Ihres Vertrauens, die Tasche bis Sonntagabend in Verwahrung zu nehmen. Danach lassen Sie sich erst einmal ein heißes Bad ein. Schließen Sie die Augen. Denken Sie an die Ureinwohner einer Südseeinsel, die schläfrig unter Palmen sitzen und darauf warten, dass eine Kokosnuss herabfällt. Lassen Sie sich von Gedanken an den Posteingang Ihrer Mailbox nicht aus der Ruhe bringen. Konzentrieren Sie sich auf Ihre Fingerkuppen. Harren Sie so lange in der Wanne aus, bis Sie auf Ihren Fingerkuppen Falten erkennen. Warten Sie auf den rechten Augenblick, um Ihr Bad zu beenden. Bis Sonntagabend ist noch viel Zeit. Nun können Sie sich in Ruhe weiteren Übungen widmen. Hier ein paar Beispiele:

▶ Sie haben einen überaus wichtigen Job, der keine Sperenzchen erlaubt. Sie halten das Zeit-Monster für unbesiegbar und glauben deshalb, es sei lachhaft, den Kampf aufzunehmen.

Der Stress hat Ihnen den letzten Rest Fantasie geraubt. Sie brauchen dringend neue Inspiration – ein inspirierendes Vorbild, das Sie wieder auf den rechten Weg führt. Werden Sie in Ihrer Nähe nicht fündig, nehmen Sie sich ein Beispiel an einer historischen Figur. Bestellen Sie sich das Buch *Walden* von Henry David Thoreau (1817–1862). An der amerikanischen Ostküste beheimatet, wagte Thoreau Mitte des 19. Jahrhunderts ein kühnes Experiment. Nachdem er von seiner Arbeit als Schulmeister und Handwerker genug hatte, zog er in den Wald. Nahe des Sees Walden baute er eine Hütte und lebte zwei Jahre lang als Einsiedler. Da es in seiner Hütte keine Uhr, kein Handy und auch kein Laptop gab, richtete er seinen Tagesrhythmus an der Natur aus. So wurde er ein Meister der Beobachtung. In seinem Buch finden Sie wunderbare Detailschilderungen von Ameisen, Wintervögeln, Bohnen, Stürmen und Sonnenstrahlen. Lesen Sie – und machen Sie sich mit dem wirklichen Leben vertraut. Lernen Sie am Modell Thoreau, lernen Sie, Ihre Chrono-Manie zu heilen, indem Sie Ihre Zeit scheinbar niederen Dingen schenken. Ergreifen Sie den rechten Augenblick – jetzt!

▶ Sie sind ein Gefangener Ihrer Gedanken. Da Ihre Gedanken Sie ständig hin und her treiben, können Sie nicht eine Minute stillsitzen. Wenn Sie in Ihrer Freizeit einmal nichts zu tun haben, gönnen Sie sich keine Muße. Sie fahren stundenlang im Auto umher, anstatt faul zu Hause zu bleiben.

Wahrscheinlich haben Sie vor lauter Denken vergessen, worauf es im Leben wirklich ankommt. Sie sind zwar die ganze Zeit *da*, aber Sie wissen nicht mehr, *wozu*. Sicher nicht zum Zeitsparen! Helfen Sie Ihrem Gedächtnis auf die

Sprünge. Schreiben Sie einen Nachruf auf sich selbst. Schreiben Sie auf, woran man sich am Ende erinnern soll. »Er hat immer das getan, was er tun musste.« Oder: »Wegen Dauerstresses konnte er leider keine Freundschaften pflegen.« Oder: »Er hat sich von der Zeit verschlingen lassen.« Effizienz, Timing, Zeitersparnis: Sind das die Werte, für die man Sie im Gedächtnis behalten soll? Gehen Sie in sich und legen Sie schriftlich dar, wonach Ihr Leben wirklich ausgerichtet sein sollte, sodass es am Ende keine Schande sein wird, den Hinterbliebenen darüber zu berichten. Stecken Sie die fertige Rede in ein Kuvert und schreiben Sie Ihre eigene Adresse darauf. Dann bitten Sie einen Bekannten, den Brief nach sechs bis zwölf Monaten abzuschicken. Lesen Sie Ihre Rede erneut und geben Sie sich ein weiteres Mal Rechenschaft über Ihre Lebensführung ab.

▶ Essen ist für Sie wie Tanken. Dreimal am Tag füllen Sie Ihren Magen auf, damit Sie Vollgas geben können. Wenn Ihr Partner Sie abends fragt, was Sie tagsüber zu sich genommen haben, kratzen Sie sich am Kopf.

Versuchen Sie es mit einer buddhistischen Achtsamkeitsmeditation. Lernen Sie achtsam zu essen. Üben Sie mit einem Gummibärchen. Legen Sie das Bärchen auf Ihren Handrücken und konzentrieren Sie sich auf seine Farbe und Form. Denken Sie an mögliche Paten des Bärchens (Bruno oder Knut). Schalten Sie alle Gedanken, die nicht mit dem Gummibär zu tun haben, aus. Stellen Sie sich die Menschen vor, die an der Herstellung des Bären beteiligt waren (Zeichner, Chemiker, Fließbandarbeiter). Legen Sie den Bären vorsichtig auf Ihre Zunge (*nicht zerbeißen!*). Fühlen Sie seine Form an Ihrem Gaumen. Drehen Sie ihn mit der Zunge behutsam einmal um 360 Grad. Erst dann beginnen Sie ihn – ebenso behutsam – zu zerbeißen. Bevor Sie ihn herunterschlucken, verabschieden Sie sich von Ihrem Bären.

Wenn Sie diese Übung beherrschen, ohne vor Ungeduld wahnsinnig zu werden, wenden Sie sie auch auf Ihre Hauptmahlzeiten an. Ihr Gedächtnis wird sich drastisch verbessern. Sie werden sich an jedes einzelne Salatblatt der Woche erinnern. Und Sie werden plötzlich die Zeit finden, Ihr Silberbesteck zu polieren.

Wenn Sie sich an dieses Rezept halten, könnten Sie dem Geheimnis der Zeit auf die Schliche kommen. Sie werden erfahren, dass die Zeit auf Ihrer Seite ist, wenn Sie aufhören, sich von ihr verschlingen zu lassen. Und dass ein einziger Augenblick, in dem Sie die Zeit vergessen, Jahre aufwiegen kann.

> *Das Lachen ist ein Affekt aus der
> plötzlichen Verwandlung einer
> gespannten Erwartung in nichts.*
>
> IMMANUEL KANT

5 Die beste Art zu lachen

Wir Deutschen sind ein ernstes, pflichtbewusstes Volk. Fast alles, was wir tun, ist für uns mit einer gewissen Anstrengung verbunden. So gern wir uns nach außen hin lässig geben – eine innere Leichtigkeit zu entwickeln, fällt uns schwer. Deshalb ist uns jede Gelegenheit zu lachen willkommen. Wir lachen im Büro, in der Mittagspause, an der Kasse, auf Vernissagen, bei Geburtstagspartys. Und im Karneval. Doch wir lachen nicht ohne Grund. Wir sehen die anderen lachen – und lachen mit. Wir lachen, weil wir dazugehören wollen. Wer nicht mitlachen kann, gehört nicht zu uns. Mitlachen ist die Hauptsache. Jedes Lachen baut auf ein stilles Einverständnis, ist eine Verschwörung aller an- und abwesenden Mitlachenden. Worüber gelacht wird, finden wir eher unwichtig. Hauptsache, es ist lustig. Denken wir. Grundsätzlich sind wir immer bereit zu lachen. Warum auch nicht? Ist das Leben nicht schon traurig genug?

Das Lachen gehört – wie das Weinen – zur elementaren Grundausstattung des Menschen. Ein lachendes Gesicht erscheint uns menschlicher als ein ernsthaftes. Dies gilt für alle Bereiche des Gesellschaftslebens, auch für Politik und Wirtschaft. Wenn ein Bundestagsabgeordneter lacht, schenken wir ihm unsere Sympathien eher, als wenn er griesgrämig die Augenbrauen zusammenzieht oder apathisch vor sich hin starrt. Solange wir uns nicht mit seinen politischen Aussagen befassen, empfinden wir die Sorglosigkeit, die in seinem Lachen liegt, als beruhigend. Die Folge: Zweifel und negative Gedanken, die wir gegenüber dieser Person empfinden könnten, werden im Keim erstickt. In ähnlicher Weise kann das fröhliche Lachen eines Hedgefonds-Managers die Unnahbarkeit seiner Person zumindest vorübergehend aufheben und uns so den Eindruck verschaffen, es handele sich um einen Menschen wie wir. Einen Menschen, mit dem wir, wenn wir Kinder wären, ohne zu zögern eine Sandburg bauen würden. Auf die gleiche Art fassen wir zu unseren künftigen Vorgesetzten Vertrauen oder zu unseren späteren Ehepartnern. Ob wir uns dessen bewusst sind oder nicht, das Gelächter unserer Mitmenschen hat entscheidenden Einfluss auf den Verlauf unseres Lebens. Dieses Phänomen ist nur so zu erklären: In der Gegenwart des Lachens ist unser Verstand nicht mehr voll funktionsfähig. Ein Beispiel: Wenn Anna im Kreise Gleichgesinnter schön lacht, lacht Peter mit. Ausschlaggebend für sein Mitlachen ist nicht so sehr, worüber sie lacht, sondern dass sie überhaupt lacht. Sie ist ihm sympathisch, weil sie lacht, nicht, weil sie über bestimmte Dinge lacht. Wenn Anna und Peter gemeinsam lachen, haben sie Spaß. Und wenn sie Spaß haben, werden sie sorglos. In ihrer Sorglosigkeit verlieben sie sich, wenig später heiraten sie. So sind sie eine Zeit lang recht glücklich. Doch irgendwann wird ihr gemeinsames Lachen seltener. Wenn sie lachen, dann nicht mehr miteinander. Irgendetwas muss schiefgelaufen sein – was? Versuchen wir, der Sache philosophisch auf den Grund zu gehen.

Zunächst einmal müssen wir die durchaus nicht lächerliche Frage, warum wir überhaupt lachen, unter die Lupe nehmen. Wir lachen ja nicht nur, weil wir zur Gruppe der Lachenden dazugehören wollen. Wir lachen auch, weil wir etwas lustig finden. Genauer: Wir lachen, weil wir etwas aus ganz bestimmten Gründen lustig finden. Wir lachen, wenn Manfred sich während seines Monologs über die Folgen des Rinderwahns an einem Hähnchenknochen verschluckt. Wir lachen, wenn Sigi statt »absteigen« »absterben« sagt. Wir lachen, wenn unser überpünktlicher Kollege zu spät zu seiner eigenen Hochzeit kommt. Wir lachen auch, wenn wir Dieter von hinten mit Hansjörg verwechseln oder wenn wir dreimal am Tag Frau Schwarz in die Arme laufen. Ob sich die komischen Situationen im wahren Leben ereignen oder ob es sich um fiktive Szenarien einer Comedy handelt: Das Lachen entsteht im sozialen Kontext. Gelacht wird nur über typisch Menschliches – und das zeigt sich am besten im Zwischenmenschlichen. (Natürlich gibt es auch Fälle, in denen eine Person ganz allein vor sich hin lacht. Aber auch sie kann nicht lachen, ohne sich das Lachenswerte oder Lachhafte des sozialen Kontexts zu vergegenwärtigen – selbst dann nicht, wenn sie an einer psychischen Störung leidet.)

In seiner Abhandlung *Das Lachen* schreibt der französische Philosoph und Literatur-Nobelpreisträger Henri Bergson (1859–1941):

»Ein Mann läuft auf der Straße, stolpert und fällt. Die Passanten lachen. Ich glaube, man würde nicht lachen, wenn man annehmen könnte, er habe sich plötzlich entschlossen, sich hinzusetzen. Man lacht, weil er sich unfreiwillig hingesetzt hat ...

Ein anderer geht mit mathematischer Regelmäßigkeit seinen kleinen Geschäften nach. Nun hat aber ein Spaßvogel hinter seinem Rücken mit allem, was ihn umgibt, Unfug getrieben. Der Gefoppte taucht seine Feder ins Tintenfass und zieht Schlamm heraus; er glaubt, er setze sich auf einen soliden Stuhl, und plumpst zu Boden; kurz, was immer er tut, ist verkehrt oder ein Leerlauf nach dem ewig geltenden Gesetz der Trägheit. Die Gewohnheit hatte seine Bewegungen diktiert. Er hätte diese unterbrechen oder ändern sollen.

Doch er tat nichts dergleichen. Er bewegte sich mechanisch weiter ... Lächerlich ist in diesem wie in jenem Fall eine gewisse *mechanisch wirkende Steifheit* in einem Augenblick, da man von einem Menschen wache Beweglichkeit und lebendige Anpassungsfähigkeit erwartet.«

Nach Bergson geschieht Lachen also nicht einfach, weil etwas lustig ist. Lachen hat eine bestimmte Funktion: Es entlarvt jeden unfreiwilligen Bruch mit dem erfahrungsgemäß zu Erwartenden. Wenn wir erwarten, das Wort »absteigen« zu hören, man stattdessen aber »absterben« zu uns sagt, lachen wir. Wenn wir erwarten, Dieter zu sehen, stattdessen aber auf Hansjörg treffen, lachen wir. Wenn wir erwarten, Frau Schwarz nicht auch noch zum dritten Mal zu begegnen, und es dennoch tun, lachen wir. Doch das ist noch nicht alles. Darüber hinaus weist das Lachen all diejenigen in die Schranken, die anders denken, fühlen und handeln als *die Anderen*. Den wohl ältesten Beleg hierfür finden wir in Platons (ca. 428–348 v. Chr.) Dialog *Theätet*:

»So erzählt man sich von (dem ionischen Naturphilosophen) Thales, er sei, während er sich mit dem Himmelsgewölbe beschäftigte und nach oben blickte, in einen Brunnen gefallen. Darüber habe ihn eine witzige und hübsche thrakische Dienstmagd ausgelacht und gesagt, er wolle da mit aller Leidenschaft die Dinge am Himmel zu wissen bekommen, während ihm doch schon das, was ihm vor der Nase und den Füßen läge, verborgen bleibe.«

Damit wissen wir nun, was »lustig« wirklich heißt. Lustig ist nicht irgendetwas – lustig ist nur immer das Eine: *Jede Art von unfreiwillig idiotischem Verhalten, das der Cleverness der Anderen widerspricht.* Die aktuelle deutsche Sketch-Comedy beinhaltet fast ausschließlich Charaktere der Kategorie »unfreiwilliger Idiot«. (Ein unfreiwilliger Idiot kann wie Thales von Milet ein sehr schlauer Mensch sein – nicht sein Mangel an Intelligenz, die Situation macht ihn zum Idioten!) Kaum hat das Programm begonnen, fangen wir schon an zu grinsen. Es ist uns gleich, ob es sich bei dem Idioten um einen Bürochef (*Stromberg*), Polizeipsychologen (*Dr. Psycho*) oder Türken (*Kaya Yanar*) handelt. Sobald der Protagonist auftaucht, gehen wir in Startposition. Schon in der ersten Szene lachen wir los. Haben wir einmal gelacht, gibt es kein Zurück mehr. Kluft, Gestik und sprachlicher Ausdruck des unfreiwilligen Idioten bringen unser Zwerchfell zum Zerreißen. Da unser Verstand in der Gegenwart des Lachens nicht voll funktionsfähig ist, finden wir so ziemlich alles lustig, was der Darsteller veranstaltet. Wir empfinden große Dankbarkeit für Comedians wie Christoph Maria Herbst oder Kaya Yanar, weil sie uns von unserem Alltagsfrust befreien und in den Zustand der Sorglosigkeit überführen.

Nach einer Umfrage der deutschen Zeitschrift *Lisa* behaupten 87 Prozent der Männer und 91 Prozent der Frauen, sie könnten über sich selbst lachen. Nur jeder Vierte der Befragten gibt zu, Freude am Auslachen, an der Schadenfreude zu haben. Solche und ähnliche Selbstaussagen sind angesichts der hohen Einschaltquoten aktueller Comedy-Formate erstaunlich. Denn jedes dieser Formate gründet seinen Erfolg nicht nur darauf, dass es etwas zu lachen gibt, sondern auch darauf, dass Lachen im Wesentlichen Auslachen heißt.

Henri Bergson: »Das Lachen hat keinen größeren Feind als die Emotion. Ich will nicht behaupten, dass wir über einen Menschen, für den wir Mitleid oder Zärtlichkeit empfinden, nicht lachen könnten – dann aber müssten wir diese Zärtlichkeit, dieses Mitleid für eine kurze Weile unterdrücken.«

Seien wir ehrlich: In dem Moment, in dem der lustige Idiot auftaucht, legen wir sämtliche Regungen des Mitgefühls auf Eis. Wenn wir uns klarmachten, wie bloßgestellt, beschämt, verzweifelt wir uns an seiner Stelle fühlen würden, das Lachen würde uns im Hals stecken bleiben. Wenn wir uns in jeden einfühlten, der etwas Lustiges tut oder sagt, wären wir überhaupt nicht mehr in der Lage zu lachen. Wenn wir über Menschen wie Manfred oder Sigi lachen können, dann nur deshalb, weil wir sie eine Zeit lang als Marionetten ansehen, die »Mensch« spielen. Ganz anders verhält es sich, wenn wir selbst im Spiel sind. Theoretisch mögen die meisten von uns sagen, sie könnten auch über sich selbst lachen. Wenn es aber praktisch darauf ankommt, stehen wir meist schon bis zum Hals im Selbstmitleid, sodass wir die nötige kühle Distanz zur eigenen Person beim besten Willen nicht mehr aufbringen können.

Warum fällt es uns so schwer zuzugeben, dass nicht nur das Mitlachen, sondern auch das Auslachen eine unserer Lieblingsbeschäftigungen ist? Natürlich: Wir haben moralische Bedenken. Lachen ist ja nicht wertfrei, nur weil es unseren Verstand beschränkt und unsere Gefühle einfriert. Es gilt all denen, die gesellschaftliche Konventionen verletzen, die sich über konventionelle Erwartungen hinwegsetzen. Lachen befreit nur die Lachenden – die Verlachten engt es ein.

Noch einmal Bergson: »Die Gesellschaft ... zwingt jedes ihrer Glieder, auf seine Umgebung zu achten, sich ihr anzupassen und zu vermeiden, dass es sich in seinen Charakter zurückzieht wie in ein Schneckenhaus. Sie sorgt dafür, dass über jedem wenn nicht gerade die Drohung einer Strafe, so doch die Furcht vor einer Demütigung schwebt; und mag die Demütigung auch leicht sein, sie ist dennoch gefürchtet. Da nun das Lachen für den, dem es gilt, immer ein wenig demütigend ist, kann man es als eine wahre soziale Züchtigung betrachten.«

All dies mag uns nach einiger Überlegung einleuchten. Es hilft uns aber immer noch nicht ganz, die Frage zu beantworten, warum Anna und Peter das gemeinsame Lachen vergangen sein könnte. Wenden wir uns einem weiteren

Grund zu, weshalb wir lachen: der Langeweile. Gehen wir davon aus, dass Anna nicht zehnfache Mutter und Astronautin und Peter nicht Hollywoodschauspieler mit zweitem Standbein als UNICEF-Botschafter ist. Dann ist Annas und Peters Alltag dem unseren und dem *der Anderen* höchstwahrscheinlich sehr ähnlich. Manchmal gibt es spannende Erlebnisse und verblüffende Erkenntnisse, die meiste Zeit aber verläuft relativ ereignislos. Wir füllen sie mit Planung und Organisation – und schon ist ein weiterer Tag vergangen. Wenn wir einmal nichts zu tun haben, langweilen wir uns. Weil die lange Weile sich schnell zu einem unerträglichen Zustand auswächst, versuchen wir unser Glück in der Ablenkung zu finden. Über die Schwierigkeiten, die dieser Versuch mit sich bringt, schrieb der französische Philosoph Pascal (1623–1662) in seinen *Gedanken*:

»Als ich es zuweilen unternommen habe, die ruhelose Geschäftigkeit der Menschen zu betrachten wie auch die Gefahren und Strapazen, denen sie sich bei Hofe und im Kriege aussetzen, woraus so viele Streitigkeiten, Leidenschaften, kühne und oft unheilvolle Unternehmungen erwachsen, habe ich häufig gesagt, dass das ganze Unglück der Menschen aus einem einzigen Umstand herrühre, nämlich, dass sie nicht ruhig in einem Zimmer bleiben können.«

Wir müssen nicht gleich in den Krieg ziehen. Auch Lachen ist ein hervorragendes Mittel, um Ruhe zu vermeiden und Langeweile zu verkürzen. Da wir Langeweile so überaus lästig empfinden, kann sie nichts mit uns selbst zu tun haben. Denken wir. So oft wir von uns sagen, wir könnten über uns lachen, so selten behaupten wir von uns, wir seien langweilig. Nicht wir selbst sind langweilig! Die Umstände und *die Anderen* sind langweilig. Und unser Partner. Im Zweifelsfall ist unser Partner immer noch eine Spur langweiliger als *die Anderen*. Wir beklagen uns, dass er zu wenig Anregung, Erregung, Aufregung in die Beziehung bringe. Wir *erwarten* von ihm, dass er uns unterhält. Weil er unsere Erwartungen mit erstaunlicher Sturheit immer wieder durchkreuzt, fangen wir irgendwann an zu lachen. Wir lachen aber nicht mehr mit ihm, sondern nur noch über ihn. Unser Lachen lässt unsere Gefühle für ihn erkalten. Lachend weisen wir ihm die Rolle des unfreiwilligen Idioten zu, aus der er sich nur befreien kann, wenn er seinerseits über uns lacht. Wenn Anna und Peter nur mehr übereinander lachen, können sie nicht mehr miteinander lachen. Hätten die beiden noch eine andere Art zu lachen gekannt, wäre es vielleicht gar nicht so weit gekommen ...

Das Beispiel von Peter und Anna zeigt: Lachen kann zur Ehestiftung beitragen. Je mehr aber das lachende Miteinander zur Gewohnheit wird, desto wichtiger wird es, sich über die Moral des Lachens zu verständigen. Würden wir hauptsächlich lachen, um den anderen auf sein Anders- und damit Unmöglichsein aufmerksam zu machen, um ihn also wegen seines idiotischen Verhaltens zurechtzuweisen, wären wir eine ziemlich herzlose Spezies. Das sind wir aber nicht – sonst hätten wir keine Bedenken, was das Auslachen betrifft. Tief in unserem Inneren spüren wir, dass Lachen doch nicht so viel mit Leichtigkeit und Lockerheit zu tun hat, wie wir meinen. So unschuldig und sorglos es klingen mag, der Philosoph in uns entdeckt doch immer eine »Dosis Bitterkeit« (Bergson) darin.

Das beste Gegenmittel zum Lachen als sozialer Maßregelung ist *das ironische Lachen*. Die Ironie hat einen schweren Stand in unserer Spaßgesellschaft. Ironie ist nicht lustig. Ironie ist mehrdeutig – sie schwankt zwischen Ernst und Unernst. Sie lässt alle Möglichkeiten offen.

»Das Ironische löst so die Enge eines gebannten Blicks, der ... keinen Ausweg mehr sieht, in die Weite eines Spielraums, in welchem sich atmen lässt«, so der Philosoph und Kulturwissenschaftler Beda Allemann.

Das ironische Lachen ist leise, fast lautlos – weniger ein Gelächter als ein kaum wahrnehmbares, angedeutetes Lächeln. Wir glauben oft, Ironie sei kalt, unfreundlich und unmenschlich. Dabei ist es unser Gelächter, das unfreundlich ist. Gelächter ertönt überall, wo eine tiefergehende Auseinandersetzung mit dem Leben verhindert werden soll. Wir verwechseln Ironie mit Sarkasmus, Zynismus oder Nihilismus. Der Ironiker ist ein Mensch, der sich mit Herz und Verstand darum bemüht, die Beschränktheiten des Menschen, seiner Konventionen und Abhängigkeiten aufzuheben. Wir lachen aus reinem Spaß. Der Ironiker lächelt aus vollem Ernst.

Die beste Art zu lachen ist die ironische: Nur sie kann uns von der Schwere und Langeweile unseres Daseins erlösen. Nur sie hat den Mut zur Veränderung. Das Gelächter führt nur immer zur Bestätigung der bestehenden Verhältnisse; an der Rangordnung der Überlegenen (Cleveren) und der Unterlegenen (Idioten) ändert sich nichts. Wären Anna und Peter der Ironie fähig gewesen, würden sie heute noch miteinander lachen – lächeln – können. Sie hätten sich selbst nicht so ernst und so wichtig genommen.

Warum lacht der Ironiker? Er lacht, weil die Sonne scheint, aber er lacht auch, weil es regnet. Er lacht, weil ein armer Mensch reich werden und ein reicher Mensch verarmen kann (nicht nur theoretisch, sondern auch praktisch). Er lacht, weil nichts absolut, sondern alles relativ ist. Der Ironiker lacht, weil das, was als grundsätzlich gegeben hingenommen wird, auch ganz anders sein könnte: grundsätzlich veränderbar. Er lacht, weil er weiß, dass er, der genau wie wir an seinen Abhängigkeiten leidet, auch frei davon sein könnte. Lächelnd befreit er sich von der Last, die er mit sich herumschleppt – von Termindruck, Bluthochdruck, Eheproblemen, Gewichtsschwankungen, Stimmungsschwankungen.

Das ironische Lächeln führt nicht zu Funktionsausfällen im Hirn- und Herzbereich. Im Gegenteil, es trainiert beide

Bereiche, indem es *neue Möglichkeitsräume* eröffnet. Wenn ich von mir als einem sehr zwanghaften und ordentlichen Menschen erzähle, dabei aber ein ironisches Lächeln meine Lippen umspielt, so gebe ich zu erkennen: »Ich bin so und so – aber ich *könnte* auch anders sein, spontan und unberechenbar, vielleicht *bin* ich es ja auch schon, es hat sich nur noch nicht gezeigt.« In diesem Sinne dient die Ironie auch dazu, den Menschen mit sich selbst bekannt zu machen: seine Masken abzulegen, seine starre Logik, seine festgefahrenen Meinungen zu durchschauen, ihn menschlicher und mutiger werden zu lassen.

Manchmal spreche ich mit Klienten, die wiederholt betonen, sie würden so etwas wie Glück nicht kennen. Zwischendurch erklären sie aber, sie hätten sich über etwas gefreut oder seien mit etwas sehr zufrieden. Was natürlich in gewissem Widerspruch zu Ersterem steht. Ich fange an, von der Philosophie des Dalai Lama oder eines anderen Glücklichen zu schwärmen – um mich dann selbst zu unterbrechen: »Ach, ich habe ganz vergessen, das wird Sie kaum interessieren – Glück gibt es für Sie ja gar nicht!« Worauf der Ratsuchende meist reflexartig lächelt. Mit seinem Lächeln gibt er zu erkennen, dass er sich bei seiner Selbstbeschränkung »ertappt« hat. Lächelnd sieht er ein, dass seine widersprüchlichen Aussagen schon den Keim einer möglichen Veränderung hin zu einer positiveren (Glück bejahenden) Einstellung enthalten. Er weiß plötzlich, er ist frei zu wählen. Er könnte sich wieder mit dem Glück bekannt machen – wenn er nur wollte.

Søren Kierkegaard: »Ein Leben, das menschwürdig genannt werden kann, (beginnt) mit der Ironie.«

Die Sinn-Diät
5. Rezept: Das Gelächter im Zaum halten

Ein Lachen, das uns nur kurzzeitig aus unserem Elend herausreißt, aber nichts Grundlegendes an unserer Unzufriedenheit ändert, ist unsinnig. Wie viel haben wir in unserem Leben schon gelacht – und wie wenig haben wir daraus gelernt.

Versuchen Sie also neben dem ganzen unsinnigen Gelächter Raum für ein bisschen Ironie zu schaffen. Eröffnen Sie sich neue Möglichkeitsräume. Sonst fühlen Sie sich womöglich von den Umständen, *den Anderen* oder Ihrem Partner ewig beengt. Sonst gibt es für Sie zum Schluss gar nichts mehr zu lachen. Hüten Sie sich davor, als unfreiwilliger Idiot zu enden. Machen Sie sich nicht lächerlich wie die Dame in folgendem Beispiel (aus der Praxis des Philosophen Alexander Dill; die Dialogpartner sind Dill und eine Klientin):

SIE: Ich würde gerne ganz in Ruhe leben, aber das Telefon klingelt immer.
ER: Dann schaffen Sie doch das Telefon ab.
SIE: Ich brauche doch das Telefon auch oft. Aber immer wollen die Leute etwas von mir.
ICH: Seien Sie doch froh.
SIE: Es ist mir aber zu viel. Ich schaffe es einfach körperlich nicht mehr.
ICH: Dann (dürfen) Sie halt nicht immer rangehen.
SIE: Allein das Klingeln macht mich schon nervös. Die Ruhe ist dann hin, egal ob ich rangehe.
ICH: Dann scheint Ihnen das, was Sie gerade tun, nicht so wichtig zu sein.
SIE: Oh doch, ich arbeite besonders gerne im Garten; das beruhigt so.

Wie oft wollen wir frei *vom* sinnlosen Klingeln des Telefons sein, um frei *zu* etwas Sinnvollem sein zu können (zum Beispiel frei zur Gartenarbeit)? Unser Problem ist, dass wir noch lieber als etwas Sinnvolles zu tun, auf etwas Sinnvolles warten. Indem wir ständig für unser Telefon da sind, opfern wir das tatsächlich Sinnvolle dem scheinbar Sinnvollen. In Wirklichkeit verkörpert das Gerät unsere Angst vor dem Leben: Das nie eingelöste Versprechen, dass sich schon mit dem nächsten Klingeln alles zum Guten wenden könnte, verscheucht den Mut zur Wahrheit (die darin besteht, dass Handeln besser als Warten ist). So beschäftigen wir uns mit *illusorischen Möglichkeiten*, die nichts an unserer Situation ändern, die nur unserer Bequemlichkeit förderlich sind. Es könnte ja der Anruf des Chefs sein, der einem mitteilen will, dass man nun doch nicht entlassen, sondern endlich befördert werden solle. Es könnte sich ja um den Anruf des Arztes handeln, der einen beruhigen will, dass die zuvor diagnostizierte schwere Krankheit nur halb so wild sei. Es könnte ja die lange in Vergessenheit geratene liebe Freundin anrufen, um zu verkünden, dass sie von nun an für ein regelmäßiges, die Angst vor der Wahrheit bekämpfendes Spaßprogramm sorgen werde ... Lachen Sie nicht! Fangen Sie bei sich selbst an. Er-lächeln Sie sich realistischere Möglichkeitsräume. Legen Sie die gewohnte Ohnmachtshaltung ab und nehmen Sie eine Haltung der Selbstermächtigung ein. Hier ein paar Beispiele:

▶ Ihnen ist schnell langweilig. Um der Langeweile zu entfliehen, rufen Sie ein paar Freunde an, lachen in netter Runde und gehen nach Hause. Dort setzt die Misere erneut ein.

Machen Sie sich klar, wie privilegiert Sie sind, überhaupt Freunde zu haben, die mit Ihnen lachen, und ein Zuhause. Erkennen Sie, dass Ihnen nicht trotz, sondern aufgrund Ihrer tausend Optionen, Spaß zu haben, langweilig ist. Statt

Freunde anzurufen, könnten Sie ja auch ins Kino gehen. Oder zum Einkaufen. Oder den Fernseher einschalten. Oder Luftschlangen aus dem Fenster blasen. Oder ... Im Laufe Ihres Erkenntnisprozesses wird Ihr ironisches Lächeln immer breiter werden. Es wird Sie von der Langeweile befreien und Sie dazu bringen, dem Ernst Ihrer Lage ein wenig Unernst beizumischen.

▶ Sie sind ein Ordnungsfanatiker. Eines Tages kommen Sie nach Hause und müssen feststellen, dass Ihr dreijähriger Sohn in Ihr Büro eingebrochen ist. Das Bild der Unordnung raubt Ihnen den Atem. Schweißperlen bilden sich auf Ihrer Stirn ...
Atmen Sie tief durch. Zügeln Sie Ihre Aggression und versinken Sie nicht in Selbstmitleid. Rücken Sie den Gegebenheiten mit einem sanften, ironischen Lächeln zu Leibe. Das wird Ihnen nicht leichtfallen, wenn Sie bisher nur im Gelächter Ihr Heil sahen (welches jetzt wohl fehl am Platz ist). In diesem Fall müssen Sie sich die Ironie erst antrainieren. Ein großartiges Übungsfeld ist die Lektüre buddhistischer Gleichnisse, auch *Koans* genannt. Koans dienen dazu, uns von unseren Konventionen, Dogmen und Vorurteilen loszureißen – etwa: »Ein unordentliches Zimmer ist das Schlimmste, was ich mir vorstellen kann« – und uns in den Zustand der Schwerelosigkeit zu versetzen. Buddhisten bezeichnen diesen Zustand als »Leere« oder »höchste Wahrheit«. Die Wahrheit besteht nicht darin zu glauben: »Ein perfekt aufgeräumtes Zimmer ist das Schönste, was ich mir vorstellen kann.« Die Wahrheit ist eine ganz andere, wie dieses Koan aus der Sammlung *Der Finger und der Mond* zeigt:

Ein Zenmeister trug seinem Schüler auf, den Garten des Klosters zu säubern. Der Schüler tat, wie ihm geheißen, und hinterließ den Garten in einwandfreiem Zustand. Doch war der

Meister damit nicht zufrieden. Er erteilte seinem Schüler ein zweites und ein drittes Mal denselben Auftrag, bis der sich völlig entmutigt beschwerte:

»*Aber Meister, in diesem Garten ist nichts mehr in Ordnung zu bringen, nichts mehr zu reinigen! Ich habe alles Nötige getan!*«

»*Und doch fehlt etwas*«, *erwiderte der Meister. Er schüttelte einen Baum, und ein paar Blätter segelten zu Boden.*

»*So, jetzt ist der Garten vollendet*«, *schloss er.*

Die perfekte Ordnung gibt es nur neben der Unordnung. Die Perfektion als solche wäre gar nicht zu erkennen, gäbe es nicht das Unperfekte.

Wenn das nächste Mal in Ihr Büro eingebrochen wird, entspannen Sie sich einfach und denken Sie an den Klostergarten. Sie werden dann mit Leichtigkeit ein ironisches Lächeln auf Ihr Gesicht zaubern können. Weil Sie Ordnung jetzt erst richtig schätzen werden. Ihnen wird klar werden, dass Sie dem kleinen Einbrecher eigentlich danken sollten. Schließlich hat er Sie an die wahre Bedeutung von Ordnung erinnert.

Sie befinden sich in einer anscheinend auswegslosen Lage. Ihr Arbeitsplatz ist bedroht, Ihr Konto schon fast im Minus, Ihr Partner droht Sie zu verlassen.

Auch dazu ein Koan aus *Der Finger und der Mond*:

Ein Mönch meditiert in einem Tempel und schläft ein. Dabei stößt er eine Kerze um, und die Holzverkleidung fängt Feuer. Als der Mönch aufwacht, ist er von lodernden Flammen umgeben. Der steinerne Tempel selbst widersteht dem Feuer, welches jedoch an den Holzverzierungen weiterbrennt. Bevor er aus dem Brand flieht, beschließt der Mönch, einen großen, hölzernen Buddha zu retten. Obwohl er eigentlich eher schwächlicher Natur ist, gelingt es ihm wie durch ein Wunder, die hundert Kilo schwere Statue zur Tür zu tragen. Dort angelangt, muss er jedoch feststellen, dass die Tür zu klein ist, um den Buddha hindurchzuzwängen. Da auch die Mauern viel zu dick sind, sieht er keinerlei Möglichkeit, die Statue zu retten. Dennoch will er den verehrten Buddha nicht den Flammen überlassen. Was kann er tun, um sich unversehrt mit seinem Schatz zu retten?

Was würden Sie tun? Wenn Sie Ihre Gedanken in den gewohnten Bahnen laufen lassen, finden Sie die Antwort nie. Die lautet nämlich: Der Mönch nimmt die Statue, öffnet die Tür – und geht hinaus.

Mit konventioneller Logik ist das Ende dieses Gleichnisses nicht zu erklären. Was soll dieses Ende? Es soll Sie dazu bringen, Ihre konventionelle Logik zu hinterfragen: Was, wenn es gar kein Feuer gibt? Wenn gar keine zu enge Türöffnung existiert? Wenn nicht einmal die hundert Kilo schwere Buddha-Statue existiert? Ihr starres Denken blockiert Sie und raubt Ihnen Ihre Fantasie. Nur weil es Ihnen logisch erscheint, dass ein Mönch mit einer hundert Kilo schweren Statue nicht durch eine enge Tür kommen kann, *erwarten* Sie, dass es ihm tatsächlich nicht gelingt. Nur weil Ihnen die Entwicklung Ihres Berufs- und Privatlebens eindeutig erscheint, *erwarten* Sie, dass tatsächlich alles bergab geht.

Setzen Sie also ein ironisches Lächeln auf. Fangen Sie an, damit zu rechnen, dass es mehr Lösungen gibt als die bloß konventionellen. Das Unmögliche ist nur unmöglich, weil Sie es dazu erklärt haben. Hören Sie auf, ein Gewicht zu schultern, das gar nicht existiert (nur in Ihrem Kopf)!

Wenn Sie dieses Rezept anwenden, werden Sie die Leichtigkeit des Seins besser genießen können. Wenn es Ihnen gelingt, diese Leichtigkeit zu Ihrer zweiten Natur zu machen, werden *die Anderen* Ihre Gesellschaft mehr schätzen. Sie werden mehr echte und weniger falsche Freunde finden. Vielleicht werden Sie auch ab und zu Anlass finden, über Ihr altes Ich zu lachen.

*Als große Leidenschaften lasse ich nur
solche gelten, deren Folgen lächerlich sind.*

STENDHAL

6 Der Unterschied zwischen Liebe und Lieben

Auf unserer Jagd nach dem perfekten Leben begegnen wir, auch wenn wir uns dagegen sträuben, dem alten Feind der Perfektion: der Liebe. Die Liebe ist das Gegenteil von effizient, effektiv, schnell zu kriegen, teuer anzusehen, günstig zu haben – und mit dem größtmöglichen Lustgewinn ausgestattet. Der einzige sichtbare Output, den sie uns beschert, sind Kinder. Aber wovon reden wir genau, wenn wir von Liebe reden? Wenn man uns fragt, was Liebe *wirklich* sei, fällt uns nichts ein. Klar, wir wissen, was sie *nicht* ist – nichts, was man einfach so anklicken kann. Und was *ist* sie? Zufall oder Schicksal? Leid? Glück? Oft wünschen wir, sie wäre nur eine Option von vielen. Dann hätten wir sie wenigstens im Griff. Könnten sie anziehen und ablegen wie einen Mantel. Aber was bliebe dann von ihrem Zauber?

Viel von unserer Ratlosigkeit in Bezug auf die Liebe rührt daher, dass uns der nötige Überblick fehlt. Wir haben uns mindestens hundertmal verliebt, an die siebzig Liebesbriefe geschrieben und etwa fünfzig Liebesromane gelesen. Und noch immer sind unsere Kenntnisse über die Liebe sehr mager, noch immer begehen wir entsetzliche Fehler. Zwar lernen wir im Lauf der Zeit hie und da etwas dazu. Doch im Vergleich zu unseren Kompetenzen auf anderen Gebieten sind wir im Fach der Liebe Amateure. Der Staat bemüht sich, Wirtschaft und Wissenschaft zu fördern. Die Förderung von Liebe und Herzensbildung ist nicht Teil der Agenda. Da wir nicht in der Schule und selten zu Hause lernen, was Liebe ist, wie man mit ihr umgeht, wie man sie ohne Schaden in die Ehe überführt usw., müssen wir lebenslang nachsitzen. Bis wir erkennen, dass Liebe (als Gefühl) und Lieben (als Fähigkeit) zwei unterschiedliche Dinge sind, sind eimerweise Tränen geflossen. Schauen wir der Wahrheit ins Gesicht:

»Es gibt kaum eine Aktivität, kaum ein Unterfangen, das mit so ungeheuren Hoffnungen und Erwartungen begonnen wird und das mit einer solchen Regelmäßigkeit fehlschlägt wie die Liebe«, so der Philosoph und Psychologe Erich Fromm (1900–1980) in seinem Werk *Die Kunst des Liebens*.

Liebe: ein Gefühl

Für die Liebe gilt, was auch für Zorn, Trauer oder Ekel gelten kann: Sie ist eine Macht. Nicht wir wählen die Liebe – die Liebe wählt uns. Wenn wir verliebt sind, können wir nichts dagegen tun. Verliebtsein ist eine sehr launische Emotion, die in die Kammern unseres Verstands einzieht und dort große Unordnung anrichtet. Die zuvor ruhigen Denkstübchen fangen an zu tanzen, jeder Winkel wird in Aufruhr gebracht. Die Liebe überwältigt rücksichtslos jeden, der ihr in die Quere kommt. Dabei macht sie auch vor hochstehenden Persönlichkeiten nicht Halt. Der angesehenste Minister, der seriöseste Wissenschaftler – sie sind vor ihren Kindereien nicht sicher. Die Liebe mischt sich mit Lippenstifttresten, Haarlocken und Parfumspritzern in Verhandlungen, Projektstudien und Finanzanalysen ein. Mit oft katastrophalen Folgen für Popularität und Reichtum der involvierten Personen.

Die Liebe reißt uns aus unserer Gleichgültigkeit gegenüber dem Leben heraus – wie der Zorn oder der Ekel, aber auf subtilere und oft auch trügerische Weise. Liebe ist nie frei schwebend. Sie hat die Tendenz, sich festzubeißen: an eine Person oder einen Gegenstand. Sie kann sich mit einem blonden Vollweib verbinden, einem alten Hund oder einer Porzellanvase. Unsere Liebesobjekte sind so verschieden wie unsere Persönlichkeiten. Warum ist es von zwei nebeneinander sitzenden Menschen gerade der linke, der unsere Aufmerksamkeit beansprucht, während wir den rechten glatt übersehen? Warum ist es Dieter und nicht Olivier? Wieso findet Tom Carola so kostbar und unersetzlich und nicht Ann-Kathrin? Nur, weil er sie nie getroffen hat?

In wen wir uns verlieben, sagt mehr über uns aus, als uns lieb ist. Natürlich möchten wir alle nur immer nach unseren besten Seiten beurteilt werden. Die Kunst der Verstellung ist das Herzstück der menschlichen Komödie. Jeder versucht, so gut es geht, sich dem Bild, das er sich von sich selbst macht, anzugleichen. Gegenüber *den Anderen* gelingt dies erstaunlich gut. Sobald wir uns aber verlieben, funktioniert dieser Trick nicht mehr. Ob wir wollen oder nicht, wir müssen unsere Deckung verlassen. Der Mensch, den wir, wie um seine Gefährlichkeit zu leugnen, Mausebär, Hasi oder Krümel nennen, öffnet spielend die Verriegelung unseres dunkelsten Kellers. Unsere Abgründe bleiben ihm nicht verborgen. Mit schlafwandlerischer Sicherheit kehrt unser Liebling unser Innerstes nach außen – und wir müssen hilflos zusehen.

José Ortega y Gasset: »Der Menschentypus, den wir ... bevorzugen, kennzeichnet die Beschaffenheit unseres eigenen Herzens. Die Liebe ist eine Flutwelle, die aus den unteren Schichten unserer Person aufwallt und, wenn sie an die sichtbare Oberfläche des Lebens gelangt, Algen und Muscheln der Tiefe heraufspült. Ein guter Naturkenner kann sich an Hand dieses Materials ein Bild von dem Meeresboden machen, aus dem es stammt.«

Liebe wäre unproblematisch, wenn sie uns nicht zwingen würde, unsere Maske abzunehmen. Wenn wir unsere Verkleidung anbehalten dürften, gäbe es keine Dramen. Als Liebesdramen bezeichnet man Stücke, bei denen die Darsteller nackt agieren und Zuschauer unerwünscht sind. Typische Elemente sind Türknallen, Weinkrämpfe, Wutanfälle, rot geweinte Augen, zerbrochenes Porzellan, nächtelange Diskussionen (von A nach B und wieder nach A zurück), schmachtende Schwüre, ergreifende Versöhnungs- und herzzerreißende Abschiedsszenen. Was das Liebesdrama von anderen Stücken unterscheidet, ist, dass die Protagonisten ebenso unfreiwillig wie unbezahlt auf der Bühne stehen. Es ist ihnen nicht erlaubt, sich krankzumelden. Sie können sich auch nicht richtig auf ihren Einsatz vorbereiten, da das Stück, so eingespielt die Rollen auch sein mögen, stets einen ungewissen Ausgang hat. Das Liebesdrama kommt ohne Regisseur aus, Text und Handlung werden – oft mit großer Kunstfertigkeit – improvisiert. Die Tragikomik an der ganzen aufwendigen Inszenierung liegt darin, dass die Darsteller am Ende oft nicht mehr wissen, warum sie sich eigentlich so aufgeführt haben. Das berühmteste Beispiel ist Marcel Prousts (siehe Kapitel 2) Romanfigur Swann, der sich mit seinem Schwarm Odette zweihundertzweiundvierzig klein gedruckte Seiten lang die leidvollsten Kämpfe liefert, nur um am Ende zu erkennen: »Wenn ich denke, dass ich mir Jahre meines Lebens verdorben habe, dass ich sterben wollte, dass ich meine größte Leidenschaft erlebt habe, alles wegen einer Frau, die mir nicht gefiel, die nicht mein Genre war!«

Wenn wir dasselbe Stück mit unterschiedlichen Co-Darstellern (Tom, Javier, Markus, Benni/Anja, Mary, Nina, Hillu ...) ein paar Jahre lang spielen mussten, ist es nur verständlich, dass wir irgendwann in den Streik treten. Unser mehrfach gebrochenes Herz tut es nicht mehr. Wir sind am Ende. Uns bleiben, meinen wir, nur zwei Möglichkeiten. Entweder wir machen eine Psychotherapie. Leider helfen die Erklärungen des Therapeuten und die Medikamente, die er uns verschreibt, nicht immer: Enttäuschte Liebe muss keine Krankheit sein. Oder wir verzichten auf fremde Hilfe. Wir ziehen die Schultern zurück, recken das Kinn nach oben und fassen den folgenschweren Entschluss, uns nie mehr zu verlieben. Da dies nicht möglich ist, suchen wir weiter nach einem geeigneten Objekt. Und endlich finden wir es: uns selbst! Wir stellen fest, dass wir Liebesschmerz weitgehend vermeiden können, wenn wir uns in uns selbst verlieben.

In sich selbst verliebt zu sein ist der beste Weg, die Liebe zu dem zu machen, was sie nicht ist: effizient, effektiv, schnell zu kriegen. Die Selbstverliebtheit führt dazu, dass wir uns mit zeitraubenden zwischenmenschlichen Komplikationen nicht mehr lange aufhalten. Wenn Thea Terror macht, nehmen wir Sue. Wenn Jörg nicht will, wie wir wollen, tauschen wir ihn gegen Hans ein. Wenn es mit Claire nicht mehr so läuft, versuchen wir es zur Abwechslung mal mit Max. Warum auch nicht? Das beste Mittel gegen Liebeskummer ist für uns immer das, was *uns* glücklich macht. Unsere Angewohnheit, von allen Optionen die für uns optimale zu wählen, soll vor allem uns selbst glücklich machen.

Wir, die Generation Option, sind alle Narzissten. Die Befriedigung unseres eigenen Glücks steht für uns immer zuoberst. All die Aufgaben und Pflichten, die wir auf uns nehmen, tun wir uns nur deshalb an, weil sie unserer Selbstverwirklichung und Selbstbestätigung dienen. Eine Verpflichtung muss eine Option sein. Meinen wir. Sie darf nicht zur (suboptimalen) Verbindlichkeit werden. So sehr Narzissmus im Trend liegt, er grassiert nicht erst seit heute. Kaum einer hat die Allgegenwärtigkeit der Selbstverliebtheit so treffend unter die Lupe genommen wie der bissige Herzog von La Rochefoucauld (1613–1680). In seinen *Maximen und Reflexionen* lesen wir:

»Unsere Eigenliebe nimmt eher die Verurteilungen unserer Überzeugungen hin als die unseres Geschmacks.«

»Der Eigennutz spricht jede Sprache und spielt jede Rolle, selbst die der Uneigennützigkeit.«

»Wir alle sind stark genug, das Unglück anderer zu ertragen.«

»Sich selbst zu betrügen, ohne es zu merken, ist ebenso leicht, wie es schwer ist, andere zu betrügen, ohne dass sie es merken.«

Tatsächlich ist Narzissmus nichts anderes als Selbstbetrug. Narziss, der schöne junge Mann aus der griechischen Mythologie, verliebt sich in das Gesicht, das er im Wasser gespiegelt sieht. Bedenken wir: Ein Spiegelbild ist eine Oberfläche – das Wesen des Gespiegelten kann es nicht erfassen. Ein Leben an der Oberfläche aber ist unsinnig. Es beschert uns nicht nur weniger Schmerz. Es bringt uns vor allem weniger Freude.

Lieben: eine Fähigkeit

Die perfekte Liebe gibt es nicht. Aber es gibt etwas Besseres als Narzissmus: die Fähigkeit zu lieben. Der Schlüssel zu einem möglichst dauerhaften Liebesglück liegt darin, dies zu erkennen und entsprechende Konsequenzen daraus zu ziehen. Natürlich ist Lieben keine Fähigkeit wie die, den Arm auszustrecken, eine, mit der wir geboren wurden. Man muss nur ein einziges Mal den Arm ausstrecken, um zu beweisen, dass man dazu fähig ist. Wenn man nur ein einziges Mal zu jemandem lieb gewesen ist, heißt das noch lange nicht, dass man zum Lieben fähig ist. Dass Lieben weniger ein Geschenk der Natur als vielmehr eine äußerst schwierige Kunst ist, wird spätestens dann deutlich, wenn die Verbindung zweier Menschen zur Gewohnheit geworden ist. Zum Beispiel durch ihre Institutionalisierung: Für eine glückliche Ehe reicht es nicht, sich auf das Gefühl der Liebe zu verlassen – man muss sich schon ein bisschen mehr anstrengen. Sonst riskiert man, dass die Ehebande die Gefühlsverbindung gefährden.

»Ein Bündnis ist fester, wenn die Verbündeten mehr aneinander glauben als voneinander wissen; weshalb unter Verliebten das Bündnis fester vor der ehelichen Verbindung als nach derselben ist«, so Friedrich Nietzsche.

Das aus dem Germanischen stammende Adjektiv »lieb« steht in etymologischem Zusammenhang mit dem Wort »glauben«. Solange wir zum Beispiel glauben, dass unser Ehepartner *kein* Faulpelz ist, können wir uns dem Gefühl der Liebe einfach hingeben. So lange gibt es für uns viele Gründe, ihn zu lieben: seinen Ehrgeiz, seine Leistungsstärke, seine Belastbarkeit ... Sobald wir aber wissen, dass er doch einer ist, wird uns klar, dass Lieben eine hohe Kunst ist, die steter Übung bedarf. Die Ehe ist eine Herausforderung. Sie bietet wie kaum ein anderes Experiment die Chance, an die eigenen Grenzen zu stoßen und sie womöglich zu überschreiten. Insofern die Ehe viel zu unserer Selbsterkenntnis beiträgt, ist sie ein wahrhaft philosophisches Unternehmen. Dies ist uns leider oft nicht klar. Da wir uns nie mit dem begnügen, was wir haben, sondern immer das wollen, was wir nicht mehr oder noch nicht haben, verhalten wir uns, wie in allen anderen Lebensbereichen, so auch hier, schrecklich kurzsichtig. Wenn unsere Ehe gut ist, wollen wir eine *noch bessere* Ehe. Wenn sie schlecht ist, wünschen wir uns die Ehelosigkeit zurück. Wenn unsere Ehe mittelmäßig ist, schießt unsere Sehnsucht in alle möglichen Richtungen, und wir langweilen uns.

Allzu oft kommt es vor, dass Ehen geschieden werden, weil der eine Ehepartner glaubte, den anderen zu besitzen.

Dieser Glaube folgt der Logik: Was man besitzt, hat man. Was man hat, ist uninteressant. Das Scheitern einer Ehe erfolgt gemeinhin in vier Phasen. Phase 1: Verliebtheit, die in diesem Fall als Probezeit gilt (erprobt wird die dauerhafte Eignung des Objekts). Phase 2: die Eheschließung und die darauffolgende Zeit der trügerischen Wunschlosigkeit (das Objekt wird in aller Öffentlichkeit »Bärchen« genannt). Phase 3: die Enttäuschung (das Objekt erweist sich als ungeeignet, die Wunschlosigkeit aufrechtzuerhalten; aus »Bärchen« wird wieder »Urs«). Phase 4: Scheidung und (fakultativ) Scheidungskrieg (die Kosten des Objekts werden mit anderen Besitztümern verrechnet).

Wenn wir Liebe ausschließlich mit einem Gefühl identifizieren, können wir mit einiger Wahrscheinlichkeit davon ausgehen, dass unsere Beziehungen nicht von Dauer sind. Gefühlen können wir uns hingeben, aber wir können uns nicht auf sie verlassen. Der Erhalt zwischenmenschlicher Verbindungen bedeutet Arbeit – Arbeit an unserer Liebesfähigkeit. Erich Fromm nennt Lieben eine Kunst. Er vergleicht sie mit anderen Künsten wie der Musik, Malerei oder Medizin. Ein Pianist, der sich nur dann an den Flügel setzt, wenn er sich inspiriert fühlt, kann nicht als Künstler bezeichnet werden. Er ist nur ein Musikliebhaber.

Kunst ist keine Gabe, die einem in die Wiege gelegt wird. Man muss sie in einem mühsamen Prozess aus sich selbst heraus entwickeln. Kunst ist eine Fähigkeit, die weit schwieriger ist als die, den Arm auszustrecken. Wer sich in der Kunst des Liebens nur dann übt, wenn er gerade in Stimmung ist oder weil er sonst fürchtet, die ihm zustehende Zuwendung zu verlieren, wird darin ungefähr so gut wie ein Heimwerker. Eine mittelmäßige Ehe befindet sich auf dem Niveau des Kunsthandwerks: Nett anzusehen, aber von zweifelhafter Qualität. Glückliche Ehepartner sind Liebeskünstler, die es zur Meisterschaft gebracht haben. Sie verfügen über eine Tugend, die im Zeitalter des Multitasking etwas in Vergessenheit geraten ist: Konzentration. *Die Fähigkeit zu lieben basiert auf ungeteilter Aufmerksamkeit – nicht auf geteilter Unaufmerksamkeit.* Mangelnde Konzentration zerstört unsere Liebesfähigkeit. Aber wir sind es ja nicht anders gewöhnt: In der Arbeit bedienen wir Tastaturen, in der Freizeit sind wir zerstreut. Wo bleibt da noch Zeit für die Kunst? Wir wollen ja etwas tun – aber es ist eben leichter, es tun zu lassen. Geliebt zu werden ist leichter, als zu lieben. So wie es ja auch leichter ist zu verbrauchen, als herzustellen.

Wer sich die Fähigkeit erarbeitet hat, andere zu lieben, vergisst leider oft, sich selbst zu lieben. Dies betrifft zum Beispiel Frauen, die kranke Ehemänner zu versorgen haben. Eine zweiundfünfzigjährige Sportlehrerin kam zu meiner Philosophischen Beratung mit ebenso unerklärlichen wie unerträglichen Rückenschmerzen. Kranksein sei ihr ungewohnt, sie sei immer gesund gewesen, erklärte sie. Ihr Mann dagegen sei pflegebedürftig, ihn plage ein chronisches Muskelleiden. Die Sportlehrerin saß in Trainingshosen vor mir und strahlte, als sei ihr Leben voller freudiger Ereignisse.

»Seit zehn Jahren pflege ich meinen Mann«, sagte sie.

»Man sieht Ihnen Ihre Anstrengungen gar nicht an«, meinte ich.

»Ich habe ja meine Kinder und meine Blumen«, erklärte sie, »und meine Freunde.«

»Sind Sie auch mit sich selbst befreundet, oder anders gesagt, lieben Sie sich?«

»Nein!«

Ihr Strahlen verschwand. Sie war verunsichert. Ihr Leben lang hatte sie angenommen, sich selbst zu lieben sei selbstsüchtig. Sie hatte Selbstfreundschaft mit Selbstverliebtheit verwechselt – Selbstliebe mit Narzissmus. Ich bat sie, mir alles aufzuzählen, was sie liebte.

»Meine Kinder und meinen Mann natürlich. Meine Arbeit, die Schüler. Die Natur. Meinen Garten, das Gebirge,

Gewitter, Sonne, die Sonnenkringel in unserem Wohnzimmer, überhaupt die ganze Wohnung. Trödelmärkte, Kochbücher ...«

Die Liste wurde länger und länger. Die Sportlehrerin wusste, worum es beim Lieben geht. Dass Lieben nichts anderes heißt, als sich mit Konzentration und Leidenschaft dem Leben zu öffnen. Ihre Liebeskunst gab ihr die Kraft, über die Krankheit ihres Mannes das Leben nicht zu vergessen. Diese Frau hatte gelernt, fast alles zu lieben – außer sich selbst. Dafür war sie wohl mit Rückenschmerzen bestraft worden. Fromm spricht davon, dass sich die Liebesfähigkeit natürlicherweise auch auf das eigene Selbst beziehen muss, da sie sozusagen überallhin ausstrahlt, unteilbar ist. Oder anders gesagt: Was man sich selbst antut (indem man sich nicht liebt), das tut man dem Gewebe des Lebens an, denn alles ist mit allem vernetzt.

Die Sinn-Diät
6. Rezept: Weniger Drama, mehr Kunst

Wir Drama-Kings und -Queens fürchten uns vor der Kälte des Alleinseins, vor der möglichen Grausamkeit *der Anderen*. Wir fürchten, nicht geliebt zu werden. Deshalb brüllen und nörgeln wir wie ungezogene Kinder. Damit erreichen wir meist genau das, was wir vermeiden wollten: ein Alleingelassenwerden. Wenn wir das sein wollen, was wir sind – Erwachsene –, müssen wir uns zunächst klarmachen, dass es unsinnig ist, übers Alleinsein zu jammern. Wir sind nie allein – wir haben ja uns. Wir haben nicht nur die Fähigkeit, uns zu uns selbst zu verhalten, sondern auch uns selbst zu lieben. Wir müssen sie nur kultivieren. Uns muss klar sein: Je mehr wir Liebe einfordern, desto weniger liebenswert sind wir. Es ist besser, den Kurs seines Schiffes selbst zu bestimmen, als auf einem sinkenden

Wrack um Hilfe zu rufen. Unser bester Schutzhafen sind wir selbst.

Versuchen Sie, von der Liebe nicht zu viel zu erwarten – lieben Sie lieber. Lassen Sie Ihre Liebesfähigkeit nicht nur einigen wenigen Menschen zugutekommen. Nehmen Sie Abstand davon, eine bestimmte Person zu idealisieren. Sonst besteht die Gefahr, dass Sie vor Kummer vergehen, wenn sie Sie verlässt. Haben Sie den Mut, Ihr Nutzwertdenken in puncto Partnerschaft abzuschalten. Und üben Sie sich in Geduld. Verzweifeln Sie nicht gleich, wenn Sie nicht haben können, was Sie begehren. Ein anderer Mensch kann Ihnen sowieso nicht gehören. Denken Sie sich selbst erst warm, bevor Sie andere heiß machen. Hier ein paar Beispiele:

▸ Sie suchen die bedingungslose Liebe und haben sie noch immer nicht gefunden. Ihr neuer Partner kann Ihre Erwartungen auch nicht erfüllen. »Er liebt nicht *mich*. Er liebt nur mein Äußeres«, beschweren Sie sich.

Ist bedingungslose Liebe wirklich das, was Sie wollen? Wie würden Sie denn reagieren, wenn Ihr Partner Ihnen versichern würde: »Ich liebe dich nicht wegen deiner Intelligenz, deinem Lächeln, deinem Einfühlungsvermögen, deiner rosigen Wangen. Das alles ist mir egal. Ich liebe nur *dich*«? Sie wären entsetzt! Machen Sie sich klar, dass bedingungslose Liebe grundlose Liebe heißt. Und dass Sie – wie wir alle – nicht grundlos geliebt werden wollen, sondern aus ganz bestimmten Gründen. Welche wären das für Sie? Überlegen Sie auch einmal gründlich, aus welchen Gründen Sie nicht geliebt werden wollen. Und versuchen Sie, Ihre Vorurteile gegenüber den Gründen des anderen abzulegen. Wenn Ihr Partner Sie liebt, weil Sie reich sind, muss das nicht heißen, dass Sie nur Mittel zum Zweck für ihn sind. Es könnte genauso sein, dass er Sie liebt, weil Sie einfach die Art von Mensch sind, der Geld hat: weil Sie diszipliniert, durchsetzungsfähig und selbstbewusst sind. Wären dies nicht Gründe, die Sie akzeptieren könnten?

▶ Sie haben einen Job, für den Sie alles geben. Sie arbeiten, verdienen, arbeiten, verdienen. Wenn Sie abends nach Hause kommen, sind Sie zu erschöpft zum Lieben. Hin und wieder träumen Sie von einem romantischen Dinner mit Ihrem Schatz – und schlafen vor dem Fernseher ein. Der Gedanke an Liebe und Leidenschaft entlockt Ihnen nur ein müdes Lächeln.

Sie befinden sich in einem Zustand fortgeschrittener Lieblosigkeit. Das Zeit-Monster hat Sie schon so gut wie verschlungen. Falls möglich, lassen Sie sich von einem befreundeten Arzt (falls Sie überhaupt noch Freunde haben) mit einer zwingenden Diagnose in eine Reha-Klinik einweisen. Kommen Sie dort erst einmal zu sich. Stellen Sie sich die Grundfrage: »Wer bin ich?« Es kann sein, dass Sie ziemlich lange nach einer Antwort suchen müssen. Ein Leben als Ausschließlich-Karrierist führt zwangsläufig zur Selbstentfremdung. Versuchen Sie sich daran zu erinnern, wofür Sie sich früher interessierten, was Sie begeisterte, was Sie liebten, bevor das Hamsterrad anfing sich zu drehen. Ändern Sie Ihre Tagesplanung zugunsten Ihrer persönlichen Leidenschaften oder wechseln Sie den Job.

Falls es Ihnen nicht möglich ist, eine Auszeit zu nehmen, versuchen Sie gefährlicher zu leben. Dehnen Sie die Risikobereitschaft, die Sie im Beruf an den Tag legen, auf Ihr Privatleben aus. Riskieren Sie ein paar nette Worte zu einem Nachbarn Ihrer Wahl. Versuchen Sie, ihn ein bisschen näher kennenzulernen. Riskieren Sie, Freunde anzurufen und sich nach ihrem Befinden zu erkundigen. Gerade dann, wenn Sie sich seit Ewigkeiten nicht mehr bei ihnen gemeldet haben. Jeder ernsthafte zwischenmenschliche Austausch ist lehrreich und kann Ihnen neue Perspektiven auf das Leben erschließen, die neue Interessen in Ihnen wecken. Riskieren Sie, die trockenen Gräser auf Ihrem Balkon wieder in eine blühende Landschaft zu verwandeln. Gerade dann, wenn es Ihnen nutzlos erscheint. Auf diese Weise schulen Sie Geduld und Konzentration. Nach einiger Zeit werden Sie merken, dass sich etwas in Ihnen verändert hat. Sie werden ruhiger. Sie nehmen Ihren Partner nicht nur zur Kenntnis, Sie nehmen ihn wahr. Denken Sie immer daran: Ihr Leben ist keine Option – es ist einzigartig. Fassen Sie sich ein Herz, legen Sie Ihr Entweder-Oder-Denken endgültig ab. Setzen Sie ein Zeichen Ihrer Liebesfähigkeit: Bekommen Sie ein Kind, bevor es zu spät ist.

▶ Sie sind vollauf beschäftigt mit der Sorge um Ihre Lieben. Außer zu Ihrer Familie und zu zwei, drei Freunden haben Sie wenige Kontakte. Mit anderen Menschen kommen Sie nur in beruflichem oder in Zusammenhang mit der Alltagsorganisation ins Gespräch.

Vermutlich haben Sie die Erfahrung gemacht, dass neue Kontakte aufzubauen und zu pflegen eine anstrengende Sache ist. Menschen, die man nicht schon aus Kindertagen kennt, ist nicht ohne Weiteres zu trauen. Auch wenn sie sympathisch sind. Sie können einen enttäuschen. Deshalb haben Sie vermutlich für sich beschlossen, sich in den Kreis des Bewährten zurückzuziehen. Versuchen Sie einmal, sich mit diesem Gedanken Fromms auseinanderzusetzen: Einen Menschen lieben heißt, die Menschheit als solche lieben. Natürlich ist damit nicht gemeint, dass man die schlimmsten Übeltäter lieben muss, sondern dass man eine grundsätzliche Bereitschaft zeigen sollte, auch den sogenannten Fremden ein bisschen Liebe zu schenken. Wer nur seine Nächsten liebt, die, von denen er sicher ist, dass er genug Liebe zurückbekommt, die seine Investition lohnend macht, liebt nicht richtig. Zu lieben heißt zu geben. Egal, wem, egal, ob etwas zurückkommt. Der Gewinn liegt in der Erfahrung des Liebens selbst.

▶ Keine einzige Ihrer Beziehungen hat lange gehalten. Sie haben zwei Scheidungen hinter sich und sind zur Überzeugung gelangt, Sie seien unfähig zu lieben.

Hören Sie auf, alle Schuld auf sich zu nehmen. Lernen Sie, an Ihre eigene Liebesfähigkeit zu glauben. Sie können diesen Glauben stärken, indem Sie prüfen, inwieweit Sie sich auf sich selbst verlassen können. Halten Sie die Versprechen, die Sie sich selbst geben? Sind Sie für sich da, wenn Sie sich brauchen? Wenn nein: Flüchten Sie sich in feuchtfröhliche Abenteuer, wenn es ernst wird? Dann glauben Sie an die Möglichkeit, dies zu ändern. Schreiben Sie auf, was Sie sich von Ihrem nächsten Partner wünschen. Von nun an verhalten Sie sich selbst gegenüber so, wie er Ihnen gegenüber sein sollte.

Mit diesem Rezept wird Ihre Lebensqualität schlagartig steigen. Sie werden sich mehr denn je als Teil des Universums fühlen. Da Ihnen bewusst werden wird, dass Sie nie allein sind, auch wenn Ihnen Ihre Gefühle ab und zu das Gegenteil sagen. Ihr Leben wird viel entspannter ablaufen. Sie werden nicht mehr das Bedürfnis haben, jemandem oder etwas hinterherjagen zu müssen. Ihnen wird klar werden, dass schon alles vorhanden ist, was Sie brauchen. Dass Sie sich dem nur zuwenden müssen.

Je weiser und besser ein Mensch ist, umso mehr Gutes bemerkt er in den Menschen.

BLAISE PASCAL

7 Das Gute

Kaum ein Wort wird so gedankenlos gebraucht wie das Wort »gut«. Wir sprechen von einem guten Auto, einem guten Haarschnitt, einem guten Betrüger und einem guten Menschen – ohne je zu überlegen, was gut eigentlich bedeutet. Ist gut einfach gut? Was hat dann zum Beispiel eine gute Lüge mit einem guten Menschen gemein? Anscheinend nichts. Gut ist alles Mögliche. Ein scharfes Messer. Eine Röhrenjeans, in der wir aussehen wie mit zwanzig. Ein Kindergarten, der auf Individualbetreuung setzt. Ein Glas 95er Château Chasse-Spleen. Eine Gehaltserhöhung ... Vielleicht ist gut einfach das, was gut für uns ist – was uns etwas bringt.

Von Aristoteles stammt die wohl bekannteste Definition des Guten: »Gut ist das, wonach alles strebt.« Es ist zweifellos richtig, dass alle Dinge, die wir haben wollen, nach denen wir uns sehnen, gute Dinge für uns sind. Manche wollen eine Haartönung, andere einen Mercedes, andere wieder wollen auswandern. Wozu? Wenn man jemanden fragt, warum er eine Haartönung will, lautet die Antwort höchstwahrscheinlich: »Damit ich besser aussehe.« Das Ziel, eine Haartönung zu haben, ist also Mittel zu einem weiteren Ziel, nämlich Schönheit. Kaum einer gibt sich aber damit zufrieden, schön zu sein. Die meisten von uns wollen schön sein, damit ihnen Aufmerksamkeit, Respekt, Liebe entgegengebracht wird. Und respektiert werden wollen wir, damit wir nicht allein sind. Und allein sein wollen wir nicht, damit ... Soll unser Wollen nicht ins Unendliche laufen, muss es, so Aristoteles, irgendwo einen Endpunkt geben – ein letztes Ziel, auf das alles Wollen hinausläuft: das gute, gelungene Leben (siehe Kapitel 14). Was auch immer das für uns sein mag.

Im Alltag interessiert uns die Frage nach dem Guten herzlich wenig. Wenn wir den gelben Mantel kaufen statt des schwarzen, halten wir das einfach für eine gute Entscheidung. Diese Wahl ist auf die Situation des Mantelkaufs beschränkt – sie hat keine weiterreichenden Folgen für unsere Lebensgestaltung. Eine gute Entscheidung macht noch keinen guten Menschen. Unter einem *guten Menschen* verstehen wir keinen nützlichen oder gut aussehenden. Hier verbinden wir »gut« mit bestimmten moralischen Tugenden, die diesem Menschen eigen sind, wie Integrität, Gerechtigkeitssinn, Zivilcourage. Dass der Verkäufer, der uns zum gelben Mantel rät, auch ein guter Mensch ist, interessiert uns beim Mantelkauf nicht. Dies würde uns nur wichtig erscheinen, wenn wir auf seinen guten Willen angewiesen wären. Wenn zum Beispiel plötzlich ein geistig Verwirrter den Laden stürmen und uns bedrohen würde. Wenn wir also davon abhängig wären, dass uns jemand hilft – nicht, weil es ihm etwas bringt, sondern weil er uns damit etwas Gutes tun will.

Im Laufe unseres Lebens geraten wir immer wieder in Situationen, in denen wir das Gutsein unserer Mitmenschen schätzen lernen. Wir finden, dass es mehr gute Menschen geben sollte, weil dadurch das Leben angenehmer wäre. Damit aber ist immer noch nicht geklärt, ob, und wenn ja, warum *wir* gut sein sollten. Weil Gott es so will? Die Berufung auf Gott kann nur die überzeugen, die an ihn glauben. Der Beweis, dass Gott Gutes von uns will, weil er selbst gut ist, konnte bisher noch nicht geliefert werden. Es gibt ja nicht einmal einen Beweis, dass er überhaupt existiert. Seine Güte ist wie seine Existenz Glaubenssache. Genauso sinnlos wäre es zu behaupten, irgendein Naturgesetz verlange es, dass wir gut sein sollen. Es gibt einfach keine Instanz, die legitimerweise von uns fordern könnte: Seid gut! Die Argumente wären zu spärlich. Niemand weiß, wozu wir auf dieser Welt sind. Das Einzige, das wir überhaupt mit Sicherheit von uns sagen können, ist, dass wir irgendwann sterben werden. Warum sollten wir uns also die Mühe machen, gut zu sein und Gutes zu tun?

Für uns ist die Frage: »Gutsein oder nicht?« oft eine Sache des persönlichen Lebensstils, eine Gefühlssache. Wenn wir uns gut dabei fühlen, hilfsbereit zu sein, sind wir es eben. Ob wir, wenn wir unseren Freunden beim Umzug helfen, von einem inneren Wohlgefühl profitieren, können wir nur herausfinden, indem wir es ausprobieren. Beim ersten Mal fühlt es sich noch unglaublich gut an, einen Kühlschrank in den vierten Stock geschleppt zu haben. Freiwillig. Kostenlos. Das Lob unserer Freunde erfüllt uns mit Wärme. Schon beim zweiten Mal aber kommen uns Zweifel. Nachdem wir unseren Sonntag geopfert haben, um in den Genuss zu gelangen, um fünf Uhr morgens aufzustehen und einen Bauernschrank unbeschadet eine enge Wendeltreppe hinaufzuschleppen, überlegen wir schon, ob Gutsein nicht bloß ein anderes Wort für Gutmütigkeit ist. Beim dritten Mal denken wir an den Hexenschuss, den wir bei unserer letzten Hilfsaktion davongetragen haben, und weigern uns, auch nur einen Blick auf die Bücherkisten zu werfen. Beim vierten Mal sind wir gar nicht erst zur Stelle, sondern auf Ibiza. Obwohl wir versprochen haben zu helfen.

Wir sehen also: Ein guter Mensch zu sein ist eine heikle Angelegenheit. *Das Problem liegt darin, dass unsere Absicht, gut sein zu wollen, nicht ohne gute Gründe auskommt – und dass wir diese selbst finden müssen.* Wir sind für uns selbst verantwortlich. Deshalb müssen wir auch selbst wissen, warum wir gut sein wollen oder nicht. Das kann uns niemand abnehmen. Nicht unsere Taten allein entscheiden darüber, ob wir gut sind oder nicht, sondern ebenso unsere Gründe. Aus gutem Willen zu handeln ist etwas anderes als aus Pflichtbewusstsein gegenüber einer bestimmten Gesellschaftsnorm. Und es ist wieder etwas anderes, aus schlechtem Gewissen heraus Gutes zu tun.

Wenn wir uns der Höflichkeit verpflichtet haben, tun wir Dinge, die wir freiwillig nie tun würden. Wir laden unseren Chef zu uns nach Hause ein und servieren ihm ein veganes Vier-Gänge-Menü. Hinter Pflichtgefühlen stecken meist Angstgefühle. Zum Beispiel die Angst, unseren Job und damit unseren Status zu verlieren. Das Handeln aus Pflichtbewusstsein führt nicht dazu, dass wir gute Menschen werden. Wenn wir einem Kumpel beim Umzug helfen, weil wir, nachdem wir ihm die Freundin ausgespannt haben, unser schlechtes Gewissen loswerden wollen, sind wir noch lange keine guten Menschen. Wir sind deshalb auch keine schlechten oder gar bösen Menschen. Indem wir unseren Egoismus zur Uneigennützigkeit verklären, verhalten wir uns nur ungeheuer scheinheilig. Aber niemand hat das Recht, uns dafür zu verurteilen. Uns allein steht es zu, über die Art unserer Lebensführung zu entscheiden. Und zwar jeden Tag erneut. Es fragt sich nur, wie wir mit so viel Verantwortung umgehen sollen. Was sollen wir nur wollen?

Schlagen wir in Søren Kierkegaards Hauptwerk mit dem merkwürdigen Titel *Entweder – Oder* (1843) nach, um Gründe für und wider das Gutsein zu finden. In *Entweder – Oder* geht es um bestimmte Phasen oder Stadien, die der Mensch im Laufe seiner Persönlichkeitsentwicklung durchläuft. Unter dem *ästhetischen Stadium* versteht Kierkegaard ein intensiv, aber orientierungslos gelebtes Leben der Zerstreuung. Im *ethischen Stadium* geht es um Ernsthaftigkeit und

Engagement. In der Realität ist es sicher nicht so, dass jeder Mensch vom Ästhetiker zum Ethiker wird. In Wirklichkeit gibt es selten eindeutige Ästhetiker oder Ethiker, sondern eher Mischungen von beiden. Kierkegaard dient die Typisierung dazu zu zeigen, wie der Mensch der werden kann, der er (seiner Meinung nach) sein soll. In *Entweder – Oder* werden uns die vom Autor selbst unkommentierten fiktiven Aufzeichnungen und Briefe von A (Ästhetiker) und B (Ethiker) vorgelegt. Wir sollen als Leser nicht zu irgendetwas überredet werden, sondern die Texte selbst auslegen und selbst beurteilen, welche Art von Lebensführung uns besser erscheint.

Die Philosophie von A ist der unseren in Vielem ähnlich. A ist das Extrembeispiel, wohin die Multioptionalität führen kann. Ihm geht es – genau wie uns – vor allem darum, von *den Anderen* wahrgenommen und anerkannt zu werden (»ästhetisch« von griechisch *aisthesis* = die Wahrnehmung). Und zwar als der, der er nicht ist. A schlüpft in die verschiedensten Rollen, je nach Situation und Laune. Seine eigene Wahrnehmung ist auf das, was ihm guttut, beschränkt. Er will möglichst viel Spaß haben, ohne Rücksicht auf Verluste. Sofort und überall. Entsprechend lautet seine Maxime:

»Genieße das Leben, und dies wiederum so ausgedrückt: Genieße dich selbst; im Genuss sollst du dich selbst genießen.«

Das Leben nach dem Lustprinzip hat leider seinen Preis. Wer zu sehr im Hier und Jetzt lebt, verliert das Gefühl für die eigene Identität. So aufregend der Zeitvertreib von A sein mag, so unsicher ist sein Standort:

»Was wird kommen? Was wird die Zukunft bringen? Ich weiß es nicht, ich ahne nichts. Wenn eine Spinne von einem festen Punkt sich ... hinabstürzt, so sieht sie stets einen leeren Raum vor sich, in dem sie nirgends Fuß fassen kann, wie sehr sie auch zappelt. So geht es mir; vor mir stets ein leerer Raum.«

Die vielen Optionen, die A Tag für Tag entgegensegeln, fangen an, ihn zu langweilen:

»Gar nichts mag ich. Ich mag nicht reiten, das ist eine zu starke Bewegung; ich mag nicht gehen, das ist zu anstrengend; ich mag mich nicht hinlegen, denn entweder müsste ich liegen bleiben, und das mag ich nicht, oder ich müsste wieder aufstehen, und das mag ich auch nicht. Summa summarum: Gar nichts mag ich.«

A wird des Genießens müde, interessiert sich für nichts mehr:

»Wenn ich morgens aufstehe, gehe ich gleich wieder ins Bett.«

Am Ende kann er sich weder für noch gegen etwas entscheiden. Seine Gedanken bewegen sich in immer enger werdenden Kreisen:

»Erhänge dich, du wirst es bereuen; erhänge dich nicht, du wirst es auch bereuen ...«

Von solchen und ähnlichen Gedanken wird A immer wieder heimgesucht. Doch sie halten ihn noch lange davon ab, von seiner Erlebnis- und Wohlfühlkultur Abstand zu nehmen. Noch ist sein Lustgewinn groß genug. Aus der Sicht von B dient das ständige Spaßhaben-Wollen A nur dazu, sich von seiner Langeweile abzulenken und seine Furcht, »sich selbst durchsichtig zu werden«, wegzudrängen. B wirbt deshalb für die Alternative der ethischen Lebensform:

»Es ist nur etwas Karges, was ich dir zu bieten habe ...«

Was in aller Welt sollte A dazu veranlassen, Lust und Spaß mit Kargheit, Ernsthaftigkeit, Gewissenhaftigkeit, Verzicht einzutauschen? B schreibt:

»Das wahrhaft ethische Individuum hat ... eine Ruhe und Sicherheit in sich, weil es die Pflicht nicht außer sich, sondern in sich hat ...«

Gemeint ist: Wer sich selbst bestimmt, muss sich nicht mehr bestimmen lassen. Wer wie A glaubt, die totale Unverbindlichkeit mache frei, täuscht sich gewaltig. Im Gegenteil, sie macht abhängig – nicht nur davon, dass Spaß bringende Optionen dauerhaft verfügbar sind, sondern auch, dass sie tatsächlich dauerhaft Spaß machen. Wer sich dagegen auf bestimmte Prinzipien des Gutseins festlegt, hat zwar weniger Spaß, dafür kann er sich über mehr Freiheit freuen. Er ist frei, weil er sich nur seinen eigenen Grundsätzen verpflichtet fühlt. Oder anders gesagt: Weil er weiß, was er wollen soll. Er ist orientiert.

Der tiefere Grund, warum A gut sein, also der ethischen Alternative den Vorzug geben soll, liegt für B in der Vergänglichkeit menschlichen Daseins. Die ästhetische Lebensform hat einfach keine Zukunft. Der Trick, das Verrinnen der Zeit aufzuhalten, indem man sie in unendlich viele Augenblicke des Genießens zerteilt, funktioniert nur, solange man jung ist. Tatsächlich kann A mit fortgeschrittenem Alter der Tatsache der eigenen Sterblichkeit nicht mehr ausweichen. Ihm wird klar, dass er etwas ändern muss: »Entweder – Oder«.

Zum ersten Mal in seinem Leben ist A verzweifelt genug, eine *echte* Wahl zu treffen. Alle Entscheidungen, die er zuvor traf, waren Pseudoentscheidungen. Es ging darum, ob er den trockenen oder doch lieber den süßen Wein wählen sollte. Den gelben oder doch lieber den schwarzen Mantel. Jetzt stellt er fest, dass er vor der Wahl steht zu entscheiden, wer *er* sein will. Er erkennt, dass die Wahl der eigenen Identität nicht nur sein eigenes Leben, sondern auch das seiner Mitmenschen bestimmt. Zum ersten Mal sieht er, dass es nicht nur das Beliebige, Optionale, Gleichgültige gibt, sondern auch das Gute – und dass es zwischen diesen Dingen einen entscheidenden Unterschied gibt. Das Gute ist nicht so oder so. Sein Wert ist unbedingt und unersetzlich; er besteht schlicht und ergreifend darin, das Böse zu verhindern. Indem A das Gute wählt, wählt er auch die Selbstverantwortung. Er gibt das ästhetische Dasein auf und wählt sich selbst als Ethiker, der nichts und niemanden mehr über sich bestimmen lassen will als sich selbst. B:

»Ich habe ... bemerkt, dass, wenn ein Mensch einmal geliebt habe, dies seinem Wesen eine Harmonie verleihe, die sich nie ganz verliert; jetzt möchte ich sagen, wenn ein Mensch wählt, so verleiht das seinem Wesen eine Feierlichkeit, eine stille Würde, die sich nie ganz verliert ...«

Natürlich ist es mit einer einmaligen Wahl nicht getan. Die Wahl des Guten statt des Beliebigen ist nicht das Ziel, sondern erst der Startpunkt. Nicht nur für A, sondern für uns alle. Wenn wir wirklich gut sein wollen, müssen wir unser Leben lang immer wieder gut sein, und zwar aus freiwilliger Selbstverpflichtung heraus. Egal, in welchen Umständen wir uns befinden. *Wir sind nur dann gute Menschen, wenn wir konsequent gut sind.* Es reicht nicht, wenn wir nur den Mitgliedern unseres Freundeskreises hilfsbereit und rücksichtsvoll gegenübertreten. Das wäre nur ein erweiterter Egoismus. Wir müssen schon zu jedem Menschen gut sein – zumindest zu allen, die uns Gelegenheit dazu geben. Hier darf es keine Ausnahme geben. Nur indem wir konsequent sind, können wir unserem Leben – trotz seiner Flüchtigkeit – Kontinuität verleihen. Und nur dann können wir uns als freie Menschen fühlen. So begründet B (als Alter Ego Kierkegaards), warum wir gut sein sollen.

In der Praxis gibt es »das Gute« nicht. Es bleibt eine Idealvorstellung. Deshalb müssen wir in jeder Situation neu entscheiden, was gut zu tun wäre und was schlecht. Dabei helfen uns nicht nur unsere eigenen Grundsätze, sondern auch unsere Vorbilder.

Ein für mich vorbildlich guter Mensch war eine Nonne, die ich im Laufe einiger philosophischer Gespräche kennenlernte. Diese Nonne war ein Mensch wie wir alle, sie war keineswegs vollkommen. Sie nahm anderen zu viel ab, kümmerte sich zu wenig um ihre Gesundheit, und ich vermute auch, dass sie sich selbst ein bisschen zu wenig liebte. Was mich von ihrem Gutsein überzeugte, waren nicht so sehr ihre Aussagen zum katholischen Glauben. Es war die unglaubliche Ruhe, die sie bei jedem unserer Gespräche ausstrahlte. Eine Ruhe, wie man sie nur haben kann, wenn man mit sich und der Welt im Reinen ist. Weil man genau weiß, dass man immer sein Bestes versucht hat und auch weiter versuchen wird, selbst dann, wenn diese Versuche scheitern.

Ein anderes – historisches – Vorbild ist für mich der Arzt und Wiener Jude Viktor E. Frankl (1905–1997), ein Zeitgenosse Sigmund Freuds. Nach Auschwitz deportiert, nutzt Frankl die Extremsituation der KZ-Haft, um herauszufinden, worauf es beim Menschsein ankommt. In der erbärmlichsten Umgebung zu hausen, untergewichtig zu sein und an Fleckfieber zu leiden sind für Frankl keine Entschuldigungen, sich gehen zu lassen. Wie Kierkegaard ist er der Meinung, dass man der Wahl seiner selbst, dem großen Entweder-oder, nicht ausweichen kann. Die Würde des Menschen liegt darin, in der Lage zu sein, sich zu sich selbst zu verhalten. Er ist frei zu entscheiden, wer und wie er sein will. In jedem einzelnen Moment. In den Augenblicken größter Unterdrückung und Demütigung entscheidet Frankl immer wieder, den Mut nicht zu verlieren und auch seinen Mithäftlingen Mut zu machen. Mit seiner Wahl gibt er zu erkennen, dass er nicht bereit ist, sich unterdrücken zu lassen. Nach seiner Befreiung gibt er seine Erfahrungen weiter. In seinen Büchern und Vorträgen verkündet Frankl: Nicht nur die schönen Seiten des Lebens sind sinnvoll, auch Leiden, Sterben und Tod haben einen Sinn. Ob wir ihn erkennen oder nicht, ist eine Sache der Einstellung, des Willens – auch des Willens zum Gutsein.

Wir alle könnten dazu beitragen, nicht nur uns selbst, sondern auch andere vom Sinn des Lebens zu überzeugen, indem wir uns bemühen, gut zu sein. Wir sollten es tun.

Auch, damit wir endlich das unsinnige Gefühl loswerden, mehr Sinn zu brauchen.

Die Sinn-Diät
7. Rezept: Die Gleichgültigkeit loswerden

Wenn wir gut sein wollen, benötigen wir Werte, an die wir uns halten können. Die Frage ist nur: *welche?* Aus allen Richtungen hören wir Verzweiflungsschreie, dass es in dieser Gesellschaft keine Werte mehr gäbe. In Wahrheit haben wir nicht zu wenige, sondern zu viele Werte. Die Vielfalt unserer Werte ist ein Auswuchs der vorherrschenden ästhetischen Beliebigkeit. Es gibt alles von allem: religiöse Werte, Vermögenswerte, ethische, kulturelle und ökologische Werte, Unternehmenswerte, die Werte *der Anderen* usw. Wenn wir nicht mehr in ästhetischer Weise nur immer das herausgreifen wollen, was uns gerade Spaß macht, müssen wir uns entscheiden. Und wenn wir uns einmal entschieden haben, müssen wir konsequent sein. Wir können uns dann zum Beispiel nicht mehr als gute Katholiken präsentieren und gleichzeitig davor zurückschrecken, unserer Mutter eine Konzertkarte für Lang Lang zu kaufen – weil wir einfach zu geizig sind. Das sehen wir ein. Leider machen wir uns trotzdem oft nicht die Mühe zu unterscheiden. So ist zu erklären, warum wir in der Theorie von einer besseren Welt schwärmen, aber im Alltag einer Doppel-, Dreifach- oder gar Vierfachmoral anhängen.

Hören Sie auf, den Verfall der Werte zu beklagen, stoppen Sie lieber ihre Inflation! Lassen Sie sich von den vielen Werten, die Ihnen tagtäglich ins Haus schneien, nicht tyrannisieren. Achten Sie darauf, dass die Wertelandschaft, an der Sie sich orientieren, nicht in sich widersprüchlich ist. Sind Sie Unternehmer, reicht das einfache Versprechen nicht, die Interessen Ihrer Aktionäre, Kunden und Mitarbeiter gleichermaßen zu berücksichtigen – *und* Ihre Eigeninteressen. Die »Philosophie« Ihrer Firma müsste schon den Umgang mit möglichen Interessenskonflikten reflektieren. Was Ihre Privatmoral betrifft, sollten Sie auch nicht schalten und walten, wie es Ihnen gerade passt. Es gibt viele Dinge, die schlecht oder gar nicht miteinander vereinbar sind: Gewinnmaximierung und Corporate Social Responsibility. Sparen und Verschwenden. Nächstenliebe und Fremdenhass. Gleichgültigsein und Gutsein.

Niemand zwingt Sie, ein guter Mensch zu sein. Sie können so raffgierig, rücksichtslos und lügnerisch handeln, wie es Ihnen gefällt. Wenn Sie aber wollen, dass die Welt ein besserer Ort wird – zum Beispiel, weil Sie Kinder haben –, sollten Sie sich die Option des Gutseins doch noch einmal überlegen. Wenn Sie an einer besseren Zukunft interessiert sind (Ihrer eigenen oder vielleicht auch, über Ihren Tod hinaus, an der der Menschheit insgesamt), sollten Sie nicht darauf warten, dass *die Anderen* bessere Menschen werden. Fangen Sie bei sich selbst an. Hier ein paar Beispiele:

▶ Sie wissen nicht, ob Sie ein guter Mensch sind. Aber Sie beraten ehrenamtlich Alkoholabhängige, die von ihrer Sucht loskommen wollen, weil für Sie der Wert der Hilfsbereitschaft eine große Rolle spielt. Nebenbei rauchen Sie wie ein Schlot.

Ihr Engagement für Suchtkranke ehrt Sie. Leider scheint es in gewissem Widerspruch zu Ihrer eigenen Sucht zu stehen. Nehmen wir an, Sie rauchen, weil Sie glauben, es würde Sie vom Stress befreien. Sie halten die Gleichung Rauchen = Freiheit tatsächlich für gültig. Sehen Sie ein, dass dies illusorisch ist. Kein Mensch wird aus den alltäglichen Strukturzwängen herausgerissen, in einen sonnengegerbten Cowboy verwandelt und in den Grand Canyon versetzt, nur weil er sich mit Nikotin vollpumpt. Die wahre Freiheit liegt in der Selbstbestimmung. Sie haben sich aus freiem

Willen heraus verpflichtet, Menschen zu helfen, sich aus dem Drogenelend zu befreien. Welche Moral, welche Werte rechtfertigen es, dass Sie sich selbst darin behindern dürfen, das zu tun, was Sie anderen ermöglichen wollen, nämlich von Abhängigkeit frei zu werden?

Es könnte auch sein, dass Sie die Alkoholkranken beraten, weil Ihr Partner es so will. In diesem Fall handeln Sie unter Druck, nicht aus freiem Willen. Ihre Raucherei widerspricht dann Ihrer Beratungstätigkeit nicht, sondern liefert nur eine weitere Bestätigung, dass Sie nicht Ihr eigener Herr sind.

Welche Gründe auch immer hinter Ihrem Verhalten stecken mögen: Überlegen Sie einmal in Ruhe, *wer* Sie sein möchten. Wenn Sie ein abhängiger Mensch sein wollen, machen Sie einfach weiter wie bisher. Wenn Sie ein guter Mensch werden wollen, müssen Sie lernen, in Ihren Entscheidungen konsequent zu sein.

▶ Sie versuchen, so oft es geht, das Gute mit dem Nützlichen zu verbinden. Letzte Woche zum Beispiel haben Sie ein Kind davor bewahrt, Opfer eines Verkehrsunfalls zu werden. Allerdings nur, weil sein Vater daneben stand: Ihr Vorgesetzter.

Sie handeln *pragmatisch*, nicht moralisch. Ihnen geht es darum, ein bestimmtes Ziel zu erreichen, nicht darum, gut zu sein. Sie könnten Ihr Ziel – nennen wir es Imagepflege – auch auf anderem Wege erreichen, zum Beispiel indem Sie ohne zu jammern Überstunden machen. Ihre Handlung war zweifellos *richtig*, wenn Ihr Vorgesetzter Sie deshalb nun gegenüber Ihren Kollegen hervorhebt. Dass es auch eine *gute* Handlung war, ist dem Zufall zuzuschreiben. Gutes absichtlich mit Nützlichem zu verbinden gilt nicht. Nicht, wenn Sie gut sein wollen.

▶ Ihnen geht es ähnlich wie A in Kierkegaards *Entweder – Oder*. Irgendwie hätten Sie schon Lust, an Ihrem Lifestyle etwas zu ändern, aber Sie fühlen sich einfach noch nicht verzweifelt genug.

Sie möchten ernsthaft sein, verstehen aber nicht genau, was damit gemeint ist. »Ernsthaft« sein heißt, weder langweilig zu sein noch schlechte Laune zu haben. Es heißt, sich ums Urteilen zu bemühen – nicht nur im Bereich der Moral, sondern in jedem Lebensbereich. Um urteilen zu können, brauchen Sie Beispiele. Sie müssen Beispiele für ein reiches genauso wie für ein armes Leben kennen, für das Schöne wie für das Hässliche, für das Gute und das Böse. Sie können Ihre Urteilskraft nur trainieren, indem Sie Ihr bekanntes Terrain verlassen. Streichen Sie Ihren Cluburlaub und fahren Sie als Individualreisender nach São Paolo oder Jakarta. Machen Sie sich mit dem wirklichen Leben abseits Ihres eigenen vertraut. Lesen Sie Biografien von Menschen wie Viktor Frankl, die die Abgründe des Daseins kennenlernten und Meister der Menschlichkeit wurden. Bilden Sie sich ein Urteil: Wie hätte ich in dieser oder jener Situation gehandelt? Wie würde ich handeln, wenn ich in dieser oder jener Umgebung leben müsste? Wie würde ich mich meinen Mitmenschen gegenüber verhalten? Wer wäre ich?

Sie müssen nicht verzweifelt sein oder Ihre bisherige Lebensführung bereuen, um ein guter Mensch zu werden. Alles, was Sie dazu brauchen, ist bereits in Ihnen angelegt: Urteilskraft, Einfühlungsvermögen, Lernfähigkeit und Menschenwürde. Es gibt eine einfache Übung, um das Gefühl für die eigene Würde zu schulen: Ich nenne sie die *Würde-Übung*. Fassen Sie den Entschluss, von nun an alles, was Sie tun, würdevoll zu tun. Egal, ob Sie sitzen, stehen, liegen, gehen, laufen, schwimmen, tanken, Tee trinken oder Fenster putzen. Bemühen Sie sich in jeder Lebenslage um eine würdevolle Haltung. Das Leben wird Ihnen feierlicher, kostbarer erscheinen. Sie werden langsamer, aber dafür überlegter handeln. Das Gefühl der Ruhe, das sich in Ihnen breitmachen wird, wird Ihr hektisches Bedürfnis nach lustvollen Erlebnissen abschwächen (und nebenher auch das Zeit-Monster verjagen, siehe Kapitel 4).

▶ Sie sehen kein Problem darin, gut zu sein. Sie halten sich an das BGB, die Verkehrsordnung und an das, was Ihnen Ihr Vater beigebracht hat.

Sofern Sie Gesetze befolgen, ist Ihr Verhalten einfach nur *legal*. Das heißt aber noch lange nicht, dass Sie auch *moralisch* handeln. Legalität und Moralität sind nicht dasselbe. Wenn Sie behaupten, ein guter Mensch zu sein, weil Sie die Normen Ihres Vaters achten, ist dies leider keine haltbare Begründung. Sie können höchstens sagen, dass Sie glauben, gut zu sein, weil Sie sich regelkonform benehmen. Blinder Glaube an als Autoritäten anerkannte Instanzen oder Personen ist ebenso einfach wie gefährlich: Er entbindet Sie von Ihrer persönlichen Verantwortung.

Richten Sie Ihr Leben ruhig weiter nach den Regeln aus, die Sie für gut halten. Solange keine Widersprüche zwischen ihnen bestehen, ist nichts dagegen einzuwenden. Nehmen Sie sich aber zusätzlich ein Beispiel an Vorbildern, die in Ihrem Leben Gutes bewirkt haben. Handlungen sind immer nur so gut wie die Menschen, die sie vollbringen! Nehmen Sie Sich Gandhi, Mutter Teresa, Martin Luther King, Sokrates oder Jesus zum Vorbild. Dann werden Sie nie vergessen, dass kein Gesetz der Welt die eigene Selbstverantwortlichkeit ersetzen kann.

Dieses Rezept kann Ihnen mehr Orientierung in Bezug auf die Generalrichtung Ihres Lebens bringen. Wenn Sie wollen. Sie sind frei, sich daran zu halten oder nicht – in jedem Fall wird es Sie zum Nachdenken anregen, wie es eigentlich mit Ihrem Gewissen bestellt ist. Ob Sie überhaupt eines haben. Und wenn nein, ob Sie vorhaben, eines zu entwickeln.

Das Böse ist lediglich Mangel.

DIONYSIOS AREOPAGITA

8 Das Böse

Gibt es das Böse überhaupt? Wenn ja, dann nicht in unserem Umfeld, nicht bei denen, die wir kennen, und schon gar nicht bei uns selbst. Meinen wir. Da wir »das Böse« aus unserem Vokabular weitgehend ausgeklammert haben, denken wir auch nicht groß darüber nach. Wir ordnen es dem traditionellen Märchen-, Mythen- und Kinderbuchbestand zu. Wir bringen es mit Dämonen, Hexen, Gangstern in Verbindung. Und mit den Gräueln der Weltgeschichte, mit Bürgerkriegen und Genoziden. Was wir eben aus den Medien kennen. *Uns* scheint das Böse jedenfalls nicht zu betreffen. Es passiert uns einfach nicht. Unser Leben ist normal. Denken wir. Nicht einmal ein Alltags-Monster wie Josef Fritzl könnte uns gefährlich werden: Erstens wohnen wir nicht in Niederösterreich und zweitens ist es – statistisch gesehen – unwahrscheinlich, dass uns ein Verbrechen, wie er es begangen hat, noch zu Lebzeiten widerfährt. So argumentieren wir. In unserer Wirklichkeit gibt es einfach keine bösen Menschen. Wir mögen unseren Kollegen noch so sehr hassen: Nie würden wir von ihm sagen, er sei böse, auch wenn wir uns über seine Niedertracht oder sein hinterlistiges Verhalten schwarzärgern. Wir verpassen ihm einfach einen Spitznamen, der seinen schlechten Charakter ins Lächerliche zieht.

Natürlich kennen wir alle Menschen, die bestimmte moralische Maßstäbe missachten. Abgebrühte und skrupellose

Individuen, die »über Leichen gehen«. Aber auch solche nur auf den eigenen Vorteil Bedachte schätzen wir nicht als böse ein. Schließlich sind Schamlosigkeit, Gemeinheit und Unbarmherzigkeit für sie bloß Mittel zum Ziel: das perfekte Leben. Auch in diesem Zusammenhang fänden wir das Wort »böse« unpassend – wir würden hier eher von Cleverness sprechen. Immerhin haben solche Leute schon viel mehr von dem erreicht, was wir uns je erkämpfen werden. So ist es zu erklären, warum wir TV-Größen wie Dieter Bohlen oder Heidi Klum einerseits verdammen und andererseits beneiden. Beneiden können wir nur die, die wir bewundern. Solange wir selbst ihnen nicht zum Opfer fallen, kennt unsere Bewunderung kaum Grenzen.

Wenn es um das Böse geht, neigen wir, die großen Logiker und Perfektionisten, zu beträchtlicher Naivität. Für uns ist das Böse etwas Monströses und Spektakuläres. Wir kommen gar nicht erst auf die Idee, dass sich das Böse auch auf eine ganz andere Art zeigen könnte. Und dass auch wir durch das Böse korrumpierbar sein könnten. Mit dem, was abseits unseres Vorstellungsvermögens möglicherweise sein könnte, können wir ohnehin nichts anfangen. Was wir in unserer hyperkomplexen Infogesellschaft brauchen, sind Fakten, Fakten, Fakten. Denn nichts macht dem Unerklärlichen besser den Garaus als auf Fakten basierende Erklärungen. Hat das Böse zugeschlagen, schlagen wir die Zeitung auf. Oder setzen uns vor den Fernseher. Wir sind begierig zu erfahren, was Soziologen, Psychologen, Psychiater und Forensiker dazu zu sagen haben. Es beruhigt uns, wenn eine wissenschaftliche Autorität uns darlegt, bei dem betreffenden Bösen handele es sich um eine Genmutation, einen hirnorganischen Defekt, eine schwere Persönlichkeitsstörung oder, besser noch, eine paranoid-halluzinatorische Psychose.

Dabei vergessen wir allzu schnell, dass solche (Fern-)Diagnosen nichts anderes sind als kulturelle Konstrukte – Versuche, unserer Hilflosigkeit angesichts des Bösen Herr zu werden. Wir schließen nicht nur aus, dass wir selbst böse sein könnten. Wir zweifeln auch daran, dass es überhaupt irgendeinen Menschen geben könnte, der *wirklich*, das heißt auf *unerklärliche* Weise böse ist. Nicht einmal Hitler. Wir gehen davon aus: Wenn es das Böse nicht nur im Märchen und im TV, sondern auch in Wirklichkeit gibt, muss es pathologisch sein.

Platon war davon überzeugt, dass jedes Mal, wenn ein Mensch etwas Böses tut, ein Irrtum vorliegen müsse. Er fand: Jemand, der nach dem Bösen strebt, weiß einfach nicht, was das Gute ist. Für Platon war daher Erziehung, also Aufklärung über das Gute, das Mittel der Wahl. Wer über seinen Irrtum aufgeklärt wird, will automatisch das Gute, dachte er. Das Böse ist bloß ein missverstandenes Gutes.

Auch Platons These ist nur ein (hilfloser) Versuch, das Böse wegzuerklären. Alle Erklärungen der Welt können das Böse nicht aus der Welt schaffen. Wäre dies möglich, gäbe es keine Ungerechtigkeiten mehr, und wir würden uns leichter tun, an Gott zu glauben. Darüber sinnierte auch der unschuldig zum Tode verurteilte römische Politiker und Philosoph Boëthius (480–524 n. Chr.), während er auf seine Hinrichtung wartete. In seinem Werk *Trost der Philosophie* fragt er die Philosophie – seine einzige Trostspenderin:

»Denn das Schlechte zu wollen liegt vielleicht in unserer Schwäche, aber dass beliebige Frevler ihre Anschläge gegen die Unschuld unter Gottes Augen auch ausführen können, das ist etwas Ungeheuerliches. Darum hat einer deiner Vertrauten nicht mit Unrecht gefragt: ›Gibt es einen Gott, woher das Übel? Gibt es keinen, woher das Gute?‹«

Und weiter: »... warum die Strafen der Verbrecher die Guten bedrücken, die Bösen die Belohnungen der Guten an sich reißen, darüber wundere ich mich sehr und wünsche von dir zu wissen, welches der Grund dieser ungerechten Verirrung ist.«

Es ist durchaus möglich, dass diese Verirrung gar keinen Grund hat, dass das Gute und das Böse nichts als Zufälle sind. Zufälle wie Lottogewinne und Naturkatastrophen. Was, wenn wir wüssten, dass wir das perfekte Leben nie erreichen werden, weil uns irgendwann – rein zufällig – das Böse in die Quere kommen wird? Wir würden uns fragen, ob es wirklich Sinn macht, so viel von unserer Zeit in Planung und Organisation zu stecken.

Am 11. September 2001 stürzt ein Flugzeug in einen der Zwillingstürme des World Trade Center. Die Umstehenden denken im ersten Moment, das Flugzeug habe das Gebäude nur aus Versehen gerammt. Auch sie halten einen Zufall, einen Irrtum für wahrscheinlicher als das Böse. Aber nicht die schrecklichen Ereignisse selbst sind Zufall. Zufällig sind die Opfer, die sie fordern. Reiner Zufall, wer an diesem Tag überlebt und wer stirbt. Einer hätte vor Ort sein müssen, bleibt aber zufällig zu Hause, um seinen Kater auszukurieren. Ein anderer betritt zufälligerweise genau an diesem Tag das Gebäude, um es endlich einmal von innen zu sehen. Ein Dritter ist schon auf dem Weg ins WTC, kehrt aber noch einmal um, weil er zufällig sein Handy in einer Apotheke vergessen hat.

Die Zwillingstürme sind Symbole der westlichen Macht, des westlichen Kapitalismus und des westlichen Perfektionismus. Dass etwas so Gewaltiges in so kurzer Zeit dem Erdboden gleichgemacht werden kann, können wir nicht verstehen. Wie kann das Unmögliche plötzlich möglich sein? Zum ersten Mal in der Geschichte wird das Böse nicht mit einem Namen (»Hitler«, »Stalin«) oder einem Ort (»Auschwitz«, »Vietnam«), sondern mit einem Datum gleichgesetzt (»9/11«). Was heißen soll: Das Böse ist ab sofort überall.

Wir sind erst einmal sprachlos, und mit uns die Medien. Die Türme brennen nicht nur in New York, sie sind auf Bildschirmen der ganzen Welt zu sehen – *live* und in Farbe. Was leider auch nicht zum besseren Verständnis des Ganzen beiträgt. Am Mittag nach der Katastrophe sendet CNN stumme Bilder mit dem Untertitel »NO COMMENT NO COMMENT NO COMMENT NO COMMENT NO COMMENT NO COMMENT ...« Die Sprachlosigkeit dauert nicht lange an. Man überschlägt den ökonomischen Schaden in Dollars wie in Euro. Man entwickelt mannigfache Verschwörungstheorien, um zu beweisen, dass das Unerklärliche doch nicht unerklärlich sei. Die Fachwelt meldet sich zu Wort: Politiker, Wissenschaftler und Schauspieler. Man versucht, das Ungeheuerliche geografisch zu bannen. Man erklärt uns: Alles, was auf der Achse des Bösen liegt, ist böse. Alles, was nicht auf dieser Achse liegt, muss folglich gut sein. Man versucht, für Gerechtigkeit zu sorgen. Man sucht nach Schuldigen und tötet Unschuldige. Schließlich erklärt uns Michael Moore, wie es wirklich war. Wir schauen uns seine Dokus an und sind erleichtert. So schlimm war das alles doch gar nicht. Zumindest nicht, wenn man es von der Metaebene aus betrachtet: die Amerikaner, die Taliban, die Waffen und die Dummheit. Bei Moore wirkt das alles fast schon slapstickartig.

Heute denken wir nur noch selten an die Twin Towers. Schlimm, was passiert ist, sagen wir. Aber irgendwann muss wieder gut sein. Wir können schließlich auch nichts dafür. Schreckliche Dinge passieren andauernd. Da können wir nichts machen. Denken wir. Wir haben recht: In unserem Kopf ist einfach nicht mehr Platz. Hitler, Stalin, Afghanistan, Mogadischu, Vietnam, Somalia, Hamas, FARC, ETA, IRA, Israel, OPEC, Camorra, ALDI, Fritzl, Waco, Castro, Callanetics. Callanetics? Was war das gleich? Natürlich. Der Gymnastiktrend aus den Achtzigern. Da haben wir wieder etwas verwechselt. Wir schließen den iPod an, greifen zum Handy und chatten erst einmal eine Runde.

Alles, was auf monströse und spektakuläre Weise böse ist, finden wir einfach nur krank. Alles, was wir pathologisieren, fasziniert uns. Joseph Goebbels wie Mohammed Atta, einer monströser und spektakulärer als der andere. Unsere Infogesellschaft beherbergt ein Kuriositätenkabinett von Schrecklichkeiten. Das Problem ist nur: Da wir ständig mit Grausamkeiten bombardiert werden, stumpfen wir mit der Zeit ab. Wir verlieren das Gespür für die feineren Nuancen des Bösen.

Ein dreiviertel Jahr lang beriet ich einen jungen Mann in der Adoleszenzkrise. Ich wollte ihm helfen, eine erwachsene Identität aufzubauen. Der Junge war ein leidenschaftlicher Kinofan, aber ein eher leidenschaftsloser Leser. Deshalb verzichtete ich erst einmal darauf, ihn zur Interpretation philosophischer Texte zu überreden. Weil sich mein Klient als unverstandener Individualist und Außenseiter empfand, schlug ich ihm vor, sich den Film *Taxi Driver* anzusehen (über einen traumatisierten Vietnamveteranen, der sich mit der Realität nicht abfinden kann und am Ende Amok läuft).

»Und? Konnten Sie sich mit dem Protagonisten identifizieren?«, fragte ich.

»Ja, schon. Ich habe auch keine Ziele. Und ich finde auch alles ziemlich sinnlos. Aber so extrem bin ich, glaub ich, nicht«, sagte er.

»Der Film ist ja ziemlich grausam ...«

»Geht so. Für mich ist das normal. Ich meine, das macht mir nichts.«

»Was macht Ihnen nichts?«

»Na ja, das mit der Brutalität und so. Ich habe ja schon mit vierzehn mit SplatterMovies angefangen, Sendungen über Folter und Konzentrationslager gesehen – für mich ist das nicht so schlimm.«

Bei meinem Klienten schien ein klassischer Fall von Abgestumpftheit vorzuliegen. Seit Jahren hatte er seine Freizeit mit Horrorfilmen und Donald Duck verbracht. Nach einer Reihe philosophischer Gespräche über den Zusammenhang zwischen Sprechen, Denken und Fühlen fiel ihm auf, wie beschränkt sein Wortschatz war. Er sagte mir, er wolle weg von seiner »Comic-Sprache«. Ich riet ihm, Franz Kafkas (1883–1924) Novelle *Die Verwandlung* zu lesen, in der sich die Hauptfigur über Nacht in einen Käfer – eine Art Symbol für das Unerklärliche – verwandelt.

»Ich hab's versucht«, sagte er, »*konnte* es aber nicht lesen.«
»Warum nicht?«
»Das ging mir irgendwie an die Substanz.«
»Es macht Ihnen nichts aus, Menschenfressern bei der Arbeit zuzusehen, aber einen Text über einen Käfer zu lesen, das können Sie nicht ertragen?«
»Nein. Irgendwie komisch, richtig beängstigend, oder? Aber das mit dem Käfer, das war mir einfach zu unheimlich.«

Nicht der Käfer war ihm unheimlich, sondern die Art und Weise, wie Kafka das Unerklärliche beschrieb. Auch wenn es meinem Klienten nicht gelang, den Text zu bewältigen: Er verstand jedenfalls, wie wichtig es ist, die Dinge nicht nur wahrzunehmen, sondern sie auch in Worte fassen zu können. Eine *Sprache* dafür zu finden. Begriffe und Formulierungen, die nicht gleich alles wegerklären, sondern die einen erst einmal zum Nachdenken bringen.

Die besten Philosophen sind immer auch die sprachmächtigsten. Hannah Arendt (1906–1975) haben wir eine der großartigsten Formulierungen der Moderne zu verdanken: »die Banalität des Bösen« (von französisch *banal* = »alltäglich, unbedeutend«). Damit ist gemeint: Das Böse muss weder monströs noch spektakulär sein. Es muss nicht einmal pathologisch sein. Es kann auch alltäglich sein – die Frucht unserer alltäglichen Gedankenlosigkeit. *Nur wenn wir uns über unser Handeln Gedanken machen, können wir aus-*

schließen, dass wir böse sind. Sonst nicht. Sonst ist es durchaus möglich, dass auch wir (von denen wir es nie gedacht hätten!) zur Weiterverbreitung des Bösen beitragen – indem wir es entweder übersehen oder sogar selbst verursachen. Einfach aufgrund unserer Ahnungslosigkeit. Rein zufällig.

Arendts Beispiel für die Banalität des Bösen ist der ehemalige SS-Obersturmbannführer Adolf Eichmann, der 1962 nach dem Beschluss des Jerusalemer Bezirksgerichts hingerichtet wurde. Laut Arendt ist ein Mann wie Eichmann weder vorsätzlich böse noch krank. Dennoch *verursacht* er das Böse. Eichmann will kein Massenmörder sein. Er will nur Karriere machen. Das wollen wir auch – ist das nicht normal? In *Eichmann in Jerusalem* schreibt Arendt:

»Immerhin war ein halbes Dutzend Psychiater zu dem Ergebnis gekommen, er sei ›normal‹ – ›normaler jedenfalls, als ich es bin, nachdem ich ihn untersucht habe‹ – soll einer von ihnen gesagt haben; ein anderer fand, dass Eichmanns ganzer psychologischer Habitus, seine Einstellung zu Frau und Kindern, Mutter und Vater, zu Geschwistern und Freunden, ›nicht nur normal, sondern höchst vorbildlich‹ sei.«

Wenn wir mit Arendt davon ausgehen, dass man weder böswillig noch krank sein muss, um böse zu sein, haben wir ein Problem. Es fragt sich, wie die Entstehung des Bösen dann erklärt werden soll. Die Antwort ist: Es gibt keine Erklärung. Die Banalität des Bösen beinhaltet etwas Unerklärliches, das nicht wegerklärt werden kann. Der banale Bösewicht ist nämlich davon überzeugt, gut zu sein. Deshalb hat er auch kein schlechtes Gewissen. Er fühlt sich nicht schuldig. Er tut doch nur das, was *die Anderen* auch tun: Karriere machen, Familie gründen, Aufgaben erfüllen. Dass seine guten, harmlosen Absichten zu bösen Handlungen führen, ist reiner Zufall – Pech. Eichmanns Pech war es, dass er im falschen Referat am falschen Schreibtisch saß und die falschen Papiere unterschrieb. Pech, dass die von ihm unterschriebenen Papiere die Vernichtung von Millionen Menschenleben nach sich zogen. Tatsächlich könnte man sagen: Bei Eichmann ist es einfach blöd gelaufen. Wäre er nicht Referatsleiter, sondern Arzt in einem Lazarett geworden, hätte er mit seiner Gewissenhaftigkeit viel Gutes bewirken können. Er hätte Menschen retten können, anstatt sie zu vernichten.

Wenn ein normaler gesunder Mensch unabsichtlich (oder sogar in guter Absicht) Böses in die Welt schafft, trägt er aber immer noch die volle Verantwortung für sein Handeln. Die Lehre, die Arendt aus dem Fall Eichmann zieht, ist folgende: *Gedankenlosigkeit befreit nicht von Verantwortung.* Zufälle gelten nicht als Entschuldigung. Solange der Mensch in der Lage ist, seinen Verstand zu benutzen und über Grundkenntnisse im logischen Denken verfügt, kann man ihm auch ein bisschen Nachdenklichkeit zumuten. Nicht nur am Sonntag. Täglich. Dass ein denkender Mensch sich selbst dazu bringen kann, gedankenlos zu werden, ist schrecklich. Und letztlich unerklärlich. Aber es ist möglich. Wir können es nicht erklären – aber wir sollten versuchen, es zu verstehen. Auch wenn wir ewig nach Antworten suchen müssen. Wenn wir aufhören uns zu bemühen, das Unerklärliche zu verstehen, hören wir auf, das Böse verstehen zu wollen. Und wenn wir damit aufhören, verhalten wir uns nicht nur gedankenlos – wir machen uns (unabsichtlich) zu Komplizen des Bösen.

Die Sinn-Diät
8. Rezept: Selber-Denken trainieren

Es fällt uns leicht zuzugeben, dass wir an Zeitmangel leiden. Zeitmangel ist schließlich ein Statussymbol. Nie kämen wir auf die Idee zuzugeben, dass es uns an Gedanken mangelt. Doch genau hier liegt der Hund begraben. Wir denken zwar viel, aber wir denken nicht *selbst*. Wie bitte? Wenn jemand auf uns zeigen und sagen würde: »Dieser Mensch da denkt nicht selbst«, würden wir nicht einmal verstehen, was damit gemeint ist. Wir sind es gewöhnt, unseren Verstand pragmatisch einzusetzen: zum Rechnen, zum Autofahren, zum Telefonieren. Dabei lassen wir unsere geistigen Möglichkeiten natürlich weitgehend ungenützt. Wir denken an unsere Sorgen, unser Wohlbefinden, unseren Erfolg und unser Geld. Weiterführende Gedanken schalten wir ab: Erstens bringen sie uns nichts, und zweitens haben wir sowieso keine Zeit. So entsteht Gedankenlosigkeit.

Wenn wir uns ein bisschen mehr ums Selber-Denken kümmern würden, hätten wir nicht so einen großen Sinn-Hunger. Wir würden weniger Un-Sinn reden. Und wir könnten einen Beitrag zur Verminderung des Bösen leisten. Selber-Denken funktioniert ohne fremde Anleitung, ohne Erkundigung bei *den Anderen*. Man praktiziert es, indem man nicht einfach nur denkt und Gedanken produziert, sondern zu seinen Gedanken auch Stellung bezieht. Die Grundfrage des Selber-Denkens ist das bohrende »Warum?«. Es ist die Lieblingsfrage von Philosophen und kleinen Kindern.

Wenn Sie ständig denken: »Ist noch Zeit?«, versuchen Sie doch einfach einmal, noch weiter zu denken: »Warum denke ich eigentlich ständig: ›Ist noch Zeit?‹ Zeit – was ist das überhaupt?« (Versuchen Sie ja nicht zu tricksen und die Antwort in einem früheren Kapitel nachzuschlagen! Denken Sie selbst – finden Sie Ihre eigene Antwort!) Beim Selber-Denken gibt es keine richtige Antwort. Es ist nicht wie bei Günther Jauch. Selber-Denken funktioniert nicht, wenn Sie Ihre Gedanken in den vorgegebenen Bahnen der Lösungsorientiertheit – von A nach B nach C – entwickeln. Sie müssen sich schon ein bisschen mehr anstrengen. Zweck des Selber-Denkens ist nicht Eindeutigkeit, sondern Mehrdeutigkeit. Der Sinn liegt nicht so sehr darin, die richtigen Antworten zu finden, sondern zuerst einmal die richtigen Fragen zu stellen. Fragen, die Sie zum Nachdenken bringen.

Zum Beispiel: »Woran könnte es liegen, dass mir die Banalität des Bösen noch nie begegnet ist?« Lösungsorientiertes Denken hilft, die Dinge zu erklären. Selber-Denken hilft, das Unerklärliche zu verstehen. Indem Sie sich ums Selber-Denken bemühen, sagen Sie der Gefährlichkeit des Banalen den Kampf an. Hier ein paar Beispiele:

▶ Wenn irgendwo auf der Welt das Böse sein Unwesen treibt, sind Sie der Erste, der die Hintergründe kennt. Sie sind nämlich ein großer Freund von Infomagazinen. Sie lieben reich bebilderte Artikel mit vielen Infokästen und wenig Text, die die Dinge auf den Punkt bringen.

Geben Sie sich das Kontrastprogramm. Lesen Sie ein Werk von Franz Kafka oder zumindest Teile davon. Kafka ist ein Meister in der Darstellung des Unerklärlichen. Die Romane, Novellen und Fragmente, die er uns hinterlassen hat, nehmen die Schrecken des 20. Jahrhunderts auf geradezu seherische Weise vorweg. Der Inhalt seiner Texte ist albtraumhaft und in seiner Tiefe nie ganz zu ergründen. Es geht um Schuld, Unschuld, die Monstrosität und die Banalität des Bösen. Womöglich geht es um noch viel mehr. Wir wissen es nicht; Kafka nahm seine Geheimnisse mit ins Grab. Literaturwissenschaftler jeder Couleur haben sich die Zähne an ihm ausgebissen – jetzt sind Sie dran. Setzen Sie sich Schilderungen aus, die Sie mehr beunruhigen werden als die Sorge, die neueste Ausgabe Ihres Infomagazins erst einen Tag nach ihrem Erscheinen zu ergattern. Grämen Sie sich nicht, wenn Sie nicht gleich verstehen, wie ein einfacher Angestellter über Nacht zu einem riesigen Ungeziefer werden kann – Sie haben ja auch nichts verstanden, als Sie das World Trade Center brennen sahen. Nehmen Sie das Unerklärliche erst einmal zur Kenntnis. Versuchen Sie dann Ihre eigene Interpretation des Ganzen, am besten schriftlich. Überlegen Sie, was wäre, wenn das Unerklärliche in *Ihr* Leben einbrechen würde.

▶ Ihr Nachbar ist ein Spießer. Er hat einen Bierbauch, trägt karierte Hemden und macht schlechte Witze, kurz: Er langweilt Sie. Sie wollen nichts mit ihm zu tun haben. Deshalb verschwenden Sie auch keinen Gedanken an ihn.

Dass ein Mensch in Ihren Augen langweilig ist, ist kein Grund, ihn zu ignorieren. Wenn Sie ein bisschen genauer hinsähen, würden Sie vielleicht einiges Nachdenkenswertes an ihm entdecken. Warum, zum Beispiel, sind die Fenster seines Transporters verdunkelt? Warum lächelt seine Frau Ihnen immer zu, hat aber noch nie ein Wort mit Ihnen gewechselt? Es könnte sein, dass er ein Verbrecher ist und sie seine Komplizin. Es könnte auch sein, dass sie taubstumm ist und er sich rührend um sie kümmert. Vielleicht ist Ihr Nachbar auch wirklich nur spießig. Um herauszufinden, was nun tatsächlich der Fall ist, müssen Sie erst einmal anfangen, über ihn nachzudenken.

Wenn Sie schon dabei sind, können Sie sich auch gleich ein paar Gedanken über sich selbst machen. Genauer: über die Gedankenlosigkeit Ihrer Vorurteile. Sie sagen sich: »Mein Nachbar ist ein Spießer, also will ich nichts mit ihm zu tun haben.« Sie wollen nichts mit Ihrem Nachbarn zu tun haben, *weil er ein Spießer ist*. Wenn Sie so argumentieren, begründen Sie Ihr Verhalten auf unzureichende Weise – mit einem Vorurteil. Sie könnten statt »Spießer« auch »Schwarzer«, »Weißer« oder »Hindu« sagen; sie könnten auch sagen: »weil er blöd ist«. Oder: »weil er Chemiker ist«. Dies würde nicht das Geringste ändern. Wenn Ihr Argument gültig sein soll, müssen Sie es auf ein Werturteil gründen, das von den meisten Menschen Ihres Kulturkreises als verbindlich akzeptiert wird. Sie können durchaus sagen: »Ich will nichts mit meinem Nachbarn zu tun haben, *weil er böse ist*.« In unserer Gesellschaft besteht nämlich ein Einverständnis, dass es legitim ist, mit bösen Menschen nichts zu tun haben zu wollen. Allerdings müssten Sie dann auch begründen können, worin seine Bösartigkeit besteht ...

▶ Sie haben immer hart gearbeitet. Trotzdem haben Sie auch immer die Zeit gefunden, Ihren Mitmenschen Gutes zu tun. Letzte Woche wurden Sie entlassen. Einer Ihrer Kollegen, der andere ausnützt, wo er nur kann, dagegen befördert. Sie fühlen sich so gedemütigt, dass Sie kaum noch schlafen können.

Es ist vollkommen in Ordnung, wenn Sie ein wenig Trost im Selbstmitleid suchen. Aber hüten Sie sich davor, sich in die Opferrolle hineinzusteigern. Zügeln Sie Ihre Rachegelüste. Denken Sie immer daran: Es gibt kein Recht auf Gerechtigkeit. Gerechtigkeit ist ein Geschenk. Kommen Sie nicht auf die Idee, sie zu erzwingen. Glauben Sie nicht, Sie müssten jetzt selbst das letzte Wort über Schuld und Unschuld, über Strafe und Belohnung sprechen. Verzichten Sie auf Selbstjustiz. Von »Gut« zu »Böse« ist es oft nur ein kleiner Schritt.

▶ Ihr Lebenswandel ist nicht gerade vorbildlich. Sie haben deswegen ständig ein schlechtes Gewissen. Das möchten Sie gern loswerden.

Sie müssen nicht zur Beichte gehen – prüfen Sie einfach selbst, ob Ihr »schändliches« Verhalten in die Kategorie »Todsünde« fällt. Die Philosophie des hellenistischen Griechenlands (siehe Kapitel 14) kennt sieben Laster, die die mittelalterliche Theologie in die »sieben Todsünden« umtaufte. Wie wir sie auch bezeichnen, sie haben bis heute nichts von ihrer Aktualität verloren:

Habsucht ➞ ständiges Profitstreben
Völlerei ➞ zu viel Fastfood
Neid ➞ ausschließliche Orientierung an *den Anderen*
Wollust ➞ wahlloser, exzessiver Sex
Hochmut ➞ Narzissmus
Zorn ➞ Wut über die hohen Energiepreise
Faulheit ➞ Alkoholismus (siehe Kapitel 4)

Wenn Sie zu einem oder mehreren dieser Laster neigen, können wir zwar nicht ausschließen, dass Sie eines Tages in die Hölle kommen. Doch noch ist nichts verloren. Kein Mensch ist unfehlbar, und jeder bekommt eine zweite Chance. Stellen Sie sich die Warum-Frage: »Warum sündige ich eigentlich? Warum habe ich von allen Optionen die der Sünde gewählt?« Lassen Sie sich von den Antworten, die Sie auf diese Fragen finden werden, nicht einschüchtern. Denken Sie einfach weiter. Denken Sie darüber nach, wie viel mehr an Lebenszeit Ihnen bliebe, wenn Sie sie nicht mit Sündigen verplempern würden.

Dieses Rezept wird Sie davon abbringen, Informationen wie Pommes frites in sich hineinzustopfen. Sie werden mehr darauf achten, was und wie Sie es sagen, und Sie werden Ihr eigenes Verhalten gründlicher hinterfragen. Das wird dazu führen, dass Sie sich mehr trauen, eigene Meinungen zu Gut und Böse zu entwickeln. Was wiederum zur Folge haben wird, dass Sie sich in moralischen Fragen nicht mehr nur auf die banalen Antworten *der Anderen* verlassen müssen.

*Man muss den Freunden die
Hände entgegenstrecken, aber ohne
dabei die Faust zu machen.*

DIOGENES LAERTIUS

9 Das Geheimnis der Freundschaft

Ohne unsere Freunde wären wir aufgeschmissen, der rauen Wirklichkeit hilflos ausgeliefert. Um uns in einer Welt, in der wir den Überblick verloren haben, nicht einsam zu fühlen, brauchen wir einfach ein paar vertraute Gesichter. Wir brauchen die Anerkennung von Gleichgesinnten – Menschen, die uns das Gefühl geben, wir hätten alles im Griff. Unseren Freunden geht es auch nicht anders als uns. Sie müssen genauso hart kämpfen wie wir. Wir und unsere Freunde kämpfen Seite an Seite, während wir darauf warten, dass irgendetwas Großartiges passiert. In der Zwischenzeit telefonieren wir, feiern Partys, helfen einander und bemitleiden uns gegenseitig – weil der große Durchbruch immer noch nicht erfolgt ist. So vergehen die Jahre. Wir verändern uns und mit uns unsere Freundschaften. An unseren Freunden können wir ablesen, wer wir sind und wer wir einmal waren.

Es gibt nur eine Art von Freunden, die uns unser ganzes Leben begleiten: unsere Hausfreunde. Die Hausfreunde kennen wir seit der frühesten Jugend, aus dem Kindergarten oder aus der Schule. Wo wir sind, sind sie auch, so wie unser Hund oder unsere Katze. Die Verbindung zwischen ihnen und uns ist weitgehend reißfest. Jedenfalls reißfester als die zu vielen unserer Studienfreunde. Auch wenn wir seinerzeit vom Gegenteil überzeugt waren. Seinerzeit war es das Höchste für uns, mit Leuten zu verkehren, die sich als Joe, Mac oder Lucky auswiesen. Menschen, mit denen wir (unsere Coolness ausgenommen) wenig teilten. Obwohl wir oft bis zum Abschlussexamen brauchten, um dies herauszufinden. Egal – mit zwanzig, fünfundzwanzig hatten wir immerhin so viele Freunde, dass wir uns gar nicht mehr an alle erinnern können. Dann wurden es irgendwie immer weniger. 1992 bis 1996, das wissen wir noch, waren die Jahre mit Jenny und Ulf. 1997 lernten wir Max kennen, 1998 Isis. Danach passierte nicht mehr viel.

Heute sind wir erwachsen. Wir besitzen Menschenkenntnis. Wir wissen, wer uns guttut und wer nicht. Heute beschränken wir uns auf Georg und Jan und vielleicht noch Mia. Bei Georg, Jan und Mia wissen wir, woran wir sind. Sie erkennen uns an, sie bestätigen uns in dem, wie wir sein wollen. Mit jedem von ihnen teilen wir etwas: das immer noch zu niedrige Einkommen, das Alter der Kinder, die Vorliebe für elektronische Musik. Georg, Jan und Mia sind fast so intelligent und feinfühlig wie wir. Sie sind fast ein Teil von uns. Wenn sich Georg einen neuen Beamer zulegt, können wir mit hundertprozentiger Sicherheit sagen, wo er ihn gekauft und wie viel er maximal dafür ausgegeben hat. Wenn Mia sich am Telefon leise anhört, wissen wir sofort, dass es nicht an der schlechten Verbindung unseres Billiganbieters liegt. Unsere Freunde können uns nicht mehr überraschen. Zwischen uns und ihnen läuft alles harmonisch ab. Selten kommt es zu Spannungen. Zumindest gibt es keine Dramen wie in unseren Beziehungen. In Freundschaften fallen Chemie und Gene einfach weniger ins Gewicht als gleiche Herkunft, gleiche Ansichten und gleicher Status.

Solange wir und unsere Freunde das perfekte Leben noch vor uns haben, solange wir *es* noch nicht geschafft haben, ist alles gut. Wir können uns in Ruhe gegenseitig bemitleiden, während wir auf unserer gemeinsamen Rennstrecke nebeneinanderher hecheln. Doch nichts ist für immer. Sobald ein Freund plötzlich den anderen überholt, ist die Harmonie getrübt. Man erkennt, dass man sich nicht auf einem Spaziergang befindet, sondern in einem Wettlauf. Und dass es in einem Wettlauf nicht darum gehen kann, Zweiter zu werden. Wenn man im Rückstand ist, ist man automatisch der Verlierer, auch wenn das Rennen noch gar nicht entschieden ist. Meinen wir. Für uns geht es nicht darum, wie unser Leben in zehn, zwanzig Jahren aussieht, sondern was jetzt ist. Wenn unser Freund uns *jetzt* überholt hat, ist das für uns so, als hätte er uns *für immer* überholt. Zumindest momentan ist es für uns so, aber das reicht ja auch schon, um uns zur Verzweiflung zu bringen. Wenn es unserem Freund gelungen ist, uns zu überholen, heißt das, dass er klüger in der Auswahl seiner Optionen war als wir. Mehr noch, dass er Optionen realisiert hat, die wir bis vor Kurzem noch für unwichtig erachtet haben – die aber auf einmal von höchster Priorität für uns sind. Wenn unser Freund sich plötzlich verlobt, während wir wieder einmal eine Beziehung an die Wand gefahren haben, wollen wir das unbedingt auch ausprobieren. Auch wenn wir derzeit gar keine Beziehung haben. Wir brauchen *jetzt* den perfekten Partner, weil unser Freund ihn auch hat. Jetzt sofort. Und wenn wir ihn in der Wirklichkeit nicht finden, dann holen wir ihn uns eben aus dem Internet. Der Druck, dem wir ausgesetzt sind, wenn unsere Freunde uns überholen, ist enorm. Jahrelang verbringen wir damit, Optionen zu checken, zu planen und zu telefonieren. Jahrelang passiert nichts, und wir werden immer nervöser. Aber erst, wenn wir gegenüber unseren Freunden in Rückstand geraten, erst, wenn uns bevorsteht, Zweiter zu werden, merken wir, dass sich unser Zeitfenster zu schließen beginnt.

Ganz anders verhält es sich, wenn wir selbst unsere Freunde überholen. Absichtlich oder unabsichtlich, auf einmal ist es geschehen. Plötzlich werden wir in den Vorstand unserer Firma gewählt. Plötzlich haben wir Geld. Wir kaufen einen Land Cruiser und sehen zu, wie unsere Freunde sich abmühen. Wir bedauern sie. Trotzdem gelingt es uns nicht, vor Mitleid zu zerfließen. Obwohl es unsere Freunde sind! La Rochefoucauld: »Im Unglück unserer besten Freunde finden wir immer etwas, das uns nicht missfällt.«

In dem Moment, indem wir unsere Freunde überrunden, wird uns klar, dass wir ihre Anerkennung nicht nur wollen, wenn wir uns schlecht fühlen. Sondern dass wir von ihnen auch dann noch anerkannt werden wollen, wenn wir sie überrundet haben. Wir verlangen das Gleiche von ihnen wie von allen *Anderen*. Wir machen die Erfahrung: Freunde sind nicht nur ein Teil von uns – sie sind immer auch *die Anderen*.

Mag es uns auch in jungen Jahren noch nicht so auffallen: Im Laufe der Zeit erkennen wir, dass Freundschaften nicht unkomplizierter sind als andere Beziehungsformen. Denn Freund ist nicht gleich Freund. Es gibt viele Leute, die wir als Freunde bezeichnen, obwohl es keine sind. Wir wissen ja, wer unsere *wahren Freunde* sind. Deshalb haben wir auch keine Hemmungen, wildfremde Menschen zu duzen, zu umarmen und zu küssen. Wir haben nicht nur keine Hemmungen – wir sind geradezu wild auf Pseudo-Freunde. Und zwar deshalb, weil wir glauben, dass sie uns etwas bringen. Von unseren Pseudo-Freunden erhoffen wir uns großartige berufliche Kontakte und Sonderkonditionen aller Art. In einem seiner Essais, *Von der Freundschaft*, schreibt der französische Menschenkenner und Humanist Michel de Montaigne (1533–1592): »Bei dem, was wir gewöhnlich *Freunde* und *Freundschaft* nennen, handelt es sich allenfalls um nähere Bekanntschaften, die bei gewissen Anlässen oder um irgendeines Vorteils willen geknüpft werden und uns nur insoweit verbinden.«

Je mehr Pseudo-Freunde wir haben, desto mehr Optionen eröffnen sich uns. Meist potenziell, manchmal aber auch reell. In unserer drahtlos vernetzten Welt ist unser Status ganz einfach an der Anzahl der Vornamen abzulesen, die wir auf unserem Handy gespeichert haben. Vorausgesetzt natürlich, es sind die richtigen. Wenn wir Beckenbauer (»Franz«) als unseren Freund bezeichnen, ist es möglich, dass wir es bald geschafft haben. Die Wahrscheinlichkeit steigt, wenn seine Nummer auf unserem Handy registriert ist.

Um einflussreiche Freunde zu gewinnen, glänzen wir mit guter Kleidung und tollen Witzen. Wir grinsen ohne Unterlass. Wir riskieren es, die Maske der Heuchelei aufzusetzen. Unsere wahren Freunde (zu denen in diesem Fall auch unser Partner zählt) werden sie uns schon rechtzeitig herunterreißen. Rechtzeitig, bevor uns schlecht wird. Leider sind wir nicht immer ganz so clever, wie wir denken. Wir versuchen, wachsam zu sein. Doch nicht immer gelingt es uns, Schein und Sein voneinander zu trennen. Wenn uns beispielsweise ein »Freund«, von dem wir uns viel erhoffen, ein Geheimnis anvertraut (»Was ich dir jetzt sage, habe ich noch *keinem* gesagt«), lässt unsere Wachsamkeit plötzlich nach. Wir fühlen uns aus der Masse der Kämpfer wie eine Lichtgestalt hervorgehoben. Wir glauben tatsächlich, die Vertrauensseligkeit unseres Gegenübers sei unserer Ausstrahlung zuzuschreiben. Wir empfinden große Sympathie für diesen Menschen, mit dem wir nun anscheinend auf gleicher Ebene stehen. Doch wenn wir kurz davor sind, unserem neuen Freund gleichfalls ein Geheimnis zu verraten (»Jetzt muss ich *dir* aber unbedingt auch etwas sagen«), wendet er sich ab. Plötzlich fällt es uns wie Schuppen von den Augen: Wir haben Eitelkeit mit Ehrlichkeit verwechselt. Das passiert uns immer wieder.

Wir sind zu sehr mit uns selbst beschäftigt. Uns entgeht, dass wir dabei nicht die Einzigen sind. Auch *die Anderen* sind nur mit sich selbst beschäftigt – auch unsere einflussreichen Freunde. Statt uns damit abzufinden, was wir bekommen (nämlich nichts), hoffen wir auf das, was wir nicht bekommen (eine Sonderbehandlung). Wenn wir nicht bekommen, was wir erhofften, fühlen wir uns ungerecht behandelt. Gekränkt, gehen wir zu Georg, Jan und Mia – unseren wahren Freunden – um uns bemitleiden zu lassen. Jetzt ist aber nur noch Jan für uns da. Georg und Mia haben plötzlich keine Zeit mehr. Sie sind jetzt Senior Consultants. Wir fühlen uns verbittert, um unsere Freundschaft betrogen.

»O meine Freunde, es gibt keine Freunde!« So lautet der berühmte Ausspruch eines anonymen Denkers der griechischen Antike. An wen richtet er sich? An Freunde, die es nicht gibt? Vielleicht ist es ein Appell an die, die *noch* Freunde sind, es aber vielleicht schon bald *nicht mehr* sein werden. Oder an die, die *möglicherweise* – noch nicht – Freunde sind. An die, die man als Freunde gewinnen will und die man (auf ironische Weise, siehe Kapitel 5) dazu aufrufen möchte zu widersprechen?

Wenn Freundschaft zur Restkategorie verkommt, in die man alles steckt, was als halbwegs freundliche Beziehung durchgehen kann, macht sie keinen Sinn mehr. Die Unterschiede zwischen Freunden und *Anderen* verschwimmen. Die Folge: Man geht auf Nummer sicher. Man verhält sich gegenüber allen gleich unverbindlich. Unter Leuten, die alle in gleicher Weise unverbindlich sind, kann man treulos sein und trotzdem als Freund gelten. Wie praktisch. Es fragt sich nur, was wir von einer solchen Freundschaft halten sollen. Montaigne: »Im Allgemeinen kann man Freundschaften erst beurteilen, wenn sich die Charaktere mit dem Alter herausgebildet und gefestigt haben.«

So lange können wir nicht warten. Wir wollen *jetzt* wissen, woran wir sind. Wir haben keine Lust, unsere Energie in Beziehungen zu stecken, die nicht tragfähig sind. Am liebsten wäre uns ein Detektor zum Orten wahrer Freundschaften. Was Freundschaften so schwierig macht, ist, dass ihnen keine Gebrauchsanleitung beiliegt. Die Regeln der Freundschaft sind nirgendwo festgeschrieben. Und das ist auch gut so. Gäbe es festgeschriebene Freundschaftsregeln, würden wir nicht mehr von Freundschaft sprechen. Sondern von Verpflichtung. Wenn wir einem Freund helfen, dürfen wir uns nicht dazu verpflichtet fühlen – wir müssen es freiwillig tun. Der Zwang zur Verpflichtung muss ein *zwangloser Zwang* sein, sonst handelt es sich nicht um Freundschaft. Sondern um eine soziale Aufgabe. Niemand kann dazu gezwungen werden, seinen Freunden zu helfen. Wo es keine allgemeine Vorschrift, kein Gesetz gibt, kann es auch keinen Gesetzesbruch geben.

Wir können Freundschaften nicht einklagen. Für die meisten von uns sind Freunde wichtig, weil wir mit ihnen über alles reden können. Wir reden mit ihnen über alles, auch über die Freundschaft, nur nicht über die Freundschaft zu ihnen. Wenn wir anfangen, mit unseren Freunden über die Freundschaft zwischen ihnen und uns zu reden, befinden wir uns im Streit. Dann kann es kritisch werden. Wenn wir jahrzehntelang denselben Menschen unseren Freund nennen und die Freundschaft auf einmal zerbricht, ist es, als würde uns der Boden unter den Füßen weggezogen. Plötzlich zeigt sich die moralische Komponente der Freundschaft. Selten fühlen wir uns selbst schuldig am Zerbrechen einer Freundschaft, meist beschuldigen wir den anderen. Dann sind wir im Recht und der andere ist im Unrecht. Auch ohne richterlichen Beschluss.

Was die Freundschaft betrifft, müssen wir Schuld und Unschuld mit uns selbst ausmachen. Und zwar anhand von Grundsätzen, die nur im Rahmen der – nun zerstörten – Freundschaft gültig sind. Je älter wir werden, desto wichtiger werden uns Grundsätze wie Ehrlichkeit, Diskretion und Taktgefühl. Aus solchen Prinzipien basteln wir uns unser persönliches Freundschaftsideal. Ein Ideal, das wir immer wieder anstreben und an dem wir immer wieder scheitern. Lebenslang. Je älter wir werden, je mehr Enttäuschungen wir erlebt haben, desto strenger werden wir. Wer unseren Vorstellungen nicht entspricht, wird aussortiert. Wer unsere Unverbindlichkeit nicht tolerieren kann, fliegt raus. Wer uns nicht in sein Haus in Sardinien mitnimmt, dem wird gekündigt. Wer sich, nachdem wir uns dreimal hintereinander bei ihm gemeldet haben, immer noch nicht bei uns rührt, bekommt eine Abmahnung. Wer uns beschuldigt, den beschuldigen wir.

Wenn wir so verfahren, dezimiert sich unser Bestand an Freunden mit erstaunlicher Geschwindigkeit. Statt zehn Freunden haben wir plötzlich nur noch vier (davon einen wahren). Wir werden vorsichtiger, weniger idealistisch. Wir machen Zugeständnisse. Wir sehen über bestimmte Aspekte der Freundschaft einfach hinweg. Wir revidieren unsere Grundsätze. Unser Prinzip ist nun nicht mehr Ehrlichkeit, sondern Liebenswürdigkeit. Wenn uns Jan mit seinem Esoterikkram kommt, halten wir den Mund. Ob, und wenn ja, welche Prinzipien Jan seinerseits geändert hat, wissen wir nicht. Wir wollen es auch nicht wissen. Lieber ein paar Unausgesprochenheiten als zu viel Klarheit. Lieber wollen wir glauben, dass Jan uns in all unseren Eigenheiten vergöttert, anstatt zu wissen, dass ihn unsere Rechthaberei stört. In der wahren Freundschaft ist es oft so wie in der Liebe: Man ist einfach glücklicher, wenn man nicht zu viel weiß.

Da wir in der Freundschaft zu nichts verpflichtet sind, müssen wir auch nicht die ganze Verantwortung übernehmen. Es ist uns erlaubt, die Sorge für unseren Freund als Gemeinschaftsprojekt zu begreifen, an dem sich alle Freunde beteiligen sollten. Wenn uns Jan bittet, ihn nach Niederbirnbach zu einem Vortrag über Wasseradern zu begleiten, können wir sanft, aber entschieden ablehnen. Und mit gutem Gewissen zu ihm sagen: »Ich glaube, Dörte würde sich *wahnsinnig* freuen, wenn du *sie* mitnehmen würdest.« Ein bisschen Verantwortung auf die Schultern anderer Freunde zu verschieben, hat den Vorteil, dass wir uns zwischendurch wieder ans Alleinsein gewöhnen können. Wir müssen die Freunde nicht immer um uns haben. Wir können gute Freunde sein und trotzdem gern allein sein. Mehr noch: *Erst dann, wenn wir gern mit uns selbst allein sind, sind wir gute, wahre Freunde.* Darin besteht letztlich das Geheimnis der Freundschaft. Es lautet: Unser bester, wahrster Freund sind wir selbst. Wir ganz allein. Wir sind nämlich auch dann noch für uns da, wenn alle anderen Freundschaften zerbrechen würden. Im Idealfall zumindest. Was wir also brauchen, sind – noch vor unseren Freunden – wir selbst. Genauer: ein gutes Verhältnis zu uns selbst. Eine Beziehung zwischen »Ich« und »Mich«, die es aushalten kann, wenn es einmal kein »Uns« gibt. Sie ist die Voraussetzung für unsere Freundschaft zu anderen.

Epikur (342–270 v. Chr.) (siehe Kapitel 13), ein großer Freund der Freundschaft, hält Freundschaften, von denen wir uns abhängig machen, für unsinnig. Für ihn sind Freundschaftlichkeit und Unabhängigkeit keine Gegensätze.

Er sagt: Mehr, als wir unsere Freunde brauchen, brauchen wir den Glauben, dass sie für uns da sind, wenn wir sie brauchen *sollten.*

Dieser Glaube kann nur aus dem Vertrauen entstehen, das wir uns selbst entgegenbringen. Dass wir an unsere Freunde so wie an uns selbst glauben können, setzt allerdings voraus, dass wir welche haben.

In der Philosophischen Beratung begegnen mir manchmal Klienten, die erklären, sie hätten keine Freunde und sie bräuchten auch keine. Wenn ich nach dem Grund frage, behaupten sie, sie hätten keine Zeit für Freunde. Und überhaupt sei ihr Partner doch ihr Freund – das reiche schließlich. »Und was ist mit Ihnen?«, frage ich dann. »Sind Sie mit sich selbst befreundet?« Wenn der Betreffende, wie meistens, bejaht, lege ich nach: »Das verstehe ich nicht: Haben Sie nicht gesagt, Sie hätten keine Zeit für Freunde? Sie nehmen sich also auch keine Zeit für sich. Sie sind also nie mit sich allein. Das heißt, Sie kennen sich überhaupt nicht. Wie können Sie dann mit sich selbst befreundet sein?«

Ziel solcher Fragen ist, dem Klienten an den Sinn von Freundschaft zu erinnern. Wahre Freundschaft – zu sich selbst wie zu anderen – ist *Gemeinschaft*. Nur sie kann uns von der Sucht nach Anerkennung und der Furcht vor Ablehnung befreien. Ein Mensch, der meint, ohne Gemeinschaft auskommen zu können, ist ein armer Mensch.

Die Sinn-Diät
9. Rezept: Sich mit der Einsamkeit befreunden

Unser Verhältnis zur Gesellschaft *der Anderen* ist gespalten: Einerseits brauchen wir *die Anderen* unbedingt, andererseits sind sie uns zuwider. Wir brauchen sie, weil wir nicht allein sein können. Sie sind uns zuwider, weil wir ständig unter Druck stehen, uns mit ihnen zu vergleichen. Also suchen wir Trost bei unseren Freunden. Die Freunde sind für uns *Andere* anderer Art. Bei ihnen hoffen wir die Gemeinschaft zu finden, die uns die Gesellschaft nicht geben kann. Die Gesellschaft, das ist die Welt, in der wir leben müssen. Die Gemeinschaft ist dort, wo wir leben wollen. Ein Ort, den wir uns selbst aussuchen, den wir aufsuchen und wieder verlassen können, wann wir wollen. Der Ort der Freundschaft ist unsere Insel im Meer der Anonymität. So sehen wir das.

Der Trennstrich, den wir zwischen Gemeinschaft (Freunde) und Gesellschaft (Fremde) ziehen, ist messerscharf. Unter Fremden fühlen wir uns einsam, unter Freunden aufgehoben. Das ist der Grund, weshalb wir uns nur unseren Freunden gegenüber solidarisch verhalten. Solange wir Freunde haben, glauben wir, auf die Gesellschaft pfeifen zu können. Wir glauben nicht daran, dass die Gesellschaft gemeinschaftsfähig sein könnte. Deshalb meiden wir die, mit denen wir nichts zu tun haben – außer bei Großereignissen des Fußballsports. Das Motto der Fußballweltmeisterschaft 2006 lautete: »Die Welt zu Gast bei Freunden.« Es wirkte. Alle – sogar die Fußballmuffel – schwärmten von der Freundlichkeit, mit der man sich plötzlich begegnete. Wir auch. Die WM 2006 war das Sommermärchen der Gemeinschaftlichkeit. Leider hielt die Atmosphäre der Verbundenheit nicht lange an. Kaum war das Spektakel vorbei, ging man wieder griesgrämig seiner Wege. Die Jagd nach dem perfekten Leben ging weiter.

Wenn Sie jetzt über diesen Un-Sinn den Kopf schütteln, können Sie auch gleich anfangen, ihn abzuschaffen. Sorgen Sie für mehr Gemeinschaft in der Gesellschaft! Beginnen Sie bei sich selbst: Lernen Sie, einsam zu sein. Denn der beste Weg zur Gemeinschaft ist Einsamkeit. Einsamkeit ist eigentlich nur ein anderes Wort für Zweisamkeit. Bedenken Sie: Letztlich sind Sie nie weniger allein, als wenn Sie mit sich selbst zusammen sind. Mit dem einzigen Menschen, mit dem Sie wirklich *alles* teilen. Dem Sie *alles* anvertrauen können. Mit dem Einzigen, bei dem Ihre Geheimnisse sicher sind. Der Sie in allem, was Sie tun, versteht. Und sei es auch noch so unsinnig.

Bedenken Sie weiterhin: Es ist viel unerträglicher, unter anderen allein zu sein als mit sich selbst. Da kein Mensch mit einem anderen identisch ist (nur mit sich selbst), gibt es über kurz oder lang immer Missverständnisse. Das vollkommene Einverständnis können Sie nur mit sich selbst erreichen. Gewöhnen Sie sich also an, ab und zu mit sich ganz allein etwas zu unternehmen. Tun Sie etwas für Ihre Selbstfreundschaft. Machen Sie mit sich selbst eine Radtour – ohne iPod – und konzentrieren Sie sich auf Ihre eigenen Gedanken. Lernen Sie sich selbst kennen! Sie werden überrascht sein, was Sie sich alles zu sagen haben. Verbringen Sie ab und zu einen Tag in zweisamer Einsamkeit und werden Sie zu einem besseren Freund. Zu einem, der anderen fast so gut zuhören kann wie sich selbst. Der versucht, andere so zu akzeptieren wie sich selbst. Und der trotzdem die feinen Unterschiede zwischen wahren und Pseudo-Freunden registriert. Wenn Sie sich selbst besser kennen, lernen Sie auch Ihre Freunde besser kennen – und alle, die es werden könnten. Hier ein paar Beispiele:

▶ Sie haben einen besten Freund – nennen wir ihn Dieter. Dieter ist alles für Sie. Außer Dieter haben Sie noch einige Bekanntschaften, die Sie aber nicht sonderlich pflegen. Wenn Dieter keine Zeit für Sie hat, sehen Sie fern, am liebsten Talkshows.

Einen besten Freund zu haben ist in Ordnung, solange er nicht der einzige Freund ist. In unserer Jugend hatten wir alle unsere besten Freunde und Freundinnen. Sie halfen uns herauszufinden, wer wir sind. Wenn Sie als erwachsener Mensch einen anderen als Ihren besten und einzigen Freund ausgeben, kann das bedeuten: a) Sie wissen immer noch nicht, wer Sie sind, oder b) Sie hegen ein tiefes Misstrauen gegenüber Leuten, die Sie nicht kennen, oder c) Sie brauchen einen Führer, oder d) Sie fürchten sich vor dem Alleinsein.

Was Sie auch ankreuzen – a), b), c) und d) sind untrennbar miteinander verbunden. Warum wissen Sie immer noch nicht, wer Sie sind? Weil Sie Leuten, die Sie nicht kennen, misstrauen – sich selbst eingeschlossen. Warum misstrauen Sie Unbekannten? Weil Sie nur Ihrem Führer vertrauen. Warum brauchen Sie einen Führer? Weil Sie nicht allein sein können. Wären Sie dazu in der Lage, würden Sie Talkshows (die nur noch mehr Un-Sinn in Ihr Leben schaffen) nur vom Hörensagen kennen. Talkshows sind Formate, in denen jeder am anderen vorbeiredet und der Moderator den Eindruck erweckt, er würde alle verstehen. Lassen Sie uns ergründen, weshalb Ihnen diese Sendungen so wichtig sind. Doch nicht wegen der Inhalte! Nein – es sind die Moderatoren, die es Ihnen angetan haben. Geben Sie es zu: Wenn Dieter nicht da ist, betrügen Sie ihn mit Sandra und Thomas. Sandra Maischberger und Thomas Gottschalk sind Ihre TV-Freunde. Sie geben Ihnen das Gefühl, dass zwischenmenschliche Verständigung tatsächlich möglich ist – bis zu drei Stunden lang. Bis Dieter zurück ist.

Machen Sie sich bewusst, dass Dieter, Sandra und Thomas keine wahren Freunde sind. Es sind bloß Menschen, von denen Sie sich abhängig machen, um sich nicht so allein zu fühlen. Und übrigens: Ihr bester Freund ist gar nicht Dieter. Ihr bester Freund sind Sie selbst.

▶ Sie haben im Lotto gewonnen. Plötzlich haben Sie so viele Freunde wie nie zuvor. Sie fragen sich, woran Sie erkennen können, ob es sich dabei um wahre Freunde handelt.

Sie können es gar nicht erkennen. Jedenfalls nicht mit letzter Sicherheit. Sie sollten sich aber bemühen, ein Gespür für *Schönwetterbegleiter* zu entwickeln. Der Schönwetterbegleiter hat nie Sorgen und ist stets gut gelaunt. Er taucht immer dann auf, wenn es Ihnen gut geht und wenn Sie etwas zu verschenken haben (Geld oder Informationen). Geht es Ihnen schlecht und brauchen Sie etwas von ihm (Trost oder Rat), taucht er ab. Er ist plötzlich wie vom Erdboden verschluckt. Wenn Sie ihn erreichen wollen, antwortet Ihnen nicht einmal seine Mailbox. Er meldet sich komischerweise erst dann, wenn Sie Ihre Rufnummer unterdrücken. Aber nur, um gleich wieder aufzulegen: »Du, ich muss jetzt – bei mir klopft's gerade an.«

Behandeln Sie grundsätzlich alle Freunde so, wie Sie von Ihnen behandelt werden. Wer sich oft nach Ihnen erkundigt, nach dem erkundigen Sie sich auch oft. Wer andauernd seinen Müll bei Ihnen ablädt, nach dem erkundigen Sie sich nur selten. Wer nur für Sie da ist, wenn er sich etwas von Ihnen verspricht, den lassen Sie an sich vorüberziehen wie eine frische Brise.

▶ Sie haben ein paar gute Freunde, die Sie aber seit einer Ewigkeit aus den Augen verloren haben. Ihr Terminkalender war einfach zu voll. Solange Sie von Ihren Freunden nichts Gegenteiliges hören, besteht für Sie kein Anlass, am Bestand der Freundschaft zu zweifeln.

Das menschliche Gedächtnis unterzieht verblasste Erinnerungen gern einmal einer Schönheitsoperation. Je weniger man sich sieht, desto mehr idealisiert man einander. Je mehr man idealisiert, desto anfälliger wird man für Illusionen. Fragen Sie sich daher: »Besteht die Freundschaft auch dann weiter, wenn ich keinen Kontakt zu meinen Freunden habe? Lassen sich inaktive Freundschaften konservieren?« Versuchen Sie, sich auf eine Antwort festzulegen – und stehen Sie dazu. Die Regeln der Freundschaften sind so verschieden wie die Freundschaften selbst. Orientieren Sie sich nicht an *den Anderen*. Orientieren Sie sich an Ihrem Verhältnis zu *sich selbst*. Ein Mittelweg zwischen zu viel Nähe (Abhängigkeit) und zu viel Distanz (Beziehungslosigkeit) ist sicher keine schlechte Wahl. Behalten Sie jedenfalls im Hinterkopf: Eine Freundschaft muss weder ewig halten noch in die Brüche gehen. Sie kann auch ganz sanft einschlafen.

▶ Ihre Freundin will einen Mann heiraten, den Sie schrecklich finden. Was noch schrecklicher ist: Während sie von ihm schwärmt, fragt sie Sie ständig nach Ihrer Meinung über ihn.

Sie befinden sich in einem Dilemma. Einerseits wollen Sie nett zu Ihrer Freundin sein, andererseits auch ehrlich. Wenn Sie nett zu ihr sind, sagen Sie ihr nicht die Wahrheit (»Och, ich finde ihn ganz süß, wirklich«). Wenn Sie ihr die Wahrheit sagen, sind Sie nicht nett zu ihr (»Er ist ein arroganter Angeber, der null Ahnung von nichts hat. Außerdem ist er hässlich«). Theoretisch wünscht sich jeder Ehrlichkeit von seinen Freunden. Praktisch verhält es sich etwas anders. Man will von den Freunden nur das zu hören bekommen, was man hören will. Ehrlichkeit vonseiten der Freunde ist nur unter bestimmten Bedingungen erwünscht. Solange Ihre Freundin nicht hilfsbedürftig ist, will sie nur eines hören. Dass sie schön und klug ist und einen hervorragenden Geschmack hat, auch was die Auswahl ihres Lebenspartners betrifft.

Solange Ihre Freundin glücklich ist, besteht kein Grund, ehrlich zu sein. Nicht die Wahrheit zu sagen ist in diesem Fall keine Lüge. Sondern Höflichkeit. Niemand weiß, was *die* Wahrheit ist – jeder hat ja seine eigene. Indem Sie die Wahrheit (so wie sie sich Ihnen darstellt) verschweigen, zeigen Sie nur, dass Sie ihre Meinung respektieren. Sie erweisen ihr als einer erwachsenen Persönlichkeit, die fähig ist, selbst zu denken und selbstverantwortlich zu handeln, Ihren Respekt. Mit Ihrer Nettigkeit geben Sie ihr zu verstehen, dass Sie ihre Freundin sind. Auch dann, wenn sich ihr Verlobter wirklich als schrecklich herausstellen sollte.

▶ Ihr Freund sagt Ihnen, er werde übers Wochenende verreisen und könne deshalb nicht zu Ihrer Party kommen. Am Samstagnachmittag treffen Sie ihn überraschenderweise im Supermarkt. Er erklärt Ihnen, er hätte es sich anders überlegt und sei nun doch zu Hause geblieben.

Vermutlich fragen Sie sich jetzt, was wäre, wenn Sie ihn nicht getroffen hätten. Ob er dann auch nicht zu Ihrer Party gekommen wäre. Ob er Sie angelogen hätte. Vermutlich ja. Auch wenn Sie mehr Ehrlichkeit von ihm erwartet hätten – trösten Sie sich damit, dass ein Freund wie Ihrer ein schwacher Mensch ist. Schwache Menschen müssen unehrlich sein. Sie können nicht anders. Sie fürchten Klarheit. Deshalb sind sie liebe, aber keine besonders guten Freunde. Es ist ihnen unmöglich, einen festen Standpunkt einzunehmen, geschweige denn zu behalten. So sind sie auch die Ersten, die der Multioptionalität zum Opfer fallen. Sie können sich einfach nicht entscheiden. Wahrscheinlich hat Ihr Freund nach Ihrer Einladung noch ein anderes Angebot bekommen, das er nicht ausschlagen konnte. Er will Sie als seinen Freund nicht verletzen. Deshalb erfindet er die Geschichte mit dem Verreisen. Er versucht, sich alle Optionen offenzuhalten – und den Zufall entscheiden zu lassen. Seien Sie nicht traurig, weil er so schwach ist. Versuchen Sie lieber, stärker zu sein.

▶ Sie haben gute Freunde und sind auch mit sich selbst ganz gut befreundet. Aber mit dem Alleinsein haben Sie immer noch Probleme.

Freundschaft muss sich nicht nur auf Menschen beziehen. Versuchen Sie es einmal mit Büchern. Bücher sind hervorragende Freunde. Sie sagen Ihnen Wahrheiten, die Sie nicht unbedingt hören wollen, für die Sie aber trotzdem dankbar sein werden. Solange Sie Ihre Bücher anständig behandeln, sind sie Ihr Leben lang für Sie da. Wie Menschen verlangen auch Bücher ein gewisses Maß an Pflege: Wenn Sie sich länger nicht mehr um sie gekümmert haben, antworten sie Ihnen mit einer Staubwolke. Trotzdem kündigen sie Ihnen nicht gleich die Freundschaft, sollten Sie sie einmal irgendwo vergessen. In gewisser Weise sind Bücher nach Ihnen selbst Ihre treuesten Freunde. Sie verlassen Sie nicht, auch wenn sie manchmal schlecht über Sie reden.

Wenn Sie dieses Rezept befolgen, werden Sie Freundschaft und Heuchelei besser voneinander trennen können. Sie werden aufhören, über Ihre Einsamkeit zu klagen. Sie werden die frustrierende Suche nach der perfekten Freundschaft aufgeben. Im Gegenzug werden Sie sich mehr und mehr für Menschen interessieren, die Sie (noch) nicht kennen. Sie werden Ihr Leben auf einmal viel aufregender finden.

*Denn der Mensch ist nicht nur ein
Naturwesen, sondern auch sich selbst
und anderen geheimnisvoll fremd.*

HANS-GEORG GADAMER

10 Das Fremde und das Normale

Wir sind wir. Alles, was wir nicht sind, sind nicht wir. Damit hat sich die Sache für uns erledigt. Wir denken nicht darüber nach, was wir *sind*, sondern darüber, was wir *haben*. Nämlich immer noch nicht genug. Auf die Frage: »Was bin ich?« haben wir nichts zu sagen, weil wir sie uns erst gar nicht stellen. Außer nach dem Ende einer Beziehung oder nachdem wir entlassen wurden. Oder wenn wir krank sind. Nur in Ausnahmezuständen spukt »Was bin ich?« durch unser Hirn. Wenn wir versuchen, eine Antwort darauf zu finden, wird uns ganz schwindlig. Uns gibt es schließlich vielfach. Als Geschiedene-und-Neuverheiratete, als Lacoste-Trägerin, Krimileserin, Frankreich-Freundin. Als Junggesellen, Frauen-Vermeider, Männer-Yoga-Turner, Paulaner-Trinker. Als Richie19, Xtrastrong 48, Pussipa4711. Was das über *uns* aussagt, wissen wir nicht. Wir können uns nennen, wie wir wollen. Je mehr Namen, je mehr Bezeichnungen, desto mehr Rätsel.

Im 20. Jahrhundert war »*Was bin ich?*« eine Ratesendung. Es gab einen Moderator, einen Kandidaten, ein Rateteam und ein Sparschwein aus buntem Porzellan. Das Rateteam musste durch geschicktes Fragen den Beruf des Kandidaten herausfinden. Zu Beginn gab der Kandidat an, ob er angestellt oder selbstständig sei, und machte eine für seine Tätigkeit typische Handbewegung. Anschließend stellte das Rateteam dem Kandidaten Fragen, die er mit einem Ja oder Nein zu beantworten hatte. Für jedes Nein flossen fünf Deutsche Mark in das Schwein des Kandidaten. Waren fünfzig Mark zusammen, war Schluss.

Diese Zeiten sind vorbei. Im 21. Jahrhundert scheint »Was bin ich?« zu einem unlösbaren Problem geworden zu sein. Die Berufe haben sich geändert und mit ihnen die Identitäten. Statt Spengler, Kürschner und Buchhalter gibt es jetzt Controller, Office Manager und Presales Consultants. Es gibt nicht mehr viele verschiedene, sondern nur noch eine einzige typische Handbewegung – die zum Bedienen einer Tastatur. Da man niemandem mehr zumuten will, sich auf ein Ja oder Nein festzulegen, gibt es jetzt statt Ratesendungen Castingshows. Die Anforderungen an die TV-Kandidaten sind härter geworden. Sie müssen jetzt nicht mehr darstellen, was sie sind, sondern was sie nicht sind – möglicherweise aber sein könnten. Topmodel oder Superstar. Mal sehen, was die Jury sagt, mal ausprobieren. Wenn es mit der Traum-Identität nicht klappt, sucht man sich eben eine andere. Vielleicht sollten wir auf die Frage »Was bin ich?« ganz einfach antworten: »Kandidaten.« Ja, irgendwie sind wir alle Kandidaten. Wir sind angetreten, um Erste zu werden. Unsere Show heißt: »Das perfekte Leben«. Unsere Ausgangssituation ist kein leeres Sparschwein, sondern die Feststellung: »Ich kenne mich nicht aus.«

Wegweiser im Dschungel unserer multiplen Identitäten sind unsere Freunde. Sie sind nicht wir, aber fast. Jeder unserer Freunde repräsentiert einen Teil unserer selbst, aber keiner ist mit uns vollkommen deckungsgleich. So erklärt sich, warum uns ein Freund nicht immer nur vertraut, sondern manchmal auch fremd ist. Situationen, in denen ein Freund vorübergehend zum Fremden wird, ergeben sich typischerweise während eines gemeinsamen Urlaubs.

Barbara, Daniel, Jean-Claude und wir in einer Finca. Auf Teneriffa. Wenn wir schon gemeinsam nach Teneriffa fliegen, dann sicher nicht, um uns über das Leben der Einheimischen kundig zu machen. Sondern um unter *uns* zu sein. In den ersten Tagen ist alles noch eitel Sonnenschein. Dann, am fünften oder sechsten Tag, kann Jean-Claude plötzlich seine Vitamine nicht mehr finden. Er stellt die Küche auf den Kopf und wird ganz hektisch. Jean-Claude ist sonst *nie* hektisch. Wir lachen los. Barbara hält sich den Bauch vor Lachen, und Daniel macht irgendeine witzige Bemerkung. Nur eine klitzekleine. Jean-Claude lacht nicht. Er beschuldigt Daniel, die Vitamine geklaut zu haben. Wir lachen noch mehr, Barbara tränen schon die Augen. Jean-Claude fängt an zu schreien. Ob wir noch alle Tassen im Schrank hätten. Ob wir es lustig fänden, seine Sachen zu entwenden. Ob wir ihn für blöd hielten. Ob wir meinten, er hätte es nicht gemerkt. Dass wir ihm sein Messer genommen hätten, sein Lieblings-T-Shirt und jetzt auch noch seine Vitamine. Dann sagt er noch irgendetwas auf Französisch. Es klingt nicht nett. Das Lachen bleibt uns im Hals stecken. Wir finden das Ganze jetzt nicht mehr lustig, sondern unheimlich. Barbara schaut mit offenem Mund zu, wie Jean-Claude an ihr vorbeirauscht. Jean-Claude sagt den ganzen Tag kein Wort mehr. Am nächsten Morgen folgt eine Aussprache, Daniel und Jean-Claude umarmen sich, und alles ist wieder gut. Nur für kurze Zeit ist uns Jean-Claude *fremd* gewesen. Jetzt ist er wieder *normal* – der, den wir kennen. Gott sei Dank. Wir können die Sache abhaken.

Wir müssen nicht nach Teneriffa fliegen, um dem Fremden zu begegnen. Manchmal kommt es auch zu uns nach Hause. Zum Beispiel, wenn ein Freund unser Hausgast wird. Nehmen wir Heiko aus Hamburg. Heiko und wir sind auf einer Wellenlänge. Also quartieren wir unseren Partner aus und Heiko ein – nur übers Wochenende. »Fühle dich wie zu Hause«, sagen wir ihm. Heiko richtet sich ein. Was zur Folge hat, dass sich unsere Wohnung innerhalb weniger Stunden in ein Chaos verwandelt. Wir stellen fest: Heiko hat eine Grenze überschritten. Die zwischen *ihm* und *uns*. Unsere Wohnung ist jetzt plötzlich seine Wohnung. Wir sind *befremdet*.

Aus Erlebnissen wie diesen lernen wir, dass es außer uns und dem, was wir kennen, noch etwas anderes gibt: das Fremde. *Fremd ist für uns das, was nicht normal ist. Alles, was uns fremd ist, ist für uns der Beweis, dass wir normal sind.* Wenn wir schon nicht wissen, was wir sind, wollen wir wenigstens sicher sein, dass wir nicht unnormal sind. Deshalb nehmen wir uns vorsichtshalber selbst zum Maßstab des Normalen. Alles, was sich nicht mit uns deckt, ist unnormal. Alles, was nicht normal ist, mögen wir nicht, weil wir es nicht kontrollieren können. Wir gehen lieber auf Nummer sicher.

Unsere Selbstverwirklichung – als Superstar auf allen Gebieten – soll uns davor bewahren, uns selbst fremd zu werden. Wir alle wollen wir selbst sein, aber keiner will sein wie der andere. Weil wir uns bei der Selbstverwirklichung alle an *den Anderen* orientieren, werden wir uns trotzdem immer ähnlicher. Wenn *die Anderen* Controller, Creative Directors oder Eltern sein wollen, wollen wir das auch. Zumindest sind uns diese Ziele näher als das Ziel, in den Wald zu ziehen und eine Hütte zu bauen. Wer in den Wald zieht und eine Hütte baut, kann kein Superstar werden. Wir halten uns für den Nabel der Welt, weil es *die Anderen* auch tun. Wenn *die Anderen* egozentrisch sind, sind wir es auch. Unser Egozentrismus ist ein Konformismus. Als Konformist durchs Leben zu gehen ist der sicherste Weg, nie herauszufinden, was man ist. Wenn wir wissen wollen, was wir sind, genügt es nicht, uns nur mit dem zu befassen, was wir schon kennen. Wenn wir wissen wollen, was wir sind, müssen wir auch das kennenlernen, was wir nicht sind: das Fremde.

Alles, was wir schon immer über das Fremde wissen wollten, aber bisher nicht zu fragen wagten, erklärt uns die Psychiatrie. Im Englischen nannte man den Psychiater einst *alienist* – hergeleitet von dem Wort *alien*: »fremd, ausländisch, außerirdisch« – und die Geisteskrankheit *alienism*. In einer Welt, in der wir uns nicht mehr auskennen, verspricht die Psychiatrie Orientierungshilfe. Sie stützt sich, wie jede andere schulmedizinische Fachrichtung auch, auf eine zweiwertige Logik. Sie teilt die Menschheit in zwei Klassen: »krank« und »gesund«. Krank heißt »falsch«, gesund heißt »richtig«. Die Psychiatrie geht davon aus: Was richtig ist, damit muss man sich nicht weiter befassen. Was falsch ist, das muss man bekämpfen. Deshalb richtet sie ihre ganze Aufmerksamkeit auf die Erforschung, Diagnostik und Therapie von Verrücktheiten oder, vornehmer ausgedrückt, von seelischen »Störungen«. Was gestört ist, ist nicht normal.

Die Psychiatrie will uns helfen, in Lebenslagen, in denen wir den Überblick verloren haben, normal zu bleiben. Sie will verhindern, dass wir verrückt werden. Falls wir bereits verrückt geworden sind, will sie uns wieder normal machen. Wenn es darum geht, das eine vom anderen zu unterscheiden, ist die Psychiatrie um größtmögliche Sachlichkeit bemüht. Sie gründet ihre Diagnosen auf Klassifikationssysteme wie die ICD-10 (International Classification of Diseases) der Weltgesundheitsorganisation (WHO), Kapitel F. Das Kapitel F der ICD-10 kennt keine Persönlichkeiten, sondern nur Persönlichkeits*störungen*: die paranoide, die schizoide, die dissoziale, die emotional instabile, die histrionische und so weiter. Insgesamt sind es zirka fünfzehn, vielleicht auch ein wenig mehr. Es ist schwer, die genaue Anzahl festzulegen. Denn unter den Persönlichkeitsstörungen gibt es laut Kapitel F auch solche, die gar keinen Namen haben und anscheinend auch keinen brauchen, um identifiziert zu werden: die »sonstigen« und die »nicht näher bezeichneten«. Die allgemeine Definition einer Persönlichkeitsstörung nach der ICD-10, Kapitel F lautet:

»1. Deutliche Unausgeglichenheit in den Einstellungen und im Verhalten in mehreren Funktionsbereichen wie Affektivität, Antrieb, Impulskontrolle, Wahrnehmen und Denken sowie in den Beziehungen zu anderen.
2. Das auffällige Verhaltensmuster ist andauernd und gleichförmig und nicht auf Episoden psychischer Krankheiten begrenzt.
3. Das auffällige Verhaltensmuster ist tiefgreifend und in vielen persönlichen und sozialen Situationen eindeutig unpassend.«

»Deutliche Unausgeglichenheit« und »auffälliges Verhaltensmuster« sind nach dieser Darstellung ungefähr gleichbedeutend. Deutlich unausgeglichen heißt also auffällig, und auffällig heißt: von der Norm abweichend, also regelwidrig, also krankhaft. Ist Jean-Claude, der auf Teneriffa einen Anfall bekommt, deutlich unausgeglichen? Vermutlich nicht, da seine Auffälligkeit, soweit wir wissen, nicht andauernd ist. Das aber heißt nach Kapitel F noch lange nicht, dass Jean-Claude normal ist. Er könnte auch auf andere Weise unnormal sein, zum Beispiel an einer episodenhaften psychischen Krankheit leiden.
Deshalb ist in Kapitel F nicht nur von Persönlichkeitsstörungen die Rede. Sondern auch von der Schizophrenie, der posttraumatischen Belastungsstörung, der schweren psychischen Störung und Verhaltensstörung im Wochenbett, dem pathologischen Spielen, dem Transsexualismus, der Lese- und Rechtschreibstörung, den sonstigen tabakbedingten psychischen Störungen und Verhaltensstörungen, dem Stottern und vielem mehr. Uns Laien ist es schleierhaft, aus welcher Logik dieses Sammelsurium an Merkwürdigkeiten hervorgegangen ist. Wir wissen nur, dass es sich um Phäno-

mene handelt, die uns fremd sind (noch fremder als Heiko, der Hausgast). Phänomene, denen wir nie im Leben begegnen wollen. Von denen wir nie betroffen sein möchten. Weil sie unsere Normalität in Frage stellen könnten. Weil sie uns zwingen könnten, die Frage: »Was bin ich?« mit »krank« zu beantworten.

Der französische Philosoph Michel Foucault (1926–1984), ein berühmter Kritiker des abendländischen Verständnisses von Normalität und Anomalie, führt uns die Absurdität von Klassifikationssystemen vor Augen: In seinem Vorwort zu *Die Ordnung der Dinge* zitiert er eine Passage aus einer alten chinesischen Enzyklopädie, in der es um die Einteilung von Tieren geht. Nach dieser Einteilung gibt es: »›a) Tiere, die dem Kaiser gehören, b) einbalsamierte Tiere, c) gezähmte, d) Milchschweine, e) Sirenen, f) Fabeltiere, g) herrenlose Hunde, h) in diese Gruppierung gehörige, i) die sich wie Tolle gebärden, k) die mit einem ganz feinen Pinsel aus Kamelhaar gezeichnet sind, l) und so weiter, m) die den Wasserkrug zerbrochen haben, n) die von Weitem wie Fliegen aussehen.‹«

Auch wenn es sich hier um Tiere, nicht um seelische Störungen handelt – eine gewisse Ähnlichkeit mit dem Einteilungsmodus von Kapitel F ist nicht zu leugnen. Wie selbstverständlich reiht die chinesische Enzyklopädie lebende, tote und imaginäre Tiere aneinander. Wie selbstverständlich präsentiert uns Kapitel F Nikotinsüchtige, Wöchnerinnen, Psychotiker und Stotterer in trauter Gemeinsamkeit. So wie in Foucaults Beispiel die unterschiedliche Beschaffenheit von Milchschwein und Fabeltier anscheinend unwichtig ist (schließlich sind beide »Tiere«), so scheint es auch in Kapitel F unerheblich zu sein, dass die Fremdheit eines Schizophrenen eine andere ist als die eines Bettnässers (weil beide »krank« sind). Krank ist gleich krank, so wie Tier gleich Tier ist. So denkt man, wenn einem Tiere und Kranke fremd sind. So muss man denken, wenn man die eigene Normalität schützen will. Und das wollen wir alle, ob wir Psychiater sind oder Presales Consultants. Dass wir normal sind, ist letztlich das Einzige, worauf wir uns in dieser Welt verlassen können. Glauben wir. Deshalb soll uns die Auseinandersetzung mit dem Verrückten, Wahnsinnigen, Abweichenden immer den gleichen Beweis liefern: dass das Unnormale schlecht ist und das Normale gut. Und dass wir folglich normal sind und das uns Fremde unnormal.

Es ist daher nur verständlich, dass wir von allem Fremden verschont werden wollen. Die Gefahr, von irgendeiner Abnormität angesteckt zu werden, wäre einfach zu groß. Wir wollen wir selbst sein. Wir wollen normal und doch anders als *die Anderen* sein. Wir wollen uns selbst verwirklichen. Wir wollen, dass unsere multiplen Identitäten mit uns selbst übereinstimmen. Wir wollen das sein, als was wir uns bezeichnen. Egal, ob die Namen, die wir uns geben, zusammenpassen oder nicht: Single-Mom, Zweit-Karrieristin, BMW-Fahrerin, Reinkarnationstheoretikerin, Billig-Einkäuferin. Patchwork-Papa, Bayern-Fan, Bio-Hasser, Fleischfresser, Vorstandsvorsitzender, Bauchschläfer.

Da wir völlig davon vereinnahmt sind, endlich eine Übereinstimmung mit uns selbst zu finden, sind wir auf das Unnormale denkbar unvorbereitet. Das Unnormale stößt immer nur *den Anderen* zu. Hoffen wir. Wir sind so mit uns selbst beschäftigt, dass wir es als eine enorme Ungerechtigkeit empfinden, wenn wir plötzlich von der Normalität in die Unnormalität abrutschen. Denn alles, was unnormal ist, heißt für uns: »feindlich«. Egal, ob es sich um einen plötzlichen Jobverlust, eine unvorhergesehene Trennung oder eine Krankheit handelt. Eine Krankheit zu bekommen heißt für uns nichts anderes, als mit dem Feind zu ringen. Sobald wir eine schwere Grippe haben, einen hartnäckigen Virus oder das Pfeiffer'sche Drüsenfieber, kommt neben uns und unserem Feind ein Dritter ins Spiel: unser Alliierter – der Arzt.

Der Arzt soll uns schnell wieder funktionsfähig machen – möglichst noch gestern. Wir wollen den Kampf gegen die Krankheit möglichst schnell und effizient durchziehen. Schließlich haben wir noch mehr zu erringen als nur Gesundheit: das perfekte Leben.

Um unsere Entschlossenheit zu demonstrieren, übertrumpfen der Arzt und wir uns gegenseitig mit Kriegsmetaphern. Wir schließen einen Pakt, die Krankheit zu bekriegen, ihre Symptome zu bekämpfen, den Immunapparat aufzurüsten und die leeren Batterien aufzufüllen. Wir wollen über die Grenze – aus dem Reich der Kranken zurück ins Reich der Gesunden. Unsere Staatsbürgerschaft ist »gesund«. Wir hassen es, im Exil zu sein. Im Land der Kranken fühlen wir uns als *aliens* – als Fremde, Ausländer, Außerirdische. Solange wir dort ausharren müssen, scheint eine Übereinstimmung mit uns selbst nicht möglich. Wir werden uns selbst fremd.

Wenn uns (Gesunden) schon die Vorstellung, körperlich zu erkranken, schwerfällt, so scheint uns die Möglichkeit, verrückt zu werden, erst recht absurd. Doch wenn wir glauben, uns auf unsere seelische Normalität verlassen zu können, irren wir. Das Risiko, im Laufe des Lebens an einer Depression zu erkranken, liegt bei ungefähr 16 Prozent. Die Krankheitshäufigkeit von Angststörungen beträgt 15 Prozent. Und das Lebenszeitrisiko für Schizophrenie – die dunkelste aller Verrücktheiten – wird mit immerhin ein Prozent angegeben. Die Gefahr, wahnsinnig zu werden, steigt natürlich, wenn der Wahnsinn in der Familie liegt. Doch was nützt uns die Statistik: Im Zweifelsfall ist niemand von uns vor dem Verrücktwerden, dem Sich-selbst-fremd-Werden gefeit.

Nehmen wir an, wir werden schizophren – rein hypothetisch. Trauen wir uns. Nehmen wir an, wir leiden an Kapitel-F-Symptomen wie Kontrollwahn, Halluzinationen und Gedankeneingebung. Dann haben wir plötzlich das Gefühl, wir seien nicht mehr wir selbst. Dann fühlen wir uns weder im Land der Gesunden noch im Land der Kranken zu Hause, sondern absolut heimatlos. Wir fühlen uns von Magnetstrahlen aus unserem Fernseher gelenkt. Wir hören Stimmen, die nicht zu uns gehören, und denken Gedanken, die ein anderer denkt. Wir *glauben* nicht, dass uns diese Dinge passieren, wir *wissen* es. Denn wenn wir schizophren sind, haben wir keine Krankheitseinsicht. Das heißt: Wir halten uns nicht für verrückt, sondern für – den Umständen entsprechend – *gesund*. Wir weigern uns, in Kapitel F gezwängt zu werden (zusammen mit Trinkern, Neurasthenikern und Fetischisten). Wir wissen, dass unsere Symptome keine Symptome sind, sondern dass die CIA dahintersteckt. Deshalb brauchen wir weder Spritzen noch Pillen. Nicht wir sind verrückt, sondern unser Psychiater. Denn der hat überhaupt nichts begriffen. So denken wir, wenn wir schizophren sind. Unser Psychiater denkt das Gegenteil. Er denkt, er sei gesund und wir seien verrückt. Wo liegt nun die Wahrheit?

In erster Näherung würden wir sagen (es sei denn, wir sind tatsächlich schizophren): Die Wahrheit liegt beim Psychiater. Der Psychiater hat recht. Schließlich ist er gesund, also normal. Er hat Kapitel F studiert. Er muss recht haben. Doch ganz so einfach ist die Sache nicht. Wenn der Psychiater einen Menschen für schizophren erklärt, tut er so, als hätte er unmittelbaren Zugang zu dessen Gedanken und Gefühlen. Er tut so, als könnte er seelische Zustände, die ihm *fremd* sind, unmittelbar erfassen. In Wahrheit handelt es sich aber nur um Vermutungen. Der Psychiater vermutet, dass sein Patient Angst hat, weil er sich so benimmt, wie er selbst es tut, wenn er Angst hat. Er schließt also von seinem eigenen Gefühl auf das seines Gegenübers. Ob das, was der Patient jetzt empfindet (Angst 1), sich wirklich mit dem deckt, was der Psychiater aus eigener Erfahrung kennt (Angst 2), ist aber unklar. Noch unklarer ist es, ob sich der Psychiater etwas vorstellen kann, das er aus eigener Erfahrung nicht kennt: zum Beispiel das Gefühl, von Magnetstrahlen aus dem Fernseher in eine Autowaschanlage gelenkt zu werden. Vermutlich nicht. Ist es legitim, über etwas zu *reden*, ja sogar über etwas zu *urteilen*, das einem fremd ist?

Darüber machte sich auch der österreichische Philosoph Ludwig Wittgenstein (1889–1951) Gedanken. Wittgenstein beschäftigte sich mit den Grenzen unserer Sprache, mit dem sprachlich Sagbaren und dem Unsagbaren. Genauer: Er fragte sich, ob wir das Wesen einer Sache mit Namen (»Jean-Claude«), Bezeichnungen (»Bauchschläfer«) und Begriffen (»Störung«) tatsächlich erfassen können. In seinen *Philosophischen Untersuchungen* erklärt er das Problem mit einem Gleichnis: »Angenommen, es hätte Jeder eine Schachtel, darin wäre etwas, was wir ›Käfer‹ nennen. Niemand kann je in die Schachtel des andern schaun; und Jeder sagt, er wisse nur vom Anblick seines Käfers, was ein Käfer ist. Da könnte es ja sein, dass Jeder ein anderes Ding in seiner Schachtel hätte. Ja, man könnte sich vorstellen, dass sich ein solches Ding fortwährend veränderte ... die Schachtel könnte auch leer sein.«

Das heißt: Kein Mensch kann je wissen, was sich in der Schachtel – im Kopf, in der Seele – eines anderen Menschen befindet. Der Psychiater nicht und der Schizophrene auch nicht. Der Unterschied ist nur, dass der Psychiater so tun darf, als wüsste er es. Er muss so tun. Seine Vermutungen müssen sich mit dem decken, was in Kapitel F steht. Sonst würde man ihn nicht mehr als gesund durchgehen lassen können. Zumindest nicht in unserer Kultur – einer Kultur, in der das Normale die Oberhand hat.

Wir stehen wieder vor unserer Ausgangssituation, vor unserem »Ich kenne mich nicht aus«. Nur dass wir zwischendurch die Perspektive gewechselt haben. Wir haben versucht, die Perspektive des Fremden – Unnormalen, Verrückten, Außerirdischen – einzunehmen. Wir haben versucht zu verstehen, was das Fremde ist. Damit können wir jetzt auch besser verstehen, was *wir* sind.

Die Sinn-Diät
10. Rezept: Das Normale mit Unnormalität anreichern

Wir brauchen nicht noch mehr Namen, Bezeichnungen oder Umschreibungen für das, was wir sein könnten. Alles, was wir brauchen, haben wir bereits. Uns selbst. Wir müssen uns nur noch finden. Und zwar nicht, indem wir uns an *den Anderen* orientieren, die genauso (normal) sind wie wir. Sondern indem wir uns dann und wann trauen, unseren Konformismus abzulegen. Das gelingt uns am besten, wenn wir aufhören, das Normale als normal und das Fremde als fremd anzusehen.

Ein Klient in der Philosophischen Beratung sagte einmal zu mir: »Schizophrenie? Da kenne ich mich nicht aus, das interessiert mich nicht.«

»Und warum?«, fragte ich.

»Warum was?«

»Warum beides: Warum kennen Sie sich mit der Krankheit nicht aus? Und warum interessiert sie Sie nicht?«

»Wieso, das hat doch nichts mit mir zu tun!«

Die folgende Stunde verbrachten wir damit, zu diskutieren, was eigentlich unter »Schizophrenie« zu verstehen sei: eine Sammlung von Symptomen, wie sie in Kapitel F aufgeführt werden – oder eine ausschließlich persönliche Erfahrung, die letztlich nicht benannt, nicht versprachlicht werden kann und deshalb unsagbar bleiben muss.

»Man braucht eine Beziehung«, meinte der Klient schließlich. »Ohne Beziehung zu irgendetwas anderem kann man weder sagen, was schizophren ist, noch, was nicht schizophren ist. Man muss das Ganze aus beiden Perspektiven betrachten.«

Mit diesen Worten gab der Klient nun doch zu, was er anfangs bestritten hatte: dass ihn die Schizophrenie sehr wohl interessierte, dass sie ihn wie alles Fremde interessieren *musste*, wenn er sich selbst verstehen wollte (was übrigens der Grund war, weshalb er zur Beratung kam). Wie sich herausstellte, hatte er einen psychisch kranken Bruder, der in einem Heim lebte und zu dem er seit Jahren keinen Kontakt mehr hatte. Mein Klient begann, zu dem »fremden« Bruder wieder eine Beziehung aufzubauen. Er verhalf damit nicht nur seinem Bruder, sondern ebenso sich selbst zu einem besseren Selbst-Verständnis.

Nehmen Sie sich ein Beispiel an diesem Klienten, auch wenn Sie keinen »gestörten« Verwandten haben. Bauen Sie eine Beziehung zu dem Ihnen Fremden auf. Alles, was Sie dazu brauchen, besitzen Sie bereits. Zum Beispiel Ihre Intelligenz. Lernen Sie zur Einstimmung Spanisch, Slowenisch oder Suaheli – eine Fremdsprache Ihrer Wahl. Erfahren Sie, was sich in »normalem« Deutsch alles *nicht* sagen lässt. Machen Sie sich das im Deutschen Unsagbare zu eigen. Staunen Sie über die Übersetzung des Ausdrucks »weit weg« in die Sprache der Zulu: »da, wo einer aufschreit: ›O Mutter, ich bin verloren.‹« Wundern Sie sich, dass für die Mosambikaner »arm« nicht »ohne Geld« bedeutet, sondern »ohne Familie«. Versuchen Sie einfach, sich mit dem Fremden anzufreunden.

Verzweifeln Sie nicht, wenn Sie absolut keinen Sinn für Sprachen haben. Tun Sie dann einfach etwas anderes, das Ihnen nicht liegt. Besuchen Sie zum Beispiel ein Museum moderner Kunst. Üben Sie sich im Sehen. Betrachten Sie den Pollock, den de Chirico, den Beuys so lange, bis Sie einen Sinn darin erkennen. Halten Sie durch. Sehen Sie sich das, was Ihnen unverständlich oder lächerlich scheint, in Ruhe an, und versuchen Sie, es aus Ihrer Perspektive zu interpretieren. Fahren Sie danach fort, Ihre (Un-)Kenntnisse des Fremden auf andere Gebiete anzuwenden. Hier ein paar Beispiele:

▸ Wenn Sie ein hilfloses Kind davor bewahren könnten, Opfer eines Bombenanschlags zu werden, würden Sie es sofort tun. Mit der gleichen Leidenschaft, mit der Sie sich für das Wohl von niedlichen Robbenbabys engagieren. Wenn dagegen ein hässliches Insekt Ihre Wände entlangkrabbelt, zögern Sie nicht lange, es zu eliminieren.

Sie beabsichtigen, hilflosen Lebewesen beizustehen. Sie versuchen, ein guter Mensch zu sein. Allerdings hört Ihr Gutsein schnell auf, wenn es sich bei den hilflosen Geschöpfen um solche handelt, die Ihrem Konzept von »niedlich« widersprechen. Da Sie ein Insekt nicht niedlich finden, sondern »hässlich«, töten Sie es. Da Sie zu niedlichen Lebewesen einen Bezug haben, nicht aber zu hässlichen, bleiben diese Ihnen fremd. Sie glauben, das Fremde gehe Sie nichts an.

Sie sagen, Sie würden ein Kind vor einem Unglück schützen, wenn Sie die Möglichkeit dazu hätten. Warum eigentlich? Natürlich: Weil es niedlich ist. Gibt es aber nicht noch einen anderen Grund? Selbstverständlich: Weil Sie – wie jeder normale Erwachsene – verantwortungsbewusst sind. Aber wie weit reicht Ihre Verantwortlichkeit eigentlich? Bis zu dem Punkt, wo das Vertraute (Niedliche) aufhört und das Fremde (Hässliche) beginnt? Es fragt sich, aufgrund von welchem Klassifikationssystem Sie überhaupt entscheiden, was niedlich und was hässlich ist. Vielleicht treffen Sie Ihre Entscheidungen ja auch bloß gewohnheitsmäßig. Wie auch immer: Versuchen Sie einmal, das Wort »hässlich« an die Stelle von »niedlich« zu setzen. Bedenken Sie: Es gibt auch hässliche Kinder und niedliche Insekten. Beide sind Lebewesen. Beide haben Empfindungen, die den Ihren fremd sind. Beide sind rettenswert.

▶ Vor einem Jahr ist Ihr Onkel verstorben, zu dem Sie ein enges Verhältnis hatten. Da die Grabpflege Sie viel Zeit und Geld kostet und Ihrem Onkel sowieso nichts mehr bringt, tragen Sie sich mit dem Gedanken, das Grab aufzulösen.

Tun Sie es nicht. Die Beziehung zu Ihrem Onkel ist nicht beendet, nur weil er tot ist. Im Gegenteil, sie ist stärker denn je. Nichts kann sie mehr gefährden: keine Missverständnisse, kein Streit, keine falschen Freunde, kein plötzlicher Liebesentzug. Trotzdem sind Sie beide sich jetzt absolut fremd. Die Zeit, die für Ihren Onkel aufgehört hat, für Sie aber in der gewohnten Weise weiterrast, hat Sie einander in absoluter Weise entfremdet. Die Perspektive Ihres verstorbenen Onkels einzunehmen ist für Sie nicht möglich. Ob er Ihre einnehmen kann, bleibt sein Geheimnis.

Das Gedenken an Tote ist das Gedenken an das absolut Unnormale und Fremde. Es ist die reinste Form der Kunst des Liebens (siehe Kapitel 6), die gibt, ohne zu verlangen. Nehmen Sie die Beziehung zu Ihrem toten Onkel als Beweis, dass Sie fähig sind, auch zu anderen Fremden einen guten Umgang zu haben. Im Übrigen eignet sich das Ritual der Grabpflege hervorragend dazu, sich in der Kontemplation schwieriger Fragen zu üben. Zum Beispiel der Frage: »Was bin ich?« In Relation zu Ihrem Onkel sind Sie in erster Linie lebendig – und sterblich. Finden Sie heraus, was das zu diesem Zeitpunkt Ihres Lebens für Sie bedeutet.

▶ Sie sind hin und her gerissen zwischen Ihrer Mutterrolle und Ihrer Rolle als Karrieristin. Beide Rollen sind Ihnen gleich wichtig. Deshalb bemühen Sie sich, in beiden zu brillieren. Außerdem spielen Sie noch, wenn die Zeit es erlaubt, die Rolle der Ehefrau, der Tochter, der Schwester und der Labrador-Halterin. Oft wissen Sie nicht mehr, wo Ihnen der Kopf steht.

Ihre vielen Rollen prägen Ihre Identität, sind mit dieser aber nicht gleichbedeutend. Nehmen wir an, Sie haben sich diese Rollen aus freien Stücken ausgesucht, um sich selbst zu verwirklichen. Was ist dieses Selbst eigentlich? Finden Sie es heraus! Schreiben Sie Ihre einzelnen Rollen auf verschiedene Zettel. Betrachten Sie nacheinander jeden Zettel. Dann beginnen Sie langsam, einen nach dem anderen zu zerreißen. Verabschieden Sie sich innerlich von sämtlichen Rollen – und versuchen Sie zu verstehen, was übrig bleibt. Es ist durchaus möglich, dass Ihnen das, womit Sie es nun zu tun haben – Sie selbst nämlich –, sehr fremd ist. Haben Sie keine Angst. Sich selbst kennenzulernen, heißt nicht nur, sich mit sich selbst zu befreunden. Es heißt auch, das Fremde in sich selbst zu begrüßen. Gewöhnen Sie sich an den Gedanken, dass Sie das Rätsel Ihrer Identität nie vollständig lösen werden. Aber ergreifen Sie jede Gelegenheit, ihm auf die Schliche zu kommen. Indem Sie versuchen, aus allem zu lernen, das die Normalität Ihres Rollenspiels durchkreuzt und Ihnen zu einem Perspektivenwechsel verhilft: einer unangenehmen Begegnung, einer schlecht geplanten Fernreise, einer Krankheit.

Wenn Sie sich dieses Rezept zu Herzen nehmen, werden Sie sich weniger konformistisch verhalten. Es wird Sie weniger kümmern, dass Ihr Partner seine Socken verkehrt herum trägt, weil es Sie auch weniger kümmern wird, wie *die Anderen* ihre Socken tragen. Stattdessen werden Sie sich mehr für die wirklich spannenden Dinge im Leben interessieren: die unergründbaren.

*Die meisten Streitigkeiten kommen
dadurch zustande, dass die Menschen ihre
eigenen Gedanken nicht richtig darstellen
oder die der anderen falsch deuten.*

BARUCH DE SPINOZA

11 Big Talk und andere Kommunikationskatastrophen

Wir reden nicht, um die Welt zu erklären. Wir reden um des Redens willen. Für uns ist Schweigen Silber und Reden Gold. Wir schätzen die Stille. Aber zu viel davon können wir nicht ertragen. Deshalb erzählen und erklären und diskutieren wir, bis uns die Ohren klingeln. Wir fahren ins Grüne, um unsere Ruhe zu haben. Und telefonieren doch unentwegt. Zwar wollen wir nicht telefonieren, sondern unsere Ruhe haben. Aber wenn Julia anruft oder Ingo, können wir nicht anders. Wir müssen rangehen. Es könnte etwas zu besprechen geben. Etwas *Wichtiges*, das wir auf keinen Fall versäumen dürfen. Also horchen wir nicht auf die Vogelstimmen, sondern in unser Gerät. Anstatt die Natur zu genießen, widmen wir uns dem *Big Talk*. So viel Zeit muss sein.

Beim Big Talk geht es – im Gegensatz zum Small Talk – um die wirklich wichtigen Dinge des Lebens. Die wirklich wichtigen Dinge des Lebens sind für uns die, die wir gleich und in aller Ausführlichkeit durchsprechen müssen. *Jetzt sofort*. Von A wie »An deiner Stelle würde ich ihn verlassen« bis E wie »Er denkt, sie ist schwierig«. Von D wie »Deine

Schwester hat auch einiges durchgemacht« bis M wie »Mein Gott, dann soll er doch ins Ausland gehen!« Wir Frauen sind Meisterinnen des Big Talk. Er dient uns dazu, einen Sachverhalt von allen Seiten zu betrachten, ihn zu verdrehen und auf den Kopf zu stellen, bis er nicht mehr wiederzuerkennen ist. Für uns Frauen ist der Big Talk Notwendigkeit. Deshalb scheuen wir keine Mühe, die in dieser Disziplin noch optimierungswürdigen Männer zu coachen. Von P wie »Pass bitte auf, was du sagst« bis W wie »Warum kannst du dein Bier nicht trinken wie jeder normale Mensch!«.

Wir Männer haben in dieser Hinsicht viel dazugelernt. Wir beschränken uns nicht mehr nur auf ein »Alles klar«. Wir beherrschen jetzt auch Sätze wie: »Wenn sich das für dich so anfühlt, ist es für mich auch okay.« Wir Männer sind schließlich nicht blöd. Wir wissen, dass wir eine Big-Talk-Frage wie »Ist irgendwas mit dir?« nicht mit »Nichts« beantworten sollten. Sondern mit einer aussagekräftigen Beschreibung unseres Innenlebens.

Ziel des Big Talk ist in den seltensten Fällen Klarheit. Sondern Austausch. Der zwischenmenschliche Austausch ist eine hohe Kunst, an der wir allzu oft scheitern. Oft liegt es daran, dass wir nicht miteinander, sondern nacheinander reden:

TIM: »Ich hätte wahnsinnig gern eine Yacht.«
TOM: »Du hast doch gar kein Geld.«
TIM: »Echt, das würde mir gefallen. Ich kann ziemlich gut segeln.«
TOM: »Ich bin auch ziemlich blank. Die haben mir das Gehalt immer noch nicht erhöht.«
TIM: »Hm. Gestern waren wir mit Freunden am Chiemsee. Die haben einen Katamaran, eins von diesen eleganten Teilen, du weißt schon.«
TOM: »Ja, ja. Wir ziehen jetzt übrigens in eine kleinere Wohnung.«

TIM: »Vielleicht kann ich das Boot ja leasen.«
TOM: »Dörte hat schon angefangen zu packen.«

Bei einer Unterhaltung wie dieser handelt es sich nicht um einen Dialog, sondern um zwei ineinander verflochtene Monologe. Das Ineinanderflechten von Monologen ist kein Austausch, sondern eine Katastrophe. Es fördert die zwischenmenschliche Verständigung nicht – es verhindert sie.

In anderen Fällen scheitert der Austausch an sprachlichen Verwirrungen. Was nur natürlich ist. Schließlich beginnt kein Mensch einen Big Talk mit den Worten: »Ich würde jetzt gern über ›Unruhe‹ sprechen. Unter Unruhe verstehe ich ein von der Abwesenheit einer geliebten Person verursachtes Gefühl der Beklemmung mit Wirkung auf den Magen-Darm-Trakt.« Begriffsdefinitionen kommen im Big Talk nicht vor. Wir glauben, wir könnten auf sie verzichten, da wir ohnehin dieselbe Sprache sprechen. Zum Beispiel Deutsch. Wir gehen davon aus: »Unruhe« heißt, was es heißt. Nämlich das, was wir darunter verstehen. Wir meinen, da, wo es um Austausch geht, sei Logik fehl am Platz. Deshalb kümmern wir uns nicht um semantisch-syntaktische Feinheiten, sondern reden einfach drauflos. Wir glauben: Je mehr wir reden, desto mehr werden wir verstanden. Tatsächlich aber gibt es große Unterschiede zwischen dem, was wir sagen, dem, was wir meinen, und dem, wie wir verstanden werden. Ob wir Deutsch sprechen oder Chinesisch, ob wir uns mit Worten oder Gesten ausdrücken.

In *Der Finger und der Mond* (vgl. Kapitel 5) findet sich ein Zen-Gleichnis mit dem Titel »Der Narr und der Theologe«:

Ein Zenmönch lebte mit seinem einäugigen und einfältigen Bruder. Eines Tages kündigte sich ein berühmter Theologe an, der von weither kam, um den Mönch zu treffen. Da dieser jedoch bei dessen Ankunft nicht zugegen sein konnte, sagte er seinem Bruder:

»Empfange diesen Gelehrten würdig und behandle ihn gut! Halte den Mund und alles wird gut gehen!«

Mit diesen Worten verließ er das Kloster. Bei seiner Rückkehr suchte er umgehend seinen Besucher auf:

»Hat mein Bruder Sie gut empfangen?«, erkundigte er sich.

Der Theologe antwortete ihm überschwänglich:

»Ihr Bruder ist wirklich außerordentlich. Wahrhaft ein großer Theologe!«

Der Mönch brachte nur stotternd hervor:

»Wie bitte? Mein Bruder ... ein ... Theologe ...?«

»Wir hatten ein faszinierendes Gespräch«, entgegnete der Gelehrte, *»bei dem wir uns nur mit Gesten unterhielten. Ich zeigte ihm einen Finger, er zeigte mir zwei. Ich antwortete ihm logischerweise mit drei Fingern. Woraufhin er mich sprachlos machte, indem er mir eine geschlossene Faust zeigte und so die Diskussion beendete ...*

Mit einem Finger verkündigte ich die Einheit Buddhas. Mit zwei Fingern erweiterte er meinen Blickwinkel, indem er mich daran erinnerte, dass Buddha nicht von seiner Lehre getrennt werden kann. Entzückt von seiner Antwort antwortete ich ihm mit drei Fingern, dass Buddha durch seine Lehre in der Welt wirkt. Darauf fand er im Zeichen der geballten Faust die erhabene Antwort: Buddha, seine Lehre und die Welt sind eins. Der Kreis war geschlossen.«

Etwas später suchte der Mönch seinen einäugigen Bruder auf:

»Erzähl mir, was zwischen dir und dem Theologen passiert ist.«

»Ganz einfach«, erwiderte der Bruder. *»Er verspottete mich, indem er mir einen Finger zeigte und mir so zu verstehen gab, dass ich nur ein Auge habe. Das wollte ich nicht auf mir sitzen lassen, und ich antwortete, dass er Glück hätte, beide Augen zu besitzen. Doch bestand er hartnäckig auf seinem Spott: ›Wie dem auch sei, zusammen haben wir drei Augen.‹*

Diese Bemerkung brachte das Fass zum überlaufen. Ich zeigte ihm meine geballte Faust und drohte so, ihn auf der Stelle niederzuschlagen, wenn er seine üblen Bemerkungen nicht bald sein ließe.«

Dieses Gleichnis erinnert uns daran, wie leicht der Wille zum Austausch *ad absurdum* geführt werden kann. Wir glauben, wir sprächen vom selben – während der eine dies meint und der andere jenes. Wir glauben, wir würden den anderen so verstehen, wie er uns versteht – während sich ein Missverständnis ans nächste reiht. Wir erzählen und erklären mit Feuereifer, weil wir meinen, wir hätten einen direkten Draht zu unserem Gegenüber. Weil der andere nickt, wenn wir etwas sagen. Weil er antwortet, wenn wir ihn etwas fragen. Weil uns das, was er sagt, sympathisch ist. Irgendwann erkennen wir, dass die tatsächliche Schnittmenge zwischen Sagen, Meinen und Verstehen ziemlich mager ausfällt. Denn in der Alltagspraxis haben wir es nie nur mit *einer* Sprache, *einem* Deutsch oder *einem* Englisch zu tun. Tatsächlich gibt es ungefähr so viele Umgangssprachen wie es Menschen gibt. Was für den einen »Hoffnung« heißt, interpretiert der andere mit »Ungewissheit«. Was für den einen »möglich« ist, ist für den anderen »sicher«. Beim Big Talk werden solche Unterschiede unter den Teppich gekehrt. Die wechselseitigen Unverständnisse werden uns erst klar, wenn es zum Streit kommt. Von T wie »Toll – warum hast du das nicht gleich gesagt!« bis V wie »Verzieh dich!«

»Eine Sprache vorstellen, heißt eine Lebensform vorstellen«, schrieb Ludwig Wittgenstein. Er erkannte, dass Denken und Sprechen unauflöslich miteinander verwoben sind. Wenn unsere Gedanken unklar sind, ist auch unsere Sprache unklar. In unserer Zeit zunehmender Sprachverarmung ist gedankliche Klarheit ein gefährdetes Gut. Wenn wir alles, was gute Gefühle in uns auslöst, als »Spaß« bezeichnen, wissen wir mit Begriffen wie »Freude«, »Zufriedenheit« oder »Heiterkeit« irgendwann nichts mehr anzufangen. Da wir nichts mehr mit ihnen verbinden, verstehen wir sie auch nicht mehr. Da wir sie nicht mehr verstehen, können wir sie nicht mehr (er)leben. Mit den Worten verlieren sich die Erlebnisse, Empfindungen und Erfahrungen, die zu unserer Sprache gehören wie das Fleisch zum Knochen. Laut Wittgenstein ist auch die Art und Weise, wie wir sprechen, mit unserer Art zu leben untrennbar verbunden. Unsere Lebensform, das sind unsere eingefleischten Handlungen und Verhaltensweisen, die Normen und Regeln, die uns so selbstverständlich sind, dass wir kaum darüber nachdenken (wie Rechnen oder Heiraten). Von diesen hängt es ab, was wir wie verstehen, was uns vertraut ist und was fremd. Auch unsere Sprache können wir nur vor dem Hintergrund unserer Lebensform verstehen. Wenn wir mit Wittgenstein annehmen, dass Sprache und Lebensform in engem Zusammenhang stehen, dann muss sich die Reduzierung unserer sprachlichen Ausdrucksmöglichkeiten auch auf unsere Lebensform auswirken.

Machen wir uns also klar: Jede Art von Sprachfaulheit ist gefährlich. *Je armseliger unser Wortschatz, desto undifferenzierter unsere Gedanken, desto begrenzter unser Erleben.* Wenn wir nur noch »Spaß« haben, aber nicht mehr »heiter« sein können, weil wir das Wort der Einfachheit halber aus unserem Sprach- und Empfindungsschatz gestrichen haben, bestrafen wir uns selbst. Wir nehmen mehr Langeweile und Unzufriedenheit in Kauf – einfach deshalb, weil wir ganz vergessen haben, dass (und wie) wir auch heiter sein könnten. Die Verarmung unserer Sprache führt zu einer Deformation unserer Lebenswelt. Die Einschränkung unserer Wortwahl und die Vereinfachung unserer Satzbildungen beschränken uns in unserer Wahrnehmung. Sie nehmen uns bestimmte Lebensinhalte, ohne sie mit Neuem zu ersetzen.

Wie in vielen anderen Bereichen ist unser Effizienzdenken auch im Bereich der Sprache und des Sprechens fehl am Platz. Wir halten es für effizient, die wirklich wichtigen Dinge des Lebens jetzt sofort durchzusprechen – selbst wenn wir gerade im Durchgangsverkehr stecken oder eigentlich die Natur genießen wollen. Wir meinen, es sei effizient, uns auf wenige Worte zu beschränken, diese aber tausendmal zu wiederholen – anstatt einfach auf den Punkt zu kommen.

Unsere Sprache trägt zu wenig zur Klärung unserer Gedanken bei, weil unsere Sprachmächtigkeit zu gering ist. Diese rührt daher, dass wir uns kaum noch mit gehaltvoller Lektüre auseinandersetzen. Dazu sind wir einfach nicht mehr in der Lage. Wir sind an übersichtliche Sätze von maximal einer Zeilenlänge gewöhnt. Kommt uns einmal ein Schachtelsatz in die Quere, schalten wir sofort ab. Sätze, die wir dreimal lesen müssen, um die Bezüge zu kapieren, empfinden wir als Zumutung. Wir wollen Großdruck, nicht Dünndruck. Wir wollen das lesen, was uns direkt angeht, und wir wollen es in einer Sprache lesen, mit der wir etwas anfangen können. Auf Literaturklassiker reagieren wir allergisch. Für Literaturklassiker haben wir weder Zeit noch Geduld. Werfen wir hier trotzdem einmal einen Blick auf ein solches Werk.

Nehmen wir Leo Tolstojs *Anna Karenina* (1875–1877). Schlagen wir die Stelle auf, wo der Held (Alexej Alexandrowitsch) realisiert, dass er seine Frau (Anna Karenina) verloren hat: »Alexej Alexandrowitsch stand jetzt dem Leben gegenüber, der Möglichkeit, dass seine Frau auch für jemand anders als für ihn Liebe empfinden könne, und das schien ihm so sinnlos und unbegreiflich, weil es das wirkliche Leben war. Er hatte Zeit seines Lebens mit Akten und dienstlichen Angelegenheiten zu tun gehabt, die nur Reflexe des Lebens darstellten. Und bei jeder Berührung mit dem Leben war er ausgewichen. Jetzt empfand er das, was wohl ein

Mensch empfinden mag, der sorglos über eine Brücke gewandert ist und plötzlich sieht, dass die Brücke eingestürzt ist und dass unter ihr ein Abgrund gegähnt hat. Der Abgrund, das war das wirkliche Leben, die Brücke jenes künstliche Dasein, das Alexej Alexandrowitsch gelebt hatte.«

Was haben wir davon, das zu lesen? Einen Eindruck, wie aus Worten eine ganze Welt entstehen kann – zum Beispiel die Welt eines Mannes namens Alexej Alexandrowitsch. Tolstoj vermittelt uns nicht nur Alexandrowitschs persönliche Empfindungen und Ansichten. Sondern darüber hinaus auch das soziokulturelle Umfeld, in das seine Lebensweise eingebettet ist. Werke wie *Anna Karenina* demonstrieren uns die Macht der Sprache jenseits des Big Talk: Sprache kann – mit nur einem einzigen Buch – die aristokratische Gesellschaft des alten Russland wiederauferstehen lassen und uns das Gefühl geben, wir seien mittendrin. Was bringt uns das? Ein kreativeres Sprach- und Weltverständnis. Neue Möglichkeiten der Sprachverwendung. Begriffe, Bilder, Symbole, Metaphern, kurz: Inspirationen, wie wir unsere eigenen Gedanken über die Welt, in der wir leben, klarer machen können. Je größer unser Wortschatz, desto mehr Klarheit. Je mehr Klarheit, desto weniger Un-Sinn wie Schwarz-Weiß-Denken, Unlogik, Missverständnisse und Streitereien.

Wenn wir klarer ausdrücken können, was wir denken und fühlen, werden wir auch ganz automatisch *persönlicher*. Wenn zwischenmenschlicher Austausch überhaupt möglich ist, dann nur auf persönlicher Basis. Mit Menschen, die sich hinter Worten wie »vielleicht« und »irgendwie« verstecken, wenn sie von sich reden, kann man sich nicht austauschen:

TOM: »Wie geht's?«
TIM: »Geht so.«
TOM: »Probleme?«
TIM: »Irgendwie schon. Man macht halt seinen Job. Da fragt man sich manchmal schon warum.«

Tom: »Ah.«

Tim: »Früher waren solche Gedanken vielleicht nicht so da – jetzt irgendwie schon.«

Die Angewohnheit, statt »ich« das Wort »man« zu gebrauchen, ist eine weitere Kommunikationskatastrophe. Wenn wir von uns als »man« reden, neutralisieren, konventionalisieren, anonymisieren wir uns. Wir meinen, das kurze »man« vereinfache den Dialog. Weil *die Anderen* auch in der »man«-Form reden. Tatsächlich wird die Verständigung dadurch nur komplizierter. Wenn wir von uns als »man« reden, geben wir zu erkennen, dass wir am liebsten möglichst unauffällig in der grauen Masse mitschwimmen. Dass wir die Meinungen und Urteile der Masse geschluckt haben und nun wieder von uns geben. Dass wir selbst im Gespräch eigentlich gar nicht anwesend sind. Das »man« ist dem zwischenmenschlichen Austausch alles andere als zuträglich.

Zum exzessiven Gebrauch dieses Wortes gesellt sich meist noch ein anderes Verbrechen: Die Anonymisierung unserer Gefühle. Anstatt zu sagen: »Ich bin unruhig«, sagen wir: »Ich habe ein Problem.« (Wobei wir mit »ich« natürlich wieder nur »man« meinen.) Unsere Botschaft an unser Gegenüber ist nicht: »Ich bin, was ich bin« (nämlich beunruhigt), sondern: »Ich bin, was ich habe« (nämlich ein Problem). Das heißt: »Ich bin, was man hat«, und das wiederum bedeutet: »Man hat, was man ist.« Das »Man hat« hat »man« besser im Griff als das »Ich bin«. Glauben wir. »Man« muss dazu keine weiteren Erklärungen abgeben, sich dafür weder rechtfertigen noch entschuldigen. »Man« muss sich eigentlich überhaupt nicht dazu verhalten.

Sprachliche Verbrechen wie diese werden nicht geahndet. Sie lassen nur unsere Persönlichkeit verblassen. Sie machen uns zu Marionetten und entfremden uns von uns selbst. Neulich hatte ich ein kurzes Gespräch mit einem jungen

Mann und seiner Mutter. Der junge Mann wollte über die Philosophische Beratung informiert werden. Ich fragte ihn, was er beruflich mache.

»Ich bin im IT-Bereich«, sagte er.
»Das hat mit Computern zu tun«, erklärte seine Mutter.
»Wir beraten Unternehmen, kümmern uns um Datenbanken und Datenkonsistenz und so weiter.«
»Im Rechnen war er schon immer gut.«
»Projektmanagement hat mich schon immer gereizt.«

Die Kommunikationskatastrophe war perfekt: Während die Mutter um einen persönlichen Austausch bemüht war, verschanzte der Sohn sich hinter einem anonymen Technikjargon. Zum Thema »Philosophische Beratung« kamen wir nicht mehr. Die Freundin des jungen Mannes rief an und verwickelte ihn in einen Big Talk.

Die Sinn-Diät
11. Rezept: Erst überlegen, dann reden

Das letzte Mal, als wir uns ernsthaft um die Aufstockung unseres Wortbestands sorgten, war im Kindesalter. Das letzte Mal, als wir uns komplexen logischen Sätzen widmeten, war beim Schuldiktat. Danach wurden wir erwachsen und hatten keine Zeit mehr, um uns über unsere Sprache den Kopf zu zerbrechen. Wofür wir uns heute Zeit nehmen, ist zum Reden. Wir reden und reden und wundern uns, warum unsere zwischenmenschlichen Beziehungen so problematisch sind. Vielleicht sollten wir ab und zu weniger reden und mehr sagen. Vielleicht sollten wir mehr darauf achten, dass jeder Mensch in seinem eigenen Sprachgebäude haust. Dass es zwar Ähnlichkeiten zwischen den einzelnen Sprachgebäuden gibt, aber auch große Unterschiede. Dass wir unser Sprachgebäude nicht verkommen lassen dürfen, sondern es ständig mit neuen Worten ausbauen müssen – damit es unsere vielen, sich ständig vermehrenden Erfahrungen, Empfindungen und Erkenntnisse überhaupt fassen kann.

Fangen Sie damit an, das Gerüst Ihres sprachlichen Bauwerks zu überprüfen. Finden Sie heraus, wie es um Ihre Logikkenntnisse bestellt ist. Nehmen Sie aus Ihrem Big-Talk-ABC ein paar Buchstaben heraus. Füllen Sie die Lücken mit ein wenig logischer Argumentation. Machen Sie sich klar: Alles, worüber Sie reden, basiert auf bestimmten *Vorannahmen*. Wenn Sie sagen:»Schatz, der Mülleimer quillt über«, setzen Sie zum Beispiel voraus, dass in einen überquellenden Mülleimer kein weiterer Müll mehr hineinpasst. Wenn Sie sagen:»Ich habe ein Riesenproblem«, gehen Sie zum Beispiel davon aus, dass ein Riesenproblem alles andere als ein Spaß bringendes Ereignis ist, sondern Ihnen Ihre gute Laune raubt. Jetzt können Sie bestimmte *Schlüsse* aus Ihren Vorannahmen ziehen. Etwa im ersten Fall:»Schatz, der Müll muss hinuntergebracht werden«, oder im zweiten Fall:»Ich mach jetzt erst mal Urlaub.«

Wenn Sie Vorannahmen und Schlussfolgerung in etwas ausführlicherer Weise zusammenfassen, ergibt sich a):»Schatz, es ist offensichtlich, dass unser Mülleimer überquillt. Nun ist es unmöglich, in einen überquellenden Mülleimer noch mehr Müll hineinzuschütten. Deshalb muss er, wenn wir ihn weiter benutzen wollen, geleert werden.« Und b):»Ich habe ein Riesenproblem. Riesenprobleme beinhalten Sorgen und Frustrationen. Nun sind Sorgen und Frustrationen viel unangenehmer als Urlaub zu machen. Deshalb fahre ich in den Urlaub.« Bei a) handelt es sich, wie Sie sicher erkannt haben, um ein starkes Argument, im Fall b) liegt ein schwaches Argument vor. Argument a) ist schwerlich durch ein Gegenargument zu entkräften (wobei selbstverständlich die Frage, *wer* den Müll entsorgen soll, noch geklärt werden muss). Argument b) ist dagegen wenig plausibel – aus den Vorannahmen könnte man genauso gut schließen: »Deshalb muss ich mein Problem erst einmal loswerden.«

Nachdem Sie sich ins logische Argumentieren eingeübt haben, nehmen Sie Ihre Wortwahl unter die Lupe. Versuchen Sie, wenn Sie von sich selbst reden, Vagheiten wie »Problem«, »man« oder »vielleicht« zu vermeiden und stattdessen mehr Tätigkeitswörter in Ihre Rede einfließen zu lassen. Formulierungen wie »Ich denke/glaube/tue ...« weisen Ihnen eine aktive Rolle im Gespräch zu. Kommen Sie aber bloß nicht auf die Idee, nur von sich zu reden. Hören Sie auch zu, was Ihr Gegenüber Ihnen zu sagen hat. Denken Sie beim Zuhören ja nicht an etwas anderes. Wenn Sie den geringsten Zweifel haben, ob Sie die Worte des anderen so verstanden haben, wie er sie gemeint hat, geben Sie sie in Ihrer eigenen Sprache wieder. Jeder echte Austausch, jeder echte Dialog verlangt eine Übersetzung von einer Sprache in eine andere. Je reicher und klarer die Sprachen, desto besser die Übersetzung. Je sauberer die Übersetzung, desto gelungener der Austausch. Hier ein paar Beispiele:

▶ Wenn Ihr Mann Ihnen erklärt, dass und weshalb ihm Mittelmeerländer missfallen, teilen Sie seine Meinung. Wenn Ihre Freundin davon schwärmt, wie schön die Côte d'Azur sei, stimmen Sie ihr zu. Wenn Ihre Schwiegermutter abfällig über hohe Schuhe spricht, lächeln Sie freundlich.

Im Gespräch mit anderen Menschen geben Sie zwar Antwort (auch ein Lächeln ist eine Antwort), aber Sie beziehen keine Position. Sie sind im Gespräch zwar körperlich anwesend, aber nicht geistig. Sie begnügen sich damit, die Monologe Ihrer Gesprächspartner an sich vorüberziehen zu lassen. Das rührt daher, dass Sie sich vor jedem »Nein« aus Ihrem Mund fürchten. Also versuchen Sie, die Gefahr schon im Vorfeld zu bannen, indem Sie zu allem »Ja« sagen. Ihr »Ja« ist meist kein richtiges Ja, sondern ein als Ja verkleidetes Nein. Schaffen Sie Ordnung in Ihrem Sprachhaushalt.

Lernen Sie, Ihr Nein positiv zu begründen – sonst besteht die Gefahr, dass Sie irgendwann ein Magengeschwür bekommen.

Teilen Sie ein Blatt Papier in zwei Spalten. Schreiben Sie in die linke Spalte alles, wozu Sie in Zukunft Nein sagen – und in die rechte das, was Sie im Gegenzug bejahen wollen. Wenn Sie links schreiben: »Nein zu Kritiklosigkeit«, schreiben Sie dementsprechend rechts: »Ja zu Ehrlichkeit.« Wenn Sie links schreiben: »Nein zu Gutmütigkeit«, schreiben Sie rechts: »Ja zum Dialog mit gleichberechtigten Gesprächspartnern.« Durch diese Methode nehmen Sie dem Neinsagen seine Schärfe. Sie werden mutiger. So mutig, dass Sie Ihre Schwiegermutter schon bald zu einer Grundsatzdiskussion über Pumps herausfordern werden.

▶ Ihr Freund redet gern und viel. Worüber er redet, ist Ihnen nie so ganz klar. Aber irgendwie beeindruckt es Sie, wenn er von »populären Strukturen«, »ethischen Synergien« oder »energetischen Brennpunkten« spricht.

Was bezweckt Ihr Freund mit seiner Wortwahl? Verständigung – oder Gehirnwäsche? Haben Sie ihn je gefragt, was er mit solchen Begriffen meint und woher er sie nimmt? Wenn ja, hat dies wohl auch nicht viel Licht ins Dunkel gebracht. Gehen wir der Frage nach, warum Ihnen eine Sprache, die Sie gar nicht verstehen, Respekt einflößt. Sie sind ein Verstandeswesen wie wir alle. Trotzdem verneigen Sie sich vor sprachlichem Un-Sinn. Der Grund liegt darin, dass Sie – wie wir alle – in Ihren Meinungen und Urteilen nicht nur von Ihrem Verstand, sondern auch von Ihren Gefühlen beeinflusst werden. Ihr Freund beherrscht das Spiel mit den Gefühlen anderer meisterlich. Lassen Sie sich nicht länger einlullen. Sonst wird er Sie vermutlich schneller, als Sie denken, für seine Zwecke einspannen – weil es die »ethischen Synergien« zwischen Ihnen so verlangen. Bitten Sie ihn, auf das Abrakadabra seiner Latinismen und Gräzismen zu verzichten. Wenn er darauf eingeht, kommen Sie vielleicht irgendwann dahinter, was ihn wirklich bewegt.

▶ Nächste Woche werden Sie dem neuen Klavierlehrer Ihrer Tochter vorgestellt, einem Mann, bei dem Sie unbedingt einen guten Eindruck hinterlassen wollen.
  Sie haben zwei Möglichkeiten. Entweder Sie denken sich ein paar interessante Themen aus und einige treffsichere Redewendungen und lernen sie bis nächste Woche auswendig. Oder Sie lassen die Begegnung einfach auf sich zukommen. Metaphorisch gesprochen: Sie können ein Musikstück einstudieren oder einfach improvisieren. Die Improvisation hat den Vorteil, dass Sie nicht von einer Partitur abhängig sind. Sie müssen sich nicht aufs Notenlesen konzentrieren, sondern können Ihre Aufmerksamkeit ganz der Musik selbst widmen. Seien Sie einfach neugierig auf das Gespräch mit dem Klavierlehrer. Auf den Takt, den er vorgibt, auf die Akkorde, die er anschlägt. Versteifen Sie sich nicht auf ein Solo. Vertrauen Sie Ihrer Kreativität. Wagen Sie ein Duett, bei dem sich die Stimmen rhythmisch abwechseln und harmonisch ineinander übergehen.

▶ Ihre Leidenschaft ist der Big Talk. Von A nach D, von P nach W und wieder zurück. Obwohl Sie ständig alles durchsprechen, fühlen Sie sich innerlich manchmal merkwürdig leer.
  Es ist höchste Zeit, die Leere zu füllen. Machen Sie sich klar: Länge ersetzt nicht Tiefe. Verschreiben Sie sich ein paar Abende Schweigen (siehe Kapitel 14). Greifen Sie, wenn Sie von der Arbeit nach Hause kommen, nicht zum Handy, sondern zum Buch. Lesen Sie einen Klassiker von Goethe, Dostojewski, Thomas Mann oder wonach Ihnen sonst der Sinn steht. Verwechseln Sie die Lektüre eines Buches nicht mit dem Durchblättern einer Zeitschrift. Versuchen Sie, die Seiten nicht einfach herunterzulesen, sondern

den Inhalt zu verstehen. Haben Sie kein schlechtes Gewissen, wenn Sie nach einer Woche erst auf Seite zwanzig sind. Es geht beim Lesen nicht darum, als Erster am Ziel zu sein. Treten Sie mit dem Buch in einen Dialog: Versuchen Sie, es in Ihre Sprache zu übersetzen. Finden Sie heraus, inwiefern die literarische Sprache Ihre persönliche Lebenswelt widerspiegelt. Lassen Sie es zu, dass sie Ihrem Erleben ein paar feinere Nuancen hinzufügt. Schlagen Sie merkwürdige Vokabeln im Herkunftswörterbuch nach. Erforschen Sie die kulturellen Wurzeln der Wörter. Lernen Sie, der Sprache wieder mit dem Respekt zu begegnen, der ihr gebührt. Ohne sie wären Ihre Gedanken nur Geräusche.

Dieses Rezept wird Ihnen helfen, mit Freunden und Fremden besser auszukommen. Sie werden spielerisch den richtigen Ton treffen. Und nie mehr das Gefühl haben, einen Fauxpas zu begehen, wenn Sie Ihre Meinung äußern. Sie werden Erkenntnisse formulieren können, von denen Sie gar nicht wussten, dass sie in Ihnen schlummerten.

> *Wir werden diese Welt ebenso dumm*
> *und schlecht zurücklassen, wie wir sie*
> *bei unserer Ankunft vorgefunden haben.*
>
> VOLTAIRE

12 Pessimismus gegen Unzufriedenheit

So richtig glücklich sind wir nicht. Obwohl wir auch nicht unglücklich sind. Immerhin haben wir einiges erreicht. Wir haben einen guten Job, Familie und ein Eigenheim. Wenn wir keine Familie haben, sind wir wenigstens verheiratet. Wenn wir nicht verheiratet sind, wenigstens fest liiert. Wenn wir Singles sind, haben wir wenigstens ein Eigenheim. Wenn wir kein Eigenheim haben, wenigstens einen guten Job. Wenn wir keinen guten Job, keine Familie und kein Eigenheim besitzen, haben wir wenigstens die Vorarbeit geleistet, um in mindestens einer der drei Kategorien zu punkten. Obwohl wir also einiges erreicht haben, würden wir uns nicht unbedingt als glücklich bezeichnen. Wenigstens nicht in umfassendem Sinne. So richtig glücklich werden wir erst dann sein, wenn endlich alles perfekt ist. Bis es so weit ist, ist unsere natürliche Verfassung die Unzufriedenheit. Nicht, dass wir zwischendurch nicht glücklich wären. Aber unser Glück ist eben immer nur punktuell.

Nach der Geburt unserer Kinder, nach einem erfolgreichen Vertragsabschluss, nach dem Kauf unseres ersten Apartments fühlen wir uns eine Zeit lang großartig. Doch dieser Zustand währt nicht lange. Schon bald haben wir

Mängel zu beklagen. Die Kinder schreien (auch nachts!) und unsere Leistungsfähigkeit sinkt dramatisch. Auf den erfolgreichen Vertragsabschluss folgt harte Arbeit. Unsere Freude über den Wohnungskauf hält sich gleichfalls in Grenzen – denn es fragt sich, ob wir das Ganze nicht doch hätten billiger haben können. Kaum sind wir ein bisschen glücklich, sind wir auch schon wieder unzufrieden. Entweder wir sind unzufrieden oder uns ist langweilig.

Unzufriedenheit und Langeweile sind die Lieblingsfeinde der Generation Option. Wir sind unzufrieden, weil wir noch nicht richtig glücklich sind, und uns ist langweilig, weil wir unfähig sind, an dieser Situation etwas zu ändern. Wenn uns zu lange langweilig ist, beginnen wir zu jammern, und wenn wir zu lange jammern, werden wir unglücklich. Und wenn wir unglücklich sind, sind wir erst recht unzufrieden. Das Reale ist uns zu wenig ideal, und das Ideale zu wenig real. Was sollen wir nur tun? Die Zeit rennt, und noch immer lässt das Glück auf sich warten.

In unserer Verzweiflung buchen wir ein Tantra-Seminar. Für nur sechshundert Euro lassen wir uns mit elf anderen Unzufriedenen in einen stickigen Raum pferchen. Lama Walter zeigt uns den Nutzen des Altruismus und des Beckenbodenmuskulaturtrainings auf. Wir malen die Räder nach, die er auf das Flipchart zeichnet. Wir singen, legen uns auf den Boden und berühren uns achtsam. Fünf Stunden später fühlen wir uns wie verwandelt. Wir glauben, nun endlich den Sinn des Lebens erkannt zu haben. Wir umarmen Gesche und Max und Patrick und all die anderen außergewöhnlichen Menschen, die wir ohne dieses Seminar *niemals* kennengelernt hätten. Wir tauschen Telefonnummern aus und versprechen, in Kontakt zu bleiben. Das Leben hat für uns plötzlich eine ganz andere Qualität bekommen. Wir gehen nach Hause und umarmen unseren Partner. Wir zwingen ihn in den Schneidersitz und schließen uns mit ihm in einem Energiekreis zusammen. Eine ganze Woche lang sind wir in Hochstimmung. Dann lässt der Zauber irgendwie nach. Wir erkennen, dass unsere Atemübungen die globale Rezession nicht verhindern können. Und das Verhältnis zu unserem Chef ist auch nicht besser geworden. Eigentlich haben wir ganz andere Sorgen, als die Seiten unseres spirituellen Tagebuchs zu füllen. Nach ein paar Monaten ruft Gesche an. Wer? Gesche aus dem Tantra-Seminar. Ob wir Lust hätten auf den Aufbaukurs – Max würde auch mitkommen. Ein Wochenende im Kloster, all-inclusive für nur zweitausend Euro. Wir würden es uns bis morgen überlegen, sagen wir. Tatsächlich aber melden wir uns nie mehr bei Gesche. Wir sagen nicht zu. Wir sagen nicht ab. Wir reagieren überhaupt nicht.

Unsere Unzufriedenheit rührt daher, dass wir zu viel über uns nachdenken. Bei jeder neuen Lebenssituation prüfen wir, wie sie sich auf unsere Befindlichkeit auswirkt. An jeder Lebenssituation finden wir etwas, das uns nicht ganz so zufrieden macht, wie wir es sein könnten. Da wir die Ursache unserer Unzufriedenheit immer außerhalb, aber niemals in uns sehen, glauben wir, dass auch unser Glück außerhalb, nicht in uns zu finden sei. Wie kommen wir eigentlich auf die Idee, dass wir unser Glück überhaupt finden können? Vielleicht liegt unsere Bestimmung ja gar nicht darin, glücklich zu werden, sondern unzufrieden zu sein.

Dies ist jedenfalls Arthur Schopenhauers (1788–1860) feste Überzeugung. In seinen *Aphorismen zur Lebensweisheit* erklärt er uns:

»Es ist wirklich die größte Verkehrtheit, diesen Schauplatz des Jammers in einen Lustort verwandeln zu wollen und, statt der möglichsten Schmerzlosigkeit, Genüsse und Freuden sich zum Ziele zu stecken; wie es doch so viele tun. Viel weniger irrt, wer, mit zu finsterem Blicke, diese Welt als eine Art Hölle ansieht und demnach nur darauf bedacht ist, sich in derselben eine feuerfeste Stube zu schaffen.«

Anders als wir glaubt Schopenhauer nicht, dass wir auch nur irgendetwas im Griff haben könnten. Am wenigsten unser Glück:

»Es ist im Leben wie im Schachspiel: Wir entwerfen einen Plan: Dieser bleibt jedoch bedingt durch das, was im Schachspiel dem Gegner, im Leben dem Schicksal, zu tun belieben wird. Die Modifikationen, welche hierdurch unser Plan erleidet, sind meistens so groß, dass er in der Ausführung kaum noch an einigen Grundzügen zu erkennen ist.«

Wenn es überhaupt so etwas wie Glück gibt, dann liegt es laut Schopenhauer in der Erkenntnis, dass alles Glück illusorisch ist. Daher rät er:

»Man sollte beständig die Wirkung der Zeit und die Wandelbarkeit der Dinge vor Augen haben und daher bei allem, was jetzt stattfindet, sofort das Gegenteil davon imaginieren; also im Glücke das Unglück, in der Freundschaft die Feindschaft, im schönen Wetter das schlechte, in der Liebe den Hass, im Zutrauen und Eröffnen den Verrat und die Reue ... Dies würde eine bleibende Quelle wahrer Weltklugheit abgeben, indem wir stets besonnen bleiben und nicht so leicht getäuscht werden würden.«

Anstatt aufs Optimum zu hoffen, sollen wir lieber mit dem Schlimmsten rechnen. Der Pessimist ist gegenüber dem Rest der Menschheit immer im Vorteil. Was auch geschieht, er kann nicht mehr enttäuscht werden. Er ist es ja bereits.

Wir mögen klagen, meckern und jammern – im Grunde unseres Herzens sind wir unverbesserliche Optimisten. Warum würden wir uns sonst so anstrengen, wenn nicht, um das Beste zu erreichen? Die Kehrseite des Optimismus ist Unzufriedenheit. Woraus folgt: Zufriedenheit ist nur mit Pessimismus zu erreichen. Darüber sollten wir uns Gedanken machen.

Eine meiner Klienten kam in die Philosophische Beratung, weil sie die Menschen satt hatte, und zwar alle. Mir war unklar, was sie von mir erwartete – eine neue Frustration?

»Worin sehen Sie den Sinn Ihres Lebens?«, fragte ich.

»Den Sinn meines Lebens? Ich glaube nicht, dass das Leben überhaupt einen Sinn hat – also auch meins nicht«, sagte sie.

»Und ich glaube nicht, dass Sie das glauben. Wieso sind Sie sonst hergekommen?«

»Weil ich alles ziemlich sinnlos finde.«

»Und was möchten Sie jetzt tun?«

»Ich will verstehen, warum alles so sinnlos ist.«

Der Wille zum Sinn ist ein unauslöschliches Bedürfnis im Menschen. Leider verbringen wir die meiste Zeit unseres Lebens damit, Sinn dort zu suchen, wo er nicht sein kann. Solange wir Kinder sind, ist die ganze Welt für uns sinnerfüllt. Wir kommen gar nicht darauf, ihre Sinnhaftigkeit in Frage zu stellen, weil wir viel zu sehr mit ihrer Ergründung beschäftigt sind. Wir wollen verstehen, was in unserem Teddybären vorgeht. Warum Zucker wasserlöslich ist. Wie aus Wolle ein Handschuh entsteht. Warum der Handschuh Handschuh heißt, obwohl er nicht Füße, sondern Hände wärmt. Da alles neu für uns ist, ist für uns auch alles voller Zauber. An die magischen Momente unserer kindlichen Welteroberung erinnern wir uns ein Leben lang. Vor allem deshalb, weil alles, was danach kommt, nur noch Ernüchterung ist.

Unsere Jugend stellen wir nur deshalb als die Hochphase unseres Lebens dar, weil *die Anderen* es auch tun. In Wahrheit ist es bloß die Zeit, in der wir, zerfressen von Selbstzweifeln, mit unserer Jagd nach Glück beginnen. Doch statt Liebe finden wir Schmerz, statt Anerkennung Hohn. Die ersten Anzeichen unserer späteren, chronischen Unzufriedenheit stellen sich ein. Mit Wutausbrüchen, Heulkrämpfen und Diskobesuchen versuchen wir gegen unser Schicksal aufzubegehren. Vergeblich.

Schopenhauer: »Man hätte viel gewonnen, wenn man, durch zeitige Belehrung, den Wahn, dass in der Welt viel zu holen sei, in den Jünglingen ausrotten könnte.«

Bei näherer Betrachtung hat die Jugend nur einen einzigen Vorteil: Das Zeit-Monster hält uns noch nicht in seinen Klauen. Weil wir nur das kennen, was hinter uns liegt – die Kindheit –, glauben wir, das Leben bewege sich ewig im Schneckentempo dahin. Die jugendliche Illusion, dass wir alle Zeit der Welt hätten, um unsere Träume zu verwirklichen, hat jedoch ihren Preis: Langeweile. In keiner anderen Lebensphase ist uns so oft und so entsetzlich langweilig wie in dieser. Dann treten wir ins Berufsleben ein. Nun haben wir auf einmal nicht mehr zu viel Zeit, sondern zu wenig. Zur Langeweile gesellt sich die Unzufriedenheit. Unser Haarkleid ist nicht mehr ganz so dicht, unsere Gesichtsporen sind nicht mehr ganz so fein wie noch vor ein paar Jahren. Trotzdem sind wir immer noch der Meinung, das Beste stünde erst noch bevor. Wir werden Mütter und Väter. Trotzdem meinen wir weiterhin, das Gute könne nicht gut sein, weil das Bessere besser sei.

Um das vierzigste Jahr beginnt sich unsere Einstellung überraschenderweise zu wandeln. Wir ahnen, dass unser Perfektionismus sein Haltbarkeitsdatum langsam überschreitet. Statt schneller, höher, weiter wollen wir jetzt lieber langsamer vorankommen. Erst in diesem Augenblick wird uns klar, wie kurz das Leben eigentlich ist. Hätte uns das nicht schon früher aufgehen können? Kaum schauen wir uns um, ist wieder ein Jahr vorbei, und wir sind schon wieder älter geworden.

Plötzlich geht alles rasend schnell. Wir werden erst fünfzig, dann sechzig, dann siebzig. Im Freundes- und Bekanntenkreis häufen sich Krankheits- und Todesfälle. Anstatt, wie früher, dazugehören zu wollen, wollen wir nun lieber allein sein. Was auch daran liegt, dass wir *die Anderen* inzwischen besser durchschauen. Denn mit dem Alter tritt der wahre Charakter des Menschen hervor. Welcher, wie wir nun endgültig zugeben müssen, nicht immer der beste ist. Genau genommen, sagen wir uns, sind die meisten Leute hohle Nüsse.

Erkenntnisblitze dieser Art erhellen unsere Tage. Trotz unserer Klapprigkeit fühlen wir uns jetzt manchmal freier als früher. Wir empfinden fast so etwas wie Heiterkeit. Denn zum ersten Mal in unserem Leben haben wir (außer uns selbst) nichts mehr zu verlieren. Eigentlich ein ganz angenehmes Gefühl. Leider hat die Sache einen Haken: den bevorstehenden Tod. Ob wir wollen oder nicht, da müssen wir durch. Unser ganzes Leben ist ein Kampf. Alles, was wir uns erkämpft haben, wird uns am Ende wieder genommen.

Vom Ganzen des Lebens aus betrachtet erweist sich unser Perfektionismus also als wenig haltbar. Dies hatte auch meine Klientin erkannt.

»Es muss doch noch etwas anderes geben«, sagte sie.

»Nicht, wenn Sie davon ausgehen, dass das Leben sinnlos ist.«

»Ich glaube, der Sinn liegt einfach in der Sinnlosigkeit.«

An diesem Punkt sah ich mich dazu aufgefordert, den Sisyphos-Mythos zu thematisieren. Sisyphos wird von den Göttern dazu verdammt, einen Stein den Berg hinaufzuwälzen – doch der Stein rollt, kurz bevor er oben ist, ins Tal zurück. Sisyphos packt den Stein erneut, sammelt seine ganzen Kräfte, wälzt den Stein wieder hinauf – und der Stein rollt wieder herunter. Und so geht es immer weiter.

Wenn es das Los der Menschheit ist, Sisyphos-Arbeit zu verrichten, ist Unzufriedenheit unserem Glück absolut nicht förderlich. Wenn uns in dieser Situation überhaupt etwas glücklich machen kann, dann ist es Akzeptanz. Die Akzeptanz der Tatsache, dass alles nur noch schlimmer werden kann. »Wir müssen uns Sisyphos als einen glücklichen Menschen vorstellen«, so Albert Camus.

Was lernen wir daraus? Es gibt keinen Pessimismus, der nicht auch ein Optimismus ist. Ein Pessimist wie Schopenhauer wäre keiner, wenn er nicht hoffte, dass er recht hätte mit seinen Thesen. Dass wenigstens ein paar Intellektuelle – die, wie er schreibt, »nicht zu den von der Natur so traurig dotierten $^5/_6$ der Menschheit« gehören – ihm in tiefstem Einverständnis zunickten. Dass der Pessimismus wenigstens ein paar von uns zu glücklicheren Menschen machen könnte. *Der Pessimismus ist der bessere, ehrlichere Optimismus. Er basiert nicht auf Täuschung, sondern auf Ent-Täuschung.*

Meiner Klientin half diese Erkenntnis, sich von ihren Sinnlosigkeitsgefühlen nicht einschüchtern zu lassen. Da sie sowieso nur das Schlechteste erwartete, wurde ihre Unzufriedenheit mit der Menschheit merklich geringer. Ihre innere Verkrampfung löste sich, und sie lernte einen Mann kennen, der etwas weniger schlecht als die übrigen war. Inzwischen ist sie verheiratet. Sie fürchtet nicht, dass die Ehe schiefgehen könnte – da sie sowieso nicht an die Ehe glaubt.

In *Das tibetische Buch vom Leben und vom Sterben* (siehe Kapitel 3) lesen wir:

Einem sehr armen Mann war es, nachdem er lange Zeit hart dafür gearbeitet hatte, schließlich gelungen, einen ganzen Sack Getreide zusammenzutragen. Er war sehr mit sich zufrieden, und als er nach Hause kam, hängte er, um das Getreide vor Ratten und Dieben zu schützen, den Sack mit einem Seil an einen der Dachbalken seiner Hütte. Dann legte er sich als zusätzliche Vorsichtsmaßnahme für die Nacht noch darunter zum Schlafen. Als er so dalag, begannen seine Gedanken zu schweifen: Den meisten Gewinn mache ich, wenn ich das Getreide in möglichst kleinen Mengen verkaufe. Mit diesem Geld kann ich dann mehr Getreide kaufen, noch mehr Gewinn ma-

chen ... und in nicht allzu langer Zeit werde ich reich sein und in unserem Dorf etwas gelten. Die Mädchen werden hinter mir her sein, ich werde eine schöne Frau finden, heiraten, und bald werden wir dann auch ein Kind haben ... Es wird sicher ein Sohn ... Wie um alles in der Welt sollen wir ihn nur nennen? In diesem Moment fiel sein Blick zufällig durch das kleine Fenster der Hütte auf den gerade aufgehenden Mond.
Was für ein Zeichen, dachte er. Wie Glück verheißend! Das soll sein Name sein. Ich nenne ihn Berühmt wie der Mond *... Während er von seinen Spekulationen ganz in Anspruch genommen war, hatte eine Ratte ihren Weg zu dem Sack mit Getreide gefunden und begonnen, das Seil durchzunagen. In dem Augenblick, als die Worte »Berühmt wie der Mond« über seine Lippen kamen, fiel der Sack von der Decke und erschlug ihn auf der Stelle.* Berühmt wie der Mond *wurde nie geboren.*

Wir sind nicht nur deshalb so unzufrieden, weil wir zu viel über uns nachdenken, sondern auch, weil wir uns für den Mittelpunkt des Universums halten. Wir glauben, jede Lebenssituation sei dazu gemacht, uns zufriedenzustellen. Deshalb prüfen wir eine jede auf die Empfindungen, die sie in uns auslöst. Wenn das erwartete Maß an Zufriedenheit nicht erreicht wird, sind wir beleidigt. Wir glauben allen Ernstes, ein Getreidesack, ein Kind, eine hellere Wohnung oder fünf Stunden Tantra könnten uns aus unserer Unzufriedenheit retten – und so unsere Anmaßung legitimieren.

Doch das Leben belehrt uns immer wieder eines Besseren oder vielmehr: Schlechteren. Wir wollen aber nicht hören, was das Leben uns zu sagen hat. Lieber lassen wir uns von ihm ein paar harte Schläge verpassen, als irgendetwas an uns zu ändern.

Erst wenn die zweite Lebenshälfte näherrückt, dämmert uns, dass sich doch nicht alles nur um uns dreht. Leider haben wir inzwischen so viel Un-Sinn angehäuft, dass es uns schwerfällt, uns davon zu befreien. Also treten wir in die Midlife-Crisis ein. Wir bereuen die Fehler, die wir aufgrund unserer Unzufriedenheit gemacht haben. Wir bereuen, dass wir unseren Partner betrogen haben. Wir bereuen, dass wir uns nicht so um unsere Kinder gekümmert haben, wie wir es ursprünglich vorhatten. Wir bereuen, dass wir unser Geld in Immobilien gesteckt haben. Wir bereuen unsere ganze Unaufmerksamkeit dem Leben gegenüber.

Kaum haben wir ein bisschen Reue gezeigt, beginnen wir auch schon wieder zu fordern: Wir wollen eine zweite Chance! Wir heiraten ein zweites Mal. Wir gründen eine zweite Familie. Wir lassen uns eine zweite Brust machen. Wir beginnen ein zweites Studium. Wir bauen uns eine zweite, frische Existenz neben der ersten, schal gewordenen auf. Das, so scheint uns, ist überhaupt die Lösung: Wir vergessen, was war. Wir machen jetzt einfach alles *besser*. *Viel besser*. Wenn unser zweites Leben dann tatsächlich besser ist als das erste, ärgern wir uns, dass wir nicht dreißig Jahre früher damit begonnen haben. Wenn auch das zweite Leben nicht hält, was es verspricht, brechen wir es ab und beginnen mit dem dritten. Wir sind einfach unbelehrbar! Deshalb haben wir auch allen Grund, pessimistisch zu sein.

Die Sinn-Diät
12. Rezept: Den Hirngespinsten den Garaus machen

Wir leiden nicht an den Umständen, sondern an unseren Gedanken. Würden nicht so viele unsinnige Gedanken den Zugang zu uns selbst verstopfen, wären wir um einiges froher. Wir hätten mehr Zeit. Wir wären bessere Menschen. Wir hätten den Weltfrieden. Vielleicht sind wir persönlich gar nicht daran schuld, dass es uns so schlecht geht. Vielleicht liegt es einfach daran, dass wir als verstandbegabte

Wesen, die ihre Existenz nicht hinnehmen, sondern sich über sie wundern, grundsätzlich gehandicapt sind. Wir sind die einzigen Lebewesen, die sich fragen, wozu sie eigentlich hier sind. Und was ihnen das bringen soll. Alle Tiere sind zufrieden mit dem, was die Natur ihnen gegeben hat – nur wir nicht. Der männliche Mondkäfer trägt ein Horn auf der Stirn und in der Mitte seines Brustschilds Höcker mit doppelter Kerbung. Er fragt sich nicht, warum. Das Pillendreher-Weibchen rollt sich eine Brutpille, erweitert sie um einen Fortsatz, legt ein Ei darin ab und gräbt das Ganze ein. Es fragt sich nicht, warum. Die Sandwespe packt ihre Beute mit den Zangen ihrer Nackenkiefer, bohrt ihren Stachel in das Opfer, schleppt es in eine Höhle und verschließt diese mit einem Steinchen. Sie fragt sich nicht, warum. Wir dagegen kaufen Handys, sitzen in Flugzeugen, glotzen auf Bildschirme, gehen Klettern und Segeln und sind unzufrieden.

Akzeptieren Sie also Ihre Lage und machen Sie das Beste daraus. Das Beste ist nicht das Bessere, sondern das am wenigsten Schlechte. Machen Sie sich klar, dass die Welt nicht dazu da ist, Ihre Wünsche zu erfüllen. Gestehen Sie sich ein, dass Ihr Einfluss auf das Weltgeschehen beschränkt ist und, je länger Sie leben, immer schwächer wird. Sie sind nur ein Glied in der Nahrungskette – das unzufriedenste. Zwar sind Sie die Krone der Schöpfung. Bilden Sie sich deshalb aber nicht ein, Sie hätten ein Recht auf Sonderbehandlung. Sie können an die Technik glauben, an die Astrologie oder die Unfehlbarkeit Ihrer Meinungen – gegenüber dem Zufall sind Sie genauso machtlos wie jedes andere Lebewesen. Schrauben Sie Ihr Ego also auf eine realistische Größe zurück und sehen Sie ein, dass auch Sie nur Natur sind.

Überlegen Sie, was Sie in Ihrem Leben schon alles falsch gemacht haben, was schiefgelaufen ist und was die reine Katastrophe war. Nehmen Sie zur Kenntnis, dass Sie aus alldem relativ unbeschadet hervorgegangen sind. Denken Sie nicht zu viel über die fantastische Zukunft nach. Rechnen

Sie lieber damit, dass Ihre Befindlichkeit im Großen und Ganzen gleich bleiben wird. Es wird nur noch ein paar Ausschläge nach oben und nach unten geben. Wenn Sie nichts dazulernen und auch das Glück Ihnen nicht hold ist, könnte es allerdings sein, dass sich Ihr Gemütszustand völlig verdüstern wird. Und dann ist Ihre Zeit sowieso schon um.

Wenn Sie den Mut haben, in diesen Überlegungen Trost zu finden, sind Sie vermutlich eine/r jener Intellektuellen, für die Schopenhauer sein umfangreiches Werk schrieb. Wenn Sie in der Lage sind, Hoffnung aus Hoffnungslosigkeit zu schöpfen, sind Sie auf dem richtigen Weg. Hier ein paar Beispiele:

▶ Sie fürchten, es dieses Jahr nicht mehr nach Dubai zu schaffen. Sie quälen sich mit dem Gedanken, dass das rote Kleid in Ihrer Größe nicht mehr zu haben sein könnte. Sie grämen sich, ob die Schule, in die Sie Ihr Kind gesteckt haben, sein Bedürfnisspektrum auch wirklich abdecken kann.

Lassen Sie sich bloß nicht aus der Ruhe bringen. Stellen Sie sich einfach vor, dass nichts von dem, worauf Sie hoffen, eintreten wird. Mehr noch: Malen Sie sich aus, was schlimmstenfalls passieren könnte. Sie könnten es nicht nur nicht nach Dubai schaffen. Sie könnten auch, einige Monate zuvor auf Bali, von einem Tsunami erfasst werden. Es ist nicht nur möglich, dass Sie das rote Kleid nicht mehr bekommen werden. Es ist auch vorstellbar, dass Sie, sollten Sie es tatsächlich noch erwerben können, nach einem halben Jahr gar nicht mehr hineinpassen. Sie könnten an einer Fettstoffwechselstörung erkranken und so dick werden wie nie zuvor. Es könnte tatsächlich sein, dass Ihr Kind mit seinen Lehrern nicht zurechtkommt. Und zwar nicht, weil die Lehrer seine Bedürfnisse missachten, sondern weil das Kind einfach nicht zufriedenzustellen ist. Es könnte sogar sein, dass es diesen Wesenszug von Ihnen übernommen hat.

Ruhig Blut. Noch hat die Zukunft nicht angefangen. Akzeptieren Sie, dass alles ist, wie es ist. Recht viel besser wird es nicht.

▶ Sie treiben exzessiv Sport. Auch haben Sie wieder zu rauchen angefangen. Sie haben einen Zweitwagen, eine Zweitfrau und hören neuerdings AC/DC. Ihre Wochenenden verbringen Sie am liebsten damit, an einem kaputten Motorrad herumzuschrauben.

Kein Grund zur Sorge. Sie befinden sich nur in der Midlife-Crisis. Da es sich hierbei um einen Zustand handelt, von dem hauptsächlich gebildete Menschen betroffen sind, ist er relativ leicht zu beheben. Ihre Hirnzellen verfügen über eine Luxusausstattung, die es Ihnen ermöglicht, sich aus Ihrer Misere zu befreien. Schließen Sie die Augen und lassen Sie Ihr Leben Revue passieren. Was, bitte schön, war denn früher so großartig? Ihre Akne, die die Mädchen in Scharen in die Arme Ihres Kumpels trieb? Ihre Angst vor den Klausuren? Die Streitereien mit Ihrem Vater, für den Sie sich in Grund und Boden schämten? Die vielen in die Brüche gegangenen Beziehungen, die vergeblichen Versöhnungen und oberpeinlichen Wiederaufwärmversuche?

Sehen Sie, Ihr Gedächtnis hat Ihnen nur einen Streich gespielt. Lassen Sie sich von ihm nichts vormachen. Bedenken Sie lieber einmal, wie alt Sie schon sind: vierzig, fünfundvierzig? Und was Sie überhaupt anhaben: Ist das ein Sid-Vicious-Shirt? Schämen Sie sich. Versuchen Sie zu begreifen, dass Sie jetzt einfach nicht mehr jung sind, sondern alt. Und dass Sie noch älter werden. Von jetzt an geht es nur noch bergab. Stellen Sie sich den Tatsachen. Jemand, der sich mit fünfundvierzig wie mit zwanzig benimmt, hat immer noch nicht begriffen, worum es im Leben geht – so einer wollen Sie doch nicht sein. Lenken Sie Ihre Aufmerksamkeit lieber auf die Vorzüge Ihres Alters. Das fünfundvierzigste Lebensjahr ist Ihr vermutlich bestes Jahr überhaupt. Sie sind zwar alt, aber noch nicht *zu* alt. Sie halten die Waage zwischen vierzig (der Verabschiedung der Flegeljahre) und fünfzig (dem Eintritt ins Greisenalter). Sie sind endlich weise genug, das Leben als Ganzes und nicht nur ausschnitthaft zu betrachten. Lassen Sie also los, was Sie nicht festhalten können. Wenn Sie Glück haben, gewährt das Schicksal Ihnen ein paar Jahre Aufschub.

▶ Alles in allem sind Sie sehr unzufrieden mit Ihrem Leben. Sie lassen sich aber nichts anmerken, damit *die Anderen* Sie weiterhin für Ihr vermeintliches Glück beneiden. Sie fühlen sich wie ein schlechter Schauspieler.

Hören Sie auf mit dem Theater. Dadurch wird Ihr Leben auch nicht besser. Lernen Sie lieber, endlich anständig zu schimpfen. Machen Sie sich klar: Schimpfen ist nicht nur eine Eigenheit weiblicher Giftspritzen. Schimpfen hat auch eine lange Tradition in den schönen Künsten, zum Beispiel bei österreichischen Schriftstellern. Lassen Sie sich von Thomas Bernhard (1931–1989) inspirieren, der das Schimpfen von Montaigne, Voltaire und Schopenhauer lernte. Was Bernhard, der auf Salzburg, den Katholizismus, den Nationalsozialismus, Goethe, Heidegger und die ganze Welt schimpfte, konnte, können Sie auch. Schimpfen Sie über alles, was Sie unzufrieden macht. Schreiben Sie Ihre Tiraden nieder. Oder, besser noch, lassen Sie sie auf CD brennen. Hören Sie sich Ihre Beschwerden regelmäßig an. Finden sie auch nach mehrmaligem Hören noch Ihren Zuspruch, tragen Sie sie nach außen. Schimpfen Sie in Gegenwart *der Anderen*. Viele werden die Wahrheit nicht ertragen können und sich von Ihnen abwenden. Aber es wird auch einige geben, die mit Ihren Ansichten sympathisieren. Gründen Sie einen »Club der Unzufriedenen«.

▶ Sie sind weder optimistisch noch pessimistisch, haben aber zu allem eine vorgefertigte Meinung. Allerdings werden Ihre Voraussagen oft vom Leben korrigiert. Wenn Sie Schlechtes erwarten, bekommen Sie Gutes. Wenn Sie Gutes erwarten, bekommen Sie Schlechtes. Das ärgert Sie.

Üben Sie sich in Misstrauen – einer milderen Variante des Pessimismus. Die älteste philosophische Form des Misstrauens ist der *Skeptizismus*. »Skepsis« heißt ursprünglich nichts anderes als Prüfung oder Betrachtung. Der Begründer des Skeptizismus, der griechische Philosoph Pyrrhon von Elis (365–275 v. Chr.), lehrt die Urteilsenthaltung (*epoché*). Er geht davon aus: Alles Irdische ist Schein – nur das Göttliche ist Sein. Deshalb ist es unsinnig, auf Meinungen und Glaubenssätzen zu beharren. Der Mensch soll aufhören zu bewerten, was sowieso nur Erscheinung ist. Er soll die Phänomene des Lebens so betrachten, wie es ihrer Natur gebührt: als gleich-gültig und gleich nichtig.

Versuchen Sie also, so gut es geht, alles, was Ihnen widerfährt, auf sich beruhen zu lassen. Hören Sie auf, die Zukunft vorherzusagen. Nehmen Sie es einfach hin, wenn Ihnen Schlechtes begegnet. Machen Sie sich klar: Auch Ihre Empfindungen sind nur Erscheinungen – genauso wankelmütig und zerbrechlich wie alles Übrige, das Sie im Leben antreffen.

Dieses Rezept wird Sie darin unterstützen, mehr Leichtigkeit zu entwickeln. Sie werden weniger hoffen, aber auch weniger bangen. Der letzte Rest an Euphorie, den Sie sich für besondere Gelegenheiten aufgespart haben, wird schwinden. Dafür wird sich – kaum merklich – ein wenig Zufriedenheit in Ihre Unzufriedenheit mischen.

*Nun weiß ich nicht, ob das, was die
Welt tut, was sie für Glück hält,
tatsächlich Glück ist oder nicht.*

DSCHUANG DSI

13 Akuter Glückszustand

Wir alle wollen glücklich sein. Keine Frage. Aber was ist eigentlich Glück? In der Sonne zu braten? Kinder zu haben? Im Lotto zu gewinnen? Alt zu werden? Einen van Gogh zu stehlen und sich in die Südsee abzusetzen? Für uns ist Glück etwas ganz und gar Individuelles. Eine Geschmackssache. Nichts, worüber man streiten könnte. Glück ist für uns eine Privatangelegenheit. Natürlich interessiert es uns, wie der Dalai Lama Glück definiert. Wir finden es spannend, über Positive Psychologie, Glücksforschung und den »Flow« zu lesen. Praktisch aber helfen uns weder Weisheitslehren noch die empirische Forschung, glücklich zu sein. In der Praxis sind wir entweder glücklich oder wir sind es nicht. Punkt.

Wenn wir schon einmal glücklich sind, wollen wir uns nicht tadeln lassen, dass unsere Glücksart nicht die richtige sei. Und wenn wir – wie üblich – eher nicht glücklich sind, dann wollen wir uns nicht vorschreiben lassen, wie wir zum Glück gelangen sollen. Auch nicht vom Dalai Lama. Nur wir selbst können wissen, was uns guttut und was nicht. Nur wir selbst stecken in unserer Haut. Den effizientesten Weg zum Glück kennen nur wir. Uns ist klar, dass wir Glück nicht erzwingen können. Aber ein bisschen nachhelfen können wir schon. Also überlegen wir erst einmal, worin unser Glück eigentlich bestehen soll. Das ist gar nicht so einfach. Nach einigem Hin und Her beschließen wir, das zu wollen, was *die Anderen* auch wollen: einen Partner, ein Haus und ein Kind. All dies ist im Bereich des Möglichen. Aber wer garantiert uns, ob das, was möglich ist, uns auch wirklich glücklich macht? Was möglich ist, könnte uns schon bald langweilen. Also suchen wir das Unmögliche. Den perfekten Partner, das perfekte Haus, das perfekte Kind.

Glück ist für uns das, was die meiste Zeit unseres Lebens unmöglich ist, was wir aber trotzdem haben wollen. Das Unmögliche können wir nicht erreichen. Aber wir können uns ihm annähern. Wir können dem Glück förderliche Konditionen schaffen. Wir können uns in eine Online-Partnerbörse einloggen. Wir können unser Persönlichkeitsprofil erstellen und von einer todsicheren Software die Matching-Punkte (Übereinstimmungsquote) mit unseren potenziellen Lebenspartnern ermitteln lassen. Wozu sich die Nächte in irgendwelchen Spelunken um die Ohren schlagen? Unser Liebling ist vielleicht nur einen Mouseklick entfernt. Vielleicht ist das Unmögliche doch möglich. Bei Bernd und Anne hat es ja auch geklappt. Bernd hat Anne angeklickt, Anne hat ihr Foto freigegeben, und jetzt sind sie verheiratet. Kein Wunder, bei siebenundneunzig Matching-Punkten. Im Zweifel vertrauen wir dem System. Der Romantik widmen wir uns später. Erst einmal wollen wir etwas in den Händen haben: ein Profil, eine Selbstaussage zu den Themen Kind und Karriere. Wir haben Angst, unser Glück zu verpassen. Es an die falsche Person zu vergeuden. So sehr, dass wir gar nicht mitkriegen, wenn unser Traummann oder unsere Traumfrau tatsächlich aufkreuzt. Nicht im Internet, sondern im Supermarkt. An der Wursttheke.

Unsere Angst, das Glück, das uns zusteht, zu versäumen, versperrt uns das Sichtfeld. Blind folgen wir der Schar *der Anderen*. Wie *die Anderen* glauben auch wir, das Glück werde sich schon zeigen, wenn wir ihm günstige Konditionen bieten. Zu unseren unsinnigsten Irrtümern gehört es, unsere Glückserwartungen mit einer bestimmten Person, einem bestimmten Zeitpunkt, einem bestimmten Ort zu verknüpfen. Wir wollen nicht irgendwie zufällig, sondern auf eine ganz bestimmte Art und Weise glücklich sein. Nämlich so, wie es uns vorschwebt. Wir wollen mit André glücklich sein, nicht mit Peter. Wir wollen immer das haben, was wir gerade nicht haben.

Wenn wir Hals über Kopf in Arbeit stecken, wollen wir Urlaub. Wenn wir Urlaub haben, wollen wir zwar keine Arbeit, aber das perfekte Freizeitparadies. Wir starten in den Urlaub mit einer hohen, nein, mit der höchsten Erwartung. Schließlich haben wir das beste Wellness-Hotel überhaupt gebucht, mit römischem Dampfbad, Erlebnisdusche und Kinderrundumbetreuung. Dieser Urlaub soll der perfekte Rahmen für unser Glück sein. Deshalb wollen wir auch, dass er so bald wie möglich anfängt. Wir starten – wie *die Anderen* – gleich am letzten Schultag. Was zur Folge hat, dass wir erst einmal endlos im Stau stehen und der Urlaubsbeginn sich entsprechend endlos verzögert. Die Sonne bräunt nicht unseren Körper, sondern knallt auf unser Auto. Die Kinder quengeln und schlagen sich die Köpfe ein. Unser Partner meckert ohne Unterlass. Endlich sind wir da. Aber die Zimmer gehen auf die falsche Seite. Am nächsten Tag gibt es einen plötzlichen Kälteeinbruch, und es beginnt zu regnen. Schon ist das Glück dahin. Was nicht heißt, dass wir in unseren Ferien keinen Spaß haben. Aber wir müssen uns damit abfinden, dass sich das spezielle Glück, das wir von genau diesem Urlaub erwartet haben, einfach nicht eingestellt hat.

Der Ehrlichkeit halber müssen wir ergänzen, dass wir selbst dann nicht in erhoffter Weise glücklich wären, wenn sich das beste Hotel tatsächlich als das beste erwiese und wenn jeden Tag die Sonne lachte. Etwas anderes würde uns den Zugang zum Glück versperren. Eine Influenza. Ein Ehekrach. Die Weltwirtschaftskrise. Unsere Probleme mit dem Glück haben nichts mit den Umständen zu tun, sondern mit unserer einseitigen Ausrichtung. Unsere Glückssuche gilt fast ausschließlich dem sensationell heftigen, erlebnismäßig alles überragenden, aber leider kurzfristigen *akuten Glück*. Ein gleichmäßig dahinplätscherndes moderates Glück finden wir uninteressant – wir wollen unser Leben zum Höhepunkt bringen. Und zwar nicht einmal, sondern immer wieder. Wir wollen, dass unser Glück *dauerhaft* immer neue Gipfel erreicht. Leider sind unsere Vorstellungen, wodurch sich dieses Ideal verwirklichen ließe, äußerst schwankender Natur.

Dies erkannte bereits der Glücksskeptiker Immanuel Kant (1724–1804), als er in seiner *Grundlegung zur Metaphysik der Sitten* schrieb: »Der Begriff der Glückseligkeit (ist) ein so unbestimmter Begriff, dass, obgleich jeder Mensch zu dieser zu gelangen wünscht, er doch niemals bestimmt und mit sich selbst einstimmig sagen kann, was er eigentlich wünsche und wolle.«

Erst meinen wir, unser Glück im Beruf zu finden. Dann in der Ehe. Dann im Kauf einer Prada-Tasche. Dann wieder in der Besteigung des Kilimandscharo. Nachdem wir eine Zeit lang alles Mögliche ausprobiert haben, erkennen wir: Wir können unsere akuten Glücksmomente nur dann multiplizieren und maximieren, wenn wir ständig Leistung erbringen. Wenn wir nichts oder zu wenig leisten, sind wir nicht glücklich. Zufallsglück wie einen Lottogewinn nehmen wir gern mit, aber das Nirwana liegt für uns woanders: in dem erhebenden Gefühl, etwas geschafft, gemeistert, vollbracht zu haben.

Wir wollen uns unser Glück *verdienen*, nicht geschenkt haben. Glück und Leistung fallen für uns in eins. Wir machen es dem Glück nicht leicht. Wir begnügen uns nicht damit, Mutter zu sein, wir wollen Mutter *und* Managing Councel sein. Mindestens. Wir finden uns nicht damit ab, Vater *und* Regional Business Controller zu sein, wir wollen die internationale Kontrolle. Wir sagen: Die Elternschaft ist das Wichtigste in unserem Leben, unser höchstes Glück. Doch wäre das unsere einzige Leistung, könnten wir uns auch an diesem Glück nicht lange freuen. Wir sagen: Glück ist etwas Individuelles. Aber wenn wir uns umschauen, stellen wir fest, dass die Gleichsetzung von Glück und Leistung in der westlichen Zivilisation weit verbreitet ist. Für uns gilt ebenso wie für Anna, Paul und all *die Anderen*: ohne Leistung kein Glück.

Obwohl wir ständig leisten, optimieren und perfektionieren, schaffen wir es doch nicht, das akute Glück in gewünschter Weise zu reproduzieren. Das verunsichert uns. Leider wissen wir nicht, was wir außer Leisten sonst noch tun sollen. Also fangen wir an zu warten. Wir warten auf irgendwelche Beweise, dass wir mit unserer Lebensführung richtig liegen. Wir haben Angst, dass wir uns umsonst anstrengen. Wir fürchten, das Glück könnte gar nicht dort sein, wo wir es erwarten. Trotzdem wollen wir an unserer Erwartungshaltung nichts ändern. Hören wir, was einer der großen philosophischen Glücksexperten zu unserem Problem zu sagen hat: Epikur.

Wie Platon und Aristoteles geht Epikur davon aus, dass es das Ziel des Menschen ist, glücklich zu sein. Epikur sagt: Es liegt in der Natur jedes Menschen, nach Freude, Lust, sinnlichem Wohlgefühl (griechisch *hēdonē*) zu streben. Das Streben nach angenehmen Erlebnissen ist für ihn eine Tatsache, die man nicht weiter begründen muss – so wenig wie die Tatsache, dass Schnee weiß und Honig süß ist. Epikur plädiert aber nicht für eine kindliche oder gar tierische Art der Lustbefriedigung. Ihm geht es um den reflektierten Umgang mit der Lust. Der Schlüssel zum Glück liegt seiner Meinung nach in der Kunst, die guten von den schädlichen Freuden zu unterscheiden. Im *Brief an Menoikos* schreibt er:

»Wenn ich nun erkläre, dass die Freude das Ziel des Lebens ist, dann meine ich damit nicht die Lüste der Schlemmer noch die Lüste, die im Genießen selbst liegen, wie gewisse Leute glauben, die meine Lehre nicht verstehen, sie ablehnen oder böswillig auslegen. Ich verstehe unter Freude: keine körperlichen Schmerzen leiden und in der Seele Frieden haben. Denn nicht häufige Trinkgelage und festliches Schmausen, auch nicht der Verkehr mit schönen Knaben und Frauen, noch der Genuss von leckeren Fischen und was sonst eine üppige Tafel bietet, schafft ein freudvolles Leben; Freude schafft vielmehr nüchternes Überlegen, das die Ursachen allen Verlangens und Meidens aufspürt und den leeren Glauben austreibt, aus dem die größte Verirrung der Seelen entspringt.«

Laut Epikur sind wir also schon glücklich, wenn wir keine Kopfschmerzen haben und uns innerlich ausgeglichen fühlen. Nichts könnte unserem Glücksverständnis (Gipfelerlebnis bei erbrachter Leistung) ferner liegen. Sehen wir uns an, wie Epikur das akute Glück bewertet. Er teilt die Freuden des Menschen in drei hierarchisch geordnete Gruppen:

a) Natürliche und notwendige Freuden ➤ essen, wenn man hungrig ist; trinken, wenn man durstig ist; schlafen, wenn man müde ist.

b) Natürliche, aber nicht notwendige Freuden ➤ Ochsenschwanz in Trüffelöl essen, wenn man hungrig ist; einen 95er Château Chasse-Spleen trinken, wenn man durstig ist; einen Jil-Sander-Pulli überziehen, wenn man friert.

c) Weder natürliche noch notwendige Freuden ➤ Streben nach Anerkennung, Karriere, Macht, Reichtum, Auszeichnungen aller Art.

Wir stellen fest: Alles, was uns glücklich macht, hält Epikur für nicht notwendig – und im Zweifelsfall sogar für widernatürlich. Was der griechische Philosoph für die höchsten Freuden hält, sind für uns Selbstverständlichkeiten. Die natürlichen und notwendigen Freuden bestehen nicht in einem Mehr, sondern in einem Gerade-Genug. Die maximale Lusterfüllung ist für Epikur gleichbedeutend mit der Abwesenheit eines Schmerzes, zum Beispiel eines nagenden Hungergefühls. Alles, was darüber hinausgeht, beschreibt er als entweder überflüssig oder schädlich. Wer sich unvernünftig verhält und glaubt, er brauche weit mehr zum Glücklichsein als Brot und Wasser und einen gesunden Schlaf, fällt den weder natürlichen noch notwendigen Freuden zum Opfer. Freuden dieser Art rauben uns unsere Zufriedenheit, da eine jede von ihnen nach mehr verlangt. Kaum haben wir sie erreicht, empfinden wir auch schon wieder Mangel. Im Ergebnis heißt das: Je reicher (erfüllter, glücklicher) wir sein wollen, desto ärmer (abhängiger von der Erfüllung unserer Wünsche) sind wir – und je ärmer wir sind, desto reicher.

Den menschenmöglichen Reichtum an Glückseligkeit erreichen wir, wenn wir unsere Wünsche auf das Wesentliche beschränken. Indem wir uns auf die natürlichen und notwendigen Freuden konzentrieren, genügen wir nämlich uns selbst – so wie ja auch unserem satten Bauch die Empfindung des Sattseins genügt. Und in dieser Selbstgenügsamkeit (griechisch: *autarkeia*) liegt eben das maximale Glück. Das heißt nicht, dass wir uns nicht ab und zu eine Freude aus Gruppe b) gönnen sollten. Epikur will uns nur warnen, dass wir uns nicht zu sehr auf das sensationell heftige, erlebnismäßig alles überragende akute Glück versteifen sollten, weil dies quälende Abhängigkeiten zur Folge haben könnte. Der Glücksjunkie braucht eine immer höhere Dosis, um zu bekommen, was er sucht: mehr Erfolg, mehr Anerkennung, mehr Geld, mehr Liebe, mehr Sicherheit, mehr

Kontrolle, mehr Leistung. Dementsprechend gibt Epikur zu bedenken:

»Keine Freude ist an sich ein Übel; doch das, was gewisse Freuden erzeugt, bringt vielerlei Beschwerden mit sich, die die Freuden um ein Vielfaches übersteigen.«

»Die Natur hat dafür gesorgt, dass man die notwendigen Dinge leicht erlangen kann und die nicht notwendigen schwer.«

»Wem wenig nicht genügt, dem genügt nichts.«

All dies mag uns einleuchten – vor allem dann, wenn wir den unserer Meinung nach zu erreichenden Glückspegel wieder einmal unterschritten haben. In diesem Fall wenden wir uns reumütig an Lehrmeister wie den Dalai Lama, Buddha oder eben Epikur. *Wir ziehen die Möglichkeit in Betracht, dass Glück vielleicht doch nicht reine Geschmackssache, sondern lernbar ist.* Sobald wir aber Beweise in der Hand zu haben meinen, dass sich für uns demnächst doch endlich alles zum Guten wenden werde, machen wir weiter wie bisher. Der Sog des zu erwartenden akuten Glücks ist übermächtig. Wir wollen nicht nachdenken. Wir wollen dieses Glück *haben*.

Die korrekte Bezeichnung unserer Spezies ist *homo sapiens* – treffender wäre *homo consumens*. Unsere Konsumorientierung bezieht sich nicht nur auf Autos, Jeans oder Öko-Produkte, sondern leider auch auf immaterielle Werte. Liebe, Ausstrahlung, Intelligenz – alles wollen, nein, müssen wir haben. Und zwar zu einem guten Preis. Unsere einseitige Orientierung am Haben bewirkt, dass wir verlernen, einfach nur zu sein. Wir verlernen das innere Tätig-Sein zugunsten äußerer (leistungsbezogener) Geschäftigkeit. Wir praktizieren Meditation und Yoga nicht, um uns selbst zu genügen, sondern weil wir davon *profitieren*. Meditation und Yoga helfen uns, leistungsfähiger zu werden. Wir sagen: Wir meditieren, um unsere Mitte zu finden. Aber wenn wir die Meditation einmal ausfallen lassen müssen oder, schlimmer noch, wenn unser Meditationslehrer nach Indien auswandert, ärgern wir uns.

Wir ärgern uns in der gleichen Weise, wenn wir unsere Bose-Musikanlage zum Richten geben müssen. Wir sind alles andere als selbstgenügsam. Sondern abhängig. Abhängig vom Wunsch, etwas haben zu müssen. Eine Yoga-Stunde. Einen Partner. Eine funktionierende Bose-Anlage. Wir sind abhängig von dem Drang, das akute Glück zu maximieren, indem wir uns darum bemühen, möglichst viel zu haben. Familie und Karriere und Urlaube und Meditationskurse und Immobilien und das Bundesverdienstkreuz. Was dazu führt, dass wir irgendwann nur noch das sehen, was wir haben – aber nicht mehr, wer oder was wir eigentlich sind. Wenn wir das Sein zugunsten des Habens vernachlässigen, verlieren wir das Gespür für die unspektakulären, unaufgeregten Zwischentöne des Glücks. Für das, was in uns selbst wohnt.

In seinem gesellschaftskritischen Werk *Haben oder Sein* (1976) präsentiert uns Erich Fromm (siehe Kapitel 6) zwei Gedichte. Das eine ist von dem englischen Dichter Lord Alfred Tennyson aus dem 19. Jahrhundert:

Blume in der geborstenen Mauer,
Ich pflücke dich aus den Mauerritzen,
Mitsamt den Wurzeln halte ich dich in der Hand,
Kleine Blume – doch wenn ich verstehen könnte,
Was du mitsamt den Wurzeln und alles in allem bist,
Wüsste ich, was Gott und Mensch ist.

Das andere ist ein Haiku des japanischen Dichters Bashō aus dem 17. Jahrhundert:

Wenn ich aufmerksam schaue,
Seh ich die Nazuna
An der Hecke blühen!

Das lyrische Ich Tennysons reagiert auf den Anblick der Blume wie wir, wenn wir sehen, dass Tommy-Hilfiger-Shirts reduziert sind. Oder wenn wir die Partnervorschläge von Parship und neu.de auf Eignung checken. Bevor wir etwas geben, wollen wir erst einmal etwas haben: ein Profil, ein Gesicht, eine bestimmte Anzahl von Matching-Punkten ... eine Blume samt Wurzeln. Kaum haben wir etwas, stellen wir auch schon wieder Hypothesen darüber auf, was wir noch alles haben könnten (»wenn ..., dann ...«). Bei Bashō ist von Pflücken oder auch nur Berühren keine Rede. In seinem Haiku geht es nicht darum, etwas besitzen zu wollen – die Blume, eine mögliche Wahrheit, ein mögliches Glück –, sondern darum, das Leben der Blume einfach nur *wahrzunehmen*.

Um die Dinge überhaupt wahrnehmen zu können (so, wie sie sind – nicht so, wie sie sein könnten), müssen wir innerlich aktiv werden. Wir müssen unseren Geist und unsere Sinne aufwecken und anfangen zu staunen. Anstatt uns auszurechnen, *wie* die Dinge sind (nicht gut genug, nicht schnell genug, optimierbar, maximierbar), müssen wir wieder lernen zu staunen, *dass* überhaupt etwas ist. Dass es überhaupt so etwas gibt wie Blumen, Kinder, Freunde, Tiere, Sonnenuntergänge, Wasser und Brot. Es ist unsere Wahl, worin wir unser Glück finden wollen. Im Besitz oder in der Selbstgenügsamkeit. In der Abhängigkeit von Äußerem oder im inneren Reichtum. Im Haben oder im Sein. Irgendwann müssen wir uns entscheiden. Das kann uns niemand abnehmen. So wie uns auch niemand unser Unglücklichsein abnehmen kann.

Die Sinn-Diät
13. Rezept: Abhängigkeit minimieren

»Ich bin Geschäftsführer eines großen Unternehmens. Ich habe das von null aufgebaut.«
»Dann haben Sie viel erreicht.«
»Meine Frau sagt, dass ich gestresst bin.«
»Und was sagen Sie?«
»Ich merke das nicht so, man sieht es mir ja auch nicht an.«
»Was machen Sie denn in Ihrer Freizeit?«
»Na ja, ich bin ständig auf irgendwelchen Kunstauktionen. Und außerdem beschäftigt mich ein privates Bauprojekt.«
»Und was steht sonst noch auf Ihrem Programm?«
»Golfen, Miami und die Salzburger Festspiele.«
»Was würden Sie tun, wenn Sie wüssten, Sie hätten nur noch einen Tag zu leben?«
(Pause) »Ich würde ausschlafen ... Und dann würde ich zum Angeln gehen.«

Der Wunsch meines Klienten war nur allzu verständlich. Das Bedürfnis des Menschen nach den natürlichen und notwendigen Freuden ist tief verankert. Trotzdem tut er alles, um sich dieser Freuden zu berauben. Wir wollen nicht das Mögliche, sondern das Unmögliche. Wir sind nicht Realisten, sondern Utopisten. Was wäre, wenn wir die Utopie der unaufhörlichen Aneinanderreihung akuter Glücksmomente realisieren könnten? Nichts und niemand würden uns mehr in die Quere kommen. Niemand würde uns mehr schaden wollen, alle würden uns zugeneigt sein, weil ja alle ständig glücklich wären. Wir hätten keine Kopfschmerzen, keine Eheprobleme, keine Schwierigkeiten, die oberste Sprosse der Karriereleiter zu erklimmen. Alles wäre perfekt. Wir würden nicht altern und hätten keine Midlife-Crisis. Wir würden ganz automatisch zum Ziel gelangen. Aber wenn wir ganz automatisch zum Ziel gelangen würden, wenn jede unserer Leistungen sich auszahlen würde – worin bestünde dann die Freude? Seien wir ehrlich: Automatisches Glück ist nicht das, was wir wollen. Alles, was wir wollen, ist frei zu sein. Frei von der Abhängigkeit des Haben-Wollens.

Wenn Sie in diesem Leben glücklich sein wollen, sollten Sie aufhören, sich von Ihren Wünschen versklaven zu lassen. Fragen Sie sich, ob es sich dabei tatsächlich um existenzielle Bedürfnisse handelt. Nur diese sollten Sie ernst nehmen. Alle anderen stecken Sie in die Gruppe »weder natürlich noch notwendig«. Lösen Sie sich von allem, was Sie meinen, haben zu müssen. Schauen Sie nicht immer nur in die Zukunft, blicken Sie auch ab und zu zurück. Machen Sie sich klar: Aus Ihrer jetzigen, gegenwärtigen Situation heraus können Sie nur schwer beurteilen, ob Sie das, was Sie jetzt haben wollen, zu Ihrem Glück auch wirklich brauchen. Nur wenn Sie zurückblicken und sich bewusst machen, wer Sie mit der Zeit geworden sind und wodurch Sie es geworden sind, können Sie sich von Ihrer Abhängigkeit vom akuten Glück befreien. Nur dann können Sie zu sich selbst finden. Ohne ein gutes, ebenso liebendes wie kritisches Verhältnis zu sich selbst wird Ihnen das Glück, das in der Selbstgenügsamkeit liegt, verschlossen bleiben. Entscheiden Sie jetzt, was Sie wirklich wollen: die ewige Jagd oder die Gewissheit, dass das Glück nicht außerhalb, sondern in Ihnen selbst zu finden ist. Wenn Sie weniger Un-Sinn in Ihrem Leben wollen, sollten Sie Ihren inneren Reichtum vermehren. Hier ein paar Beispiele:

▶ Offiziell würden Sie es nie zugeben – aber Sie sind kaufsüchtig. Das höchste der Gefühle ist für Sie der Moment, in dem Sie ein neues Elektrogerät oder das neunundvierzigste Paar Schuhe Ihr Eigen nennen können. In Ihrer Wohnung stapeln sich zweitausendfünfhundert Sachbücher, von denen Sie kein einziges gelesen haben.

Sie sind nicht allein. Neun Prozent aller Deutschen leiden an Kaufsucht. Wenn Sie es noch schaffen, an etwas anderes zu denken als an Konsumartikel, und wenn Ihr Konto noch nicht im Minus ist, können Sie Ihr Problem vielleicht ohne psychotherapeutische Hilfe lösen. Doch machen Sie sich klar: Je mehr Waren Sie anhäufen, desto mehr verarmen Sie. Nicht nur äußerlich, sondern vor allem auch innerlich. Ihre Lage ist ernst. Sie wollen nicht zugeben, dass das, was Sie als Glück empfinden, in Wahrheit bloß Abhängigkeit ist. Vor lauter Haben-Wollen haben Sie den Bezug zu sich selbst verloren. Sie haben verlernt, was es heißt, frei zu sein. Verschanzen Sie sich nicht länger hinter Ihren Einkäufen – gehen Sie in die Natur. Machen Sie sich wieder mit den Dingen bekannt, die man nicht kaufen kann. Mit der nesselblättrigen Glockenblume, bei der die Bienen Schutz vor Nässe suchen, oder mit dem eiförmigen Köpfchen der schwarzen Teufelskralle. Mit der Stockente, der Krickente, der Löffelente und der Knäkente. Lernen Sie die Unterschiede zwischen der Alpenbraunelle und dem Wintergoldhähnchen kennen. Beschäftigen Sie sich mit Dingen, die so unersetzlich sind wie Sie selbst.

▶ Sie haben längst begriffen, dass das Glück im Sein liegt und nicht im Haben. Am liebsten würden Sie Ihren Lebensstil aufs Essenzielle beschränken – aber Sie können es nicht. Sie sind nämlich ein hohes Tier im Corporate Compliance Management und ständig auf Achse.

Ihre Aufgabe ist es, dafür zu sorgen, dass Unternehmen gesetzestreu und in Einklang mit bestimmten ethischen Grundsätzen handeln. Vermutlich finden Sie darin einen Großteil Ihres persönlichen Glücks – sonst hätten Sie es nicht so weit gebracht. Es ehrt Sie, dass Sie Glück nicht nur mit Leistung, sondern auch mit Verantwortung verbinden. Genau hier liegt aber Ihr Problem. Einerseits treten Sie von Zürich über Moskau bis Shanghai für Moral und Ethik ein, andererseits verpesten Sie durch Ihre vielen Langstreckenflüge die Atmosphäre. Nun sehen Sie keine Möglichkeit, an Ihrer Lage etwas zu ändern. Sie denken, Sie könnten den aufwendigen Lebensstil, der mit Ihrem Beruf einhergeht, nur dann aufs Wesentliche reduzieren, wenn Sie den Job wechseln. Sie haben recht. Wenn Sie in Ihrem Beruf glücklich sind, sollten Sie sich von Ihren Zweifeln aber nicht zerreiben lassen. Hören Sie auf, das Unmögliche zu wollen. In dieser Welt können Sie nicht hochrangiger Compliance Officer und gleichzeitig Zen-Meister sein. Finden Sie Ihr Glück weiterhin darin, Gutes zu tun – für andere und für sich selbst –, und beschränken Sie sich dabei auf das Mögliche.

▸ Früher haben Sie gelebt wie ein Don Juan. Inzwischen besteht Glück für Sie nicht mehr in Affären, sondern in einem soliden Familienleben. Obwohl Sie auch früher glücklich waren, fragen Sie sich, ob das damalige Glück nicht reine Illusion war.

Es kommt darauf an, ob Sie glauben, für das Glück gälten subjektive Maßstäbe – oder ob Sie das Glück objektiv bewerten wollen. Als moderne Menschen in einer hyperkomplexen Welt neigen wir heute alle dazu, Glück als etwas Subjektives, Individuelles zu definieren. Spontan würden wir alle sagen, echtes Glück sei das, was der Einzelne so empfindet. Wenn wir das tun, dürfen wir konsequenterweise aber nicht nur das Glück der Nächstenliebe oder das Mutterglück unter »echtem Glück« subsumieren – wir müssen *alle* Glücksarten berücksichtigen. Dazu gehören auch das Glück der Schadenfreude, das Glück der Wirtschaftskriminalität, das Glück des Selbstmordattentats. Dass die meisten von uns diese Konsequenz scheuen, weist darauf hin, dass es vielleicht nicht ganz verkehrt wäre, Glück auch anhand von objektiven Maßstäben zu beurteilen.

Indem Sie sich fragen, ob Ihr früheres Glück illusorisch sein könnte, gehen Sie davon aus, dass es einen Unterschied zwischen »echtem Glück« und »illusorischem Glück« gibt. Sie gehen davon aus, dass echtes Glück erkennbar sein muss, nicht auf einer Täuschung beruhen darf. Wann aber basiert Glück auf einer Täuschung? Wenn es durch Trunkenheit herbeigeführt wird? Wenn es durch Unmoral erkauft wurde? Wenn es aus Geisteskrankheit resultiert? Überlegen Sie, was echtes Glück für Sie objektiv bedeutet – und wie Ihr eigenes subjektives Empfinden da hineinpasst.

Mit diesem Rezept werden Sie den Stellenwert des akuten Glücks für Ihr gesamtes Leben besser einschätzen können. Sie werden Ihren Urlaub nicht mehr in Asien oder Afrika verbringen müssen, sondern endlich die Ruhe haben, Ihre nähere Umgebung zu erkunden. Und im Supermarkt werden Sie nicht mehr nur die Wursttheke ins Auge fassen, sondern auch das nette Lächeln dahinter.

Es gibt kein richtiges Leben im falschen.

THEODOR W. ADORNO

14 Chronisches Glück

Wohin gehen wir? Was haben wir von diesem Leben noch zu erwarten? Und: Was ist eigentlich der Sinn des Lebens? Wenn wir wüssten, was der Sinn ist – wären wir dann dauerhaft glücklich?

Wir wissen es nicht. Also halten wir uns alle Optionen offen und warten. Damit uns der Sinn unter all dem Un-Sinn ja nicht entwischt. Wir kommen gar nicht auf die Idee, dass Sinn etwas sein könnte, das wir uns in oft mühseliger Kleinarbeit selbst schaffen müssen. Genau wie das Glück. Wir stoßen in dieser Welt auf viele Probleme, aber auf wenig Sinn. Das verstehen wir nicht. Wir meinen, es müsste genau umgekehrt sein. Eigentlich müsste es viel Sinn und wenig Probleme geben, denken wir. So ist es zu erklären, warum wir jeden Stein, der uns im Weg liegt, als Gemeinheit empfinden. Warum wir jedes Hindernis, das da plötzlich vor uns auftaucht, mit einer Beleidigung gleichsetzen. Warum wir hinter jeder Beschränkung unserer Möglichkeiten eine Repression vermuten.

Wir meinen: Das, was ist, darf nicht sein. Wir sprechen Hindernissen, Schranken und Widerständen ihre Existenzberechtigung ab. Weil sie uns sinnlos erscheinen. Weil sie uns davon abhalten, endlich glücklich zu sein. Immer wieder schieben sich Mauern zwischen uns und die große Liebe, das große Glück oder die große Sinn-Offenbarung.

Und immer wieder versuchen wir diese Mauern zu sprengen: Wir telefonieren drei Stunden mit Klaus. Wir weinen uns bei Leo aus. Wir gehen shoppen. Nach all den Strapazen des Lebens haben wir es verdient, uns zu belohnen. Wir kaufen etwas, dessen Sinn auf der Hand zu liegen scheint. Eine Clutch Bag, ein Metabolic-Balance-Diät-Buch, ein iPhone. Anschließend treiben wir ein wenig Sport und gehen in die Sauna. Schon fühlen wir uns besser. Die Welt erscheint uns freundlicher, verständlicher. Wir lehnen uns zurück und sind fast ein wenig stolz auf uns. Schließlich waren wir es, die die Initiative ergriffen haben. Uns ist es – wieder einmal – aus eigenem Antrieb gelungen, uns aus der Misere zu befreien. Die Mauern zwischen uns und dem Glück zu durchbrechen. Ganz offensichtlich haben wir eine Menge Power.

Warum gelingt es uns dann aber nicht, dauerhaft glücklich zu sein? So glücklich wie Max zum Beispiel. Max ist immer gut gelaunt und ausgeglichen, auch wenn er nicht den geringsten Grund dazu hat. Wenn wir uns abends auf ein Bier mit ihm treffen, um unser Leid zu klagen, begrüßt er uns mit einem strahlenden Lächeln. »Bist du verliebt?«, fragen wir ihn, oder: »Hat das mit London endlich geklappt?« Es ist uns einfach unvorstellbar, dass etwas anderes als ein akuter Glückszustand sein Frohsein erzeugt haben könnte. Wir begreifen einfach nicht, wie Max, ein Mensch, der weniger verdient und unattraktiver ist als wir und dessen Kind unbegabter ist als unseres, das erreichen konnte, wovon wir nur immer träumen: Zufriedenheit.

Die berühmteste Definition vom Glück stammt von Aristoteles. Er setzt das Glück mit dem Guten gleich: »Gut ist das, wonach alles strebt.« (siehe Kapitel 7) All unser Wollen und Wünschen enthält dieses Streben. Fragen wir uns zum Beispiel, warum wir eine Clutch Bag wollen. Wir wollen diese unpraktische henkellose Abendtasche nicht um ihrer selbst willen. Vielmehr dient sie uns zu einem bestimmten Ziel: dem Ziel, stylish zu wirken. Fragen wir weiter: Warum wollen wir stylish wirken? Weil wir von bestimmten Menschen gesehen und anerkannt zu werden wünschen. Warum wünschen wir das? Weil es unserem Selbstwertgefühl guttut. Und warum wollen wir ein gutes Selbstwertgefühl? ... Wir könnten immer weiterfragen. Am Ende aber, so Aristoteles, gibt es immer ein höchstes, letztes Ziel, ein *Wofür*, das alles Streben in sich einbegreift: das Glück im Sinne des schönen, guten, sinnvollen, im Ganzen gelungenen Lebens.

Ein schönes, gutes, sinnvolles, im Ganzen gelungenes Leben ist nichts anderes als chronisches Glück. Chronisches Glück ist – im Unterschied zum akuten Glück – dauerhaft. Es entwickelt sich langsam, im Laufe der Zeit, während wir unsere einzelnen Ziele verfolgen. Dabei kommt es durchaus nicht darauf an, dass wir sämtliche Ziele erreichen. Es gibt eine Menge Ziele, die wir erreichen wollten, aber nicht erreicht haben. Dafür haben wir andere Ziele geschafft. Rückblickend hat das Erreichen dieser anderen, ursprünglich gar nicht beabsichtigten Ziele dennoch viel zum Gelingen unseres Lebens beigetragen. Wären wir damals nicht um unserer beruflichen Selbstverwirklichung willen nach Frankfurt gegangen, hätten wir nicht unseren jetzigen Ehepartner kennengelernt. Zwar haben wir immer noch nicht den Job, den wir uns wünschten, dafür aber eine Familie. Hätte nicht eine Verletzung uns daran gehindert, unsere sportlichen Fähigkeiten zu perfektionieren, hätten wir nie unsere Begeisterung für die Malerei des 17. Jahrhunderts entdeckt. Die Tatsache, dass wir ständig von A nach Z wollen und trotz aller Anstrengungen ständig bei X, F oder B landen, kann das letztendliche Gelingen unseres Lebens nicht vereiteln. Vorausgesetzt, wir werden nicht müde, unseren Beitrag zu leisten.

Wir haben bereits alles, was wir brauchen, um einen chronischen Glückszustand zu erreichen, ein schönes, gutes und sinnvolles Leben: Zielorientiertheit. Ehrgeiz. Intelligenz. Eine Vielfalt von Optionen. Leider sind wir weit davon entfernt, aus dieser großartigen Ausgangssituation etwas zu machen. Das Großartige ist für uns nämlich selbstverständlich. Hinzu kommt, dass wir verlernt haben, unser Leben anders als abschnitthaft zu betrachten. Wenn wir uns schon einmal über unser Leben Gedanken machen, das mal entsetzlich schleppend, mal mit furchtbarer Geschwindigkeit vorübergeht, fokussieren wir stets nur bestimmte Zeitabschnitte. Die langen Zeiten, in der wir unglücklich waren. Die kurzen Episoden, in denen wir glücklich waren. Und den jetzigen Moment, in dem wir uns nicht entscheiden können, ob wir uns nun glücklich oder unglücklich fühlen sollen.

Eine fünfzigjährige Abteilungsleiterin kam zu mir, nachdem sie einen Nervenzusammenbruch erlitten hatte. Der Versuch, ihren vierundzwanzig Mitarbeitern und ihrer pflegebedürftigen Mutter zu gleichen Teilen gerecht zu werden, war nach Jahren gescheitert.

»Mir geht es nicht gut. Ich habe diese enorme innere Unruhe. Mir ist klar, dass ich etwas an meiner Lebensführung ändern muss«, sagte sie.

»Ich verstehe«, sagte ich.

»Ich muss Ihnen gleich sagen, dass ich Ihnen gegenüber sehr skeptisch bin. Wenn mein Mann mich nicht überredet hätte, wäre ich sicher nicht hier.«

»Wo wären Sie denn?«

»Das ist doch jetzt hypothetisch.«

»Was ist das Wichtigste in Ihrem Leben, gibt es etwas, auf das Sie unter keinen Umständen verzichten könnten?«

»Meinen Mann.«

»Was würden Sie tun, wenn Sie Ihren Mann nicht hätten? Was wäre dann?«

»Noch habe ich ihn ja.«

»Was wäre, wenn Sie aus gesundheitlichen Gründen Ihre Arbeit nicht wieder aufnehmen könnten?«

»Ach, das sind doch alles nur Planspiele! Alles, was ich von Ihnen wissen will, ist, wie ich mein Leben ändern kann.«

Meine Klientin, mit großen beruflichen und zwischenmenschlichen Kompetenzen ausgestattet, war für das chronische Glück noch nicht bereit. Sie zog es vor, ergebnisorientiert Einzelziele zu verfolgen, ohne sich mit der Frage nach dem allumfassenden *Wofür* des Ganzen zu befassen. Das Ziel, ihr Leben zu ändern, war für sie ein Ziel wie alle anderen. Der Gedanke, dass sich dieses Ziel von allen anderen *qualitativ* unterschied, weil es hier nicht um ein bestimmtes Ergebnis, sondern um ihr *ganzes* Leben ging, war ihr fremd. Sie war nicht in der Lage, ihr Leben als ein Vergangenheit, Gegenwart und Zukunft umfassendes Ganzes zu betrachten. Das, was im Leben noch vor ihr lag, war für sie ein Spiel oder, in ihren Worten, ein »Planspiel«. Bei einem Planspiel geht es darum, konfliktreiche Situationen in einem Rollenspiel zu simulieren. Beim Leben geht es ums Gelingen. Ein Planspiel ist Schein, das Leben Sein.

Gelingen kann unser Leben nur dann, wenn wir erstens bereit sind, es mit all seinen Hindernissen und Grenzen zu akzeptieren – den tatsächlichen (aktuellen) und den möglichen (künftigen). Der Sinn des Lebens liegt nicht auf der Straße, genauso wenig wie das Glück. Wenn wir wollen, dass unser Leben insgesamt, nicht nur abschnittsweise, gelingt, müssen wir zweitens selbst etwas dazu beitragen. Und zwar nicht nur ein paar Monate oder Jahre lang, sondern immer, bis zu unserem Tod. Aristoteles: »Denn eine Schwalbe macht noch keinen Frühling, und auch nicht ein einziger Tag; so macht auch ein einziger Tag oder eine kurze Zeit niemanden glücklich und selig.«

Das altgriechische Wort für das chronische Glück ist *eudaimonia*. Gemeint ist: Glücklich sind wir dann, wenn wir einen guten (*eu*) Geist (*daimon*) haben. Ein guter Geist begleitet uns allerdings nur dann, wenn wir selbst gut sind, uns selbst um gutes, tugendhaftes Handeln bemühen. In der griechischen Antike ist das Glück mit Tugendhaftigkeit, das heißt herausragenden Persönlichkeitseigenschaften, und Vernunft untrennbar verwoben. Unser Begriff vom (akuten) Glück ist davon meilenweit entfernt. Glück ist für uns eine Sache, Tugend eine andere, und Vernunft wieder eine andere. Zwar erkennen wir ohne Weiteres den Wert dieser drei Dinge, nicht aber ihren Zusammenhang. Wenn wir einer alten Frau über die Straße helfen, fühlen wir uns nur bedingt glücklich. Wenn wir glücklich sind, ist das meist nicht darauf zurückzuführen, dass wir uns in herausragender Weise gerecht, freigebig oder tapfer verhalten haben. Wenn wir vernünftig sind, heißt das noch lange nicht, dass wir auch glücklich sind.

Dass es uns so schwerfällt, zwischen Glück, Tugend und Vernunft einen Zusammenhang zu sehen, hat natürlich mit der Zusammenhanglosigkeit unserer unübersichtlichen, hyperkomplexen Welt insgesamt zu tun. In dieser Welt kann man das, was man zum Glücklichsein gerade braucht, ganz einfach anklicken, egal, ob es zusammenpasst oder nicht – alles Übrige, Störende, Verwirrende, Unerklärliche, Widerständische, Beschränkende lässt sich problemlos löschen. So zumindest suggeriert es der Zeitgeist. Wir klicken vieles an (Ausbildungen, Berufe, Partner, Nikes, Auslandsaufenthalte, Fördergelder, Pornos), aber wir löschen auch viel (Ausbildungen, Berufe, Ehen, Einsamkeit, Geschichte, Kindheit, Alter, Tod). Vor lauter Anklicken und Löschen bleibt gar keine Zeit mehr, sich die Zusammenhänge zwischen dem, was einem im Leben widerfährt, und dem, was man selbst mit diesem Leben anstellt, klarzumachen. Wir haben überhaupt keine Zeit für Zusammenhänge – weder für historische noch für kulturelle noch für ökologische. Wir haben keine Zeit für das Ganze. Wir begnügen uns mit Bruchstücken. Kein Wunder, dass wir nach Sinn schreien.

Wir haben zu viele Möglichkeiten, wir *können* zu viel. Unser Können besteht darin, uns so viele Optionen wie möglich zu schaffen und ihre Realisierung so lange wie möglich aufzuschieben. Es gibt aber noch eine andere Form des Könnens, eine, die ein wenig in Vergessenheit geraten ist: Können als eine *Kunst*. Kunst ist die *gekonnte* Umsetzung von einer Möglichkeit, einer Idee in eine Gestalt. Ein künstlerischer Prozess beinhaltet immer auch die Möglichkeit des Scheiterns. Deshalb sind neben dem Können Übung, Durchhaltevermögen, Disziplin, Beharrlichkeit und Ausdauer gefragt. Aber was hat das mit Glück zu tun? Wenn wir uns bemühen, unser Leben als ein kunstvolles Ganzes zu gestalten, tragen wir automatisch dazu bei, dass unser Leben im Ganzen gelingt, Sinn macht. Wir befördern uns in einen chronischen Glückszustand.

Eines der Hauptanliegen der antiken Philosophie seit Sokrates war es, *Lebenskunst* (*technê tou biou*) zu lehren. Viele Jahrhunderte lang, speziell vom 4. bis zum 1. Jahrhundert. v. Chr. und während der römischen Kaiserzeit, zirka bis zum Ende des 2. Jahrhunderts n. Chr., hilft die philosophische Lebenskunst dem Menschen, sich in der Welt zurechtzufinden. Philosophische Lebenskunst ist die Kunst, sein Leben selbstverantwortlich und in gelingender Weise zu gestalten – wie widrig die Umstände auch sein mögen.

Seit dem Hellenismus ist der antike Mensch in einer ähnlichen Situation wie wir: Frühere Halt gebende Zusammenhänge sind zerbrochen, Werte und Traditionen haben sich aufgelöst – an ihre Stelle sind Orientierungslosigkeit, Bindungslosigkeit, Unsicherheit und die Jagd nach akutem Glück getreten. Die Fähigkeit, sich auf sich selbst verlassen zu können, ist wichtiger denn je. Die Aufgabe besteht darin, Orientierung und Sicherheit zurückzugewinnen, und zwar aus eigener Kraft und aus eigenem Willen. Dafür plädieren Epikureer (siehe Kapitel 13), Stoiker, Skeptiker (siehe Kapitel 12) und viele andere. Aufgabe soll es sein, aus dem Chaos des Lebens eine Gestalt, eine Sinn machende Form zu schöpfen. Der stoische Philosoph Epiktet (50–138 n. Chr.) schreibt in seinen Lernsprüchen, den *Diatriben*: »So wie das Holz das Material des Zimmermanns ist, Bronze das des Bildhauers, so ist das Material der Lebenskunst das Leben jedes Einzelnen.«

Damit die *eudaimonia*, das chronische Glück, erreicht werden kann, halten die Lebenskunstschulen ein ständiges Bilden und Gestalten der eigenen Persönlichkeit für unerlässlich. Alle Schulen gehen davon aus, dass der Mensch für sein Glück bestimmte Basiseigenschaften braucht, die lehr- und lernbar sind:

- Selbstgenügsamkeit = *autarkeia*
- Gleichmütigkeit, Gleichmäßigkeit = *apatheia*
- Freisein von Unruhe, Seelenruhe, heitere Gelassenheit = *ataraxia*

Diese Eigenschaften bilden die Grundlagen für Tugenden wie (Selbst-)Freundschaft, Gerechtigkeit, Großzügigkeit, für soziales Verhalten im weiteren Sinne. Um selbstgenügsam, heiter und gelassen zu werden, soll man *Selbstsorge* betreiben. Die Sorge um sich selbst dient nicht der Befriedigung irgendwelcher narzisstischen Bedürfnisse, sondern ist Voraussetzung für die Sorge um andere. Das Herzstück der Selbstsorge ist die lebenslange *Askese*. Wenn wir »Askese« hören, denken wir sofort an Selbstkasteiung. Wir denken an einen vertrockneten Mönch, der in einer winzigen Zelle den Rosenkranz betet. Tatsächlich aber heißt das ursprüngliche griechische Wort *askêsis* nichts anderes als »Übung« – im Sinne eines täglich, sorgfältig ausgeübten, disziplinierten Trainings. Dazu gehören:

1. *Die Praxis des Erinnerns und der Selbstprüfung:* Am Ende jeden Tages erinnert man sich an das, was man getan hat und was man hätte tun sollen. Man rekapituliert das Getane

und das Versäumte, nicht um sich zu verurteilen, sondern um sich selbst zu prüfen. Diese Erinnerungskunst dient auch dazu, sich auf zukünftige (unangenehme) Situationen vorzubereiten: Denn wenn man weiß, wie man in der Vergangenheit reagiert hat, kann man seine Reaktionen in der Zukunft besser einschätzen. Außerdem prüft man sich, indem man sich freiwillig in eine heikle Lage versetzt und erprobt, wie man damit zurechtkommt.

2. *Die Praxis des Lesens und Schreibens:* Man liest aus demselben Grund, aus dem man schreibt. Nicht um sich zu zerstreuen, sondern um sich – durch Konzentration auf die Worte – bestimmte Einsichten besser einzuprägen. Man schreibt auf, was man gedacht und erlebt hat, damit man es später wieder lesen und reaktivieren kann. Man schickt Briefe an Freunde, schreibt ihnen Einsichten, die ihnen helfen sollen. Und man bemüht sich, in Briefen die eigenen Handlungen und Erfahrungen möglichst plastisch und detailreich wiederaufleben zu lassen.

3. *Die Praxis des Schweigens:* Man hört eine Rede, einen Vortrag, ohne dazwischenzurufen. Man stellt keine Fragen, weder währenddessen noch danach. Man lauscht nur der Stimme des Redners und versucht, die logischen Zusammenhänge zu begreifen. Wenn der Vortrag vorbei ist, denkt man schweigend darüber nach.

4. *Die Praxis der Gymnastik:* sportliche Übungen aller Art.

Das alles klingt nach wenig Spaß und viel Arbeit. Wozu das ganze Üben, wozu die Askese, wenn wir doch bloß glücklich sein wollen? Ganz einfach: Das Glück ist nicht nur Folge des Übens, es liegt auch im täglichen Üben selbst. Durchs Üben wird das Glück chronisch. Deshalb ist Üben das Vernünftigste, was wir für unser Glück tun können. Für die Griechen hatte das ganze Leben aus Üben zu bestehen. Diese Vorstellung lässt sich mit der Ergebnisorientierung unseres Perfektionismus natürlich schwer vereinen. Wir wollen nicht üben. Wir wollen immer schon alles erreicht haben. Und zwar ohne uns über das *Wofür* den Kopf zerbrechen zu müssen. Wie meine Klientin, die Abteilungsleiterin, fokussieren auch wir lieber abschnitthaft einzelne Problemzonen. Anstatt dafür zu sorgen, dass das, was wir mit unserem Leben machen, *insgesamt* eine Form, eine Gestalt, einen Zusammenhang, einen Sinn hat.

Wir preschen vor, um alle Ziele gleichzeitig zu erreichen. Und dann wundern wir uns, warum die Erlösung, auf die wir die ganze Zeit warten, immer noch nicht erfolgt ist. Die Wahrheit ist: Sie wird nie erfolgen. Wir müssen uns schon selbst erlösen. Die Kunst der Askese ist hierfür ein hervorragendes Mittel. Sie tut allerdings nur dann ihre Wirkung, wenn wir die (Selbst-)Disziplin, die tägliches Üben erfordert, auch wirklich selbst wollen.

Die Sinn-Diät
14. Rezept: Das Leben mit Respekt behandeln

Die Askese ist keine Option – sie ist eine Lebenshaltung. Eines der besten Beispiele hierfür ist der römische Kaiser Marc Aurel (121–180 n. Chr.), der sich neben seiner Betätigung als Feldherr sein Leben lang in der Lebenskunst übte. In seinen *Selbstbetrachtungen* – in denen er Kommentare zu seiner eigener Lebensführung und Erkenntnisse über das Leben überhaupt festhielt – ermahnt er sich selbst und uns alle: »Tue nichts mit Unwillen, nichts ohne Rücksicht aufs Gemeinwohl, nichts übereilt, nichts in Zerstreuung. Kleide deine Gedanken nicht in zierliche Worte, sei nicht weitschweifig in deinen Reden, noch tue vielgeschäftig ... Dann findet man die Heiterkeit der Seele, wenn man sich gewöhnt, der Hilfe von außen her zu entbehren und zu unserer Ruhe anderer Leute nicht zu bedürfen. Man soll aufrecht stehen, ohne aufrecht gehalten zu werden.«

Wir fragen uns, wie wir das realisieren können: Vom Wirbelwind der Optionen nicht umhergetrieben zu werden, sondern ihm aufrecht stehend zu trotzen. Wir können es – denn Können ist eine Kunst, die wir nur noch einüben müssen. Wenn Marc Aurel mitten im Waffengetümmel und mit tausend Regierungssorgen im Gepäck Zeit für seine Schreibpraxis finden konnte, können wir das auch. Schließlich haben wir weder die Germanen noch die Markomannen am Hals, sondern nur ein paar vergleichsweise lächerliche Meetings.

Wenn Sie nicht nur ab und zu, sondern chronisch glücklich sein wollen, sollten Sie das Ganze des Lebens im Blick behalten. Am Ende, wenn der Tod vor der Tür steht, geht es nicht darum, ob Sie nun fünf Komma vier oder fünf Komma sechs Prozent Zinsen bekommen haben. Am Ende geht es weder um die Höhe Ihres Einkommens noch um die Tiefe Ihrer Nasolabialfalten. Es geht nicht einmal darum, wie viele *der Anderen* Sie im Laufe der Zeit ausstechen konnten. Alles, was am Ende zählt, ist, dass Sie, wenn Sie zurückschauen, sagen können: Es war ein gutes, gelungenes Leben.

Machen Sie sich klar: Das Negative (Hindernisse und Grenzen) tritt nicht in Ihr Leben, damit Sie es möglichst schnell wieder loswerden. Das Negative ermöglicht es Ihnen überhaupt erst, das Positive richtig wahrzunehmen. Wenn immer nur Tag wäre und nie Nacht, wüssten Sie nicht nur nicht, was Nacht ist – Sie wüssten auch nicht, was Tag ist. Denn wir erkennen das Wesen der Dinge erst, wenn wir auch ihr Gegenteil kennen. Sinn macht etwas für uns immer erst dann, wenn wir beides im Zusammenhang sehen – das Positive und das Negative. Wenn Sie dauerhaft glücklich sein wollen, sollten Sie vor jeder Mauer, die Ihnen den Weg versperrt, innehalten und sich fragen: »Wofür lebe ich eigentlich?« Es kommt nicht darauf an, eine endgültige Antwort zu finden, sondern sich immer wieder die Kostbarkeit des Lebens zu vergegenwärtigen.

Kostbar wird Ihr Leben nicht dadurch, dass Sie es perfektionieren. Es wird kostbar durch Askese. Die Askese, das tägliche Üben, hilft Ihnen, Ihre ganze sinnlose Unzufriedenheit abzulegen wie einen alten Hut. Beginnen Sie damit, Ihren Tag in einzelne Aufgabenbereiche zu gliedern. Dazu gehört nicht nur Arbeiten, Einkaufen, Telefonieren und E-Mails beantworten. Genauso wichtig ist es, mit den Kindern zu spielen, Freunde und Fremde zu treffen, zu lächeln und zu lieben. Tun Sie alles, was Sie tun, so, als wollten Sie ein Kunstwerk hervorbringen. Warten Sie nicht auf den Kuss der Muse. Fassen Sie jede Aufgabe als eine Übung auf. Versuchen Sie nicht, in den einzelnen Übungen perfekt zu werden, sonst verkrampfen Sie sich. Wer sich verkrampft, ist ein schlechter Künstler. Konzentrieren Sie sich lieber mit aller Leidenschaft auf das, was gerade zu tun ist. Weiten Sie Ihr Üben auf vermeintlich nutzlose Aufgaben aus: Lesen, Schreiben, Erinnern, Schweigen (siehe oben). Wenn Ihnen eine Übung misslingt – kein Problem. Wagen Sie einfach morgen, nächste Woche und Ihr ganzes Leben lang immer wieder einen neuen Versuch. Das ist der beste Beitrag, den Sie für Ihr chronisches Glück leisten können. Hier ein paar Beispiele:

▶ Sie sind achtzehn und haben gerade Ihr Abitur mit einem Notendurchschnitt von 1,2 absolviert. Jetzt machen Sie ein soziales Jahr in einem Krankenhaus, weil das im Lebenslauf immer gut wirkt. Sie überlegen, ob es die richtige Entscheidung war.

Ihr glänzendes Abitur weist Sie als hochintelligent aus. Sie haben eine schnelle Auffassungsaufgabe und, was soziale Belange betrifft, ein großartiges Gespür für Taktik, Sie sind wendig und flexibel. Kurz: Für Ihr Alter haben Sie einen tollen Überblick. Sie haben sich für ein soziales Jahr entschieden, um die tausend beruflichen Optionen, die Ihnen aufgrund Ihres exzellenten Abiturs offenstehen, noch um weitere tausend zu vermehren. Warum zweifeln Sie an Ihrer Entscheidung? Vermutlich werden Sie im Krankenhaus mit Dingen konfrontiert, die bisher nicht Teil Ihrer Lebenswirklichkeit waren: Leid, Hilflosigkeit, Hoffnungslosigkeit, Frustration, Zynismus. Instinktiv wissen Sie, dass Sie dieses soziale Jahr verändern wird. Und das ist Ihnen unheimlich.

Lassen Sie sich nicht beunruhigen, Ihre Wahl war richtig. Sie befinden sich jetzt in einem Umfeld, in dem Sie intensiv die Tugenden trainieren können, die Sie brauchen, um nicht nur in Ihrer Jugend, sondern dauerhaft glücklich zu sein: Gelassenheit. Besonnenheit. Gerechtigkeit. Freundschaftlichkeit. Wenn Ihr soziales Jahr vorbei ist, werden Sie zweitausend berufliche Optionen haben. Sehen Sie das, was Sie im Laufe dieses Jahres gelernt und worin Sie sich geübt haben, als wichtige Orientierungshilfe – in der Frage der Berufswahl und des gelingenden Lebens überhaupt.

▶ Sie langweilen sich. Nie passiert etwas in Ihrem Leben. Ein Tag ist wie der andere, ob Montag oder Sonntag. Sie vergessen alles, was länger als einen Monat zurückliegt, weil es Ihnen nicht wichtig erscheint.

Etwas in Ihrem Leben läuft falsch: Sie leben nicht richtig. Sie haben zu leben verlernt. Fangen Sie wieder an zu üben. Schreiben Sie jeden Abend auf, was Sie nicht getan haben – aber was Sie tun würden, wenn Sie könnten. Ermächtigen Sie sich selbst: Begeben Sie sich freiwillig in Situationen, die Sie bisher vermieden haben. Besuchen Sie endlich einmal Ihre langweilige Cousine oder gehen Sie in ein langweiliges Fitnesscenter. Studieren Sie Ihre Gedanken und Gefühle. Prüfen Sie, wie Sie mit dem Unangenehmen zurechtkommen. Dadurch lernen Sie das, was Ihnen zu diesem Zeitpunkt bloß unangenehm erscheint, als Herausforderung schätzen. Üben Sie sich in der Praxis des Schreibens: Notieren Sie Ihre Erkenntnisse – auch und gerade die, die Ihnen unbedeutend erscheinen. Beginnen Sie eine Brieffreundschaft mit einem Menschen, in dessen Leben auch nichts passiert, zum Beispiel mit einem Strafgefangenen (www.knast.net). Philosophieren Sie mit ihm über Freiheit. Und erklären Sie einander immer wieder, wofür Sie eigentlich leben. Aber lassen Sie es nicht beim Philosophieren bewenden – die nächste Übung besteht darin, Ihren Gedanken Taten folgen zu lassen.

▶ Ihr größtes Ziel ist es, dauerhaft glücklich zu sein. Leider gibt es jedes Mal, wenn Sie glauben, jetzt hätten Sie das Glück aber wirklich erreicht, irgendein Problem.
Nicht nur Sie, jeder Mensch strebt nach dem Glück. Allerdings ist es unmöglich, das Glück auf direktem Wege zu erreichen. Genau das scheint aber Ihr Plan zu sein. Sie können sich viele Ziele setzen und zu verwirklichen versuchen: »Ich will reich sein.« Oder: »Ich will eine Familie gründen.« Oder: »Ich will ein guter Mensch sein.« Wenn es aber Ihr Ziel ist: »Ich will jetzt endlich glücklich sein« oder noch schlimmer: »Ich *muss* jetzt endlich einmal Glück haben (*die Anderen* haben doch *auch* ständig Glück)«, erreichen Sie es garantiert nicht. Je direkter Sie das Glück ansteuern, desto mehr entzieht es sich Ihnen. Das ist das sogenannte *Glücksparadox*. Glück – das chronische – verlangt Geduld, Vertrauen und Hoffnung, dass es letztendlich zu Ihnen kommen wird. Anstatt dem Glück nachzujagen, sollten Sie sich lieber auf andere für Sie wertvolle Ziele konzentrieren. Denn Glück ist wie ein wunderschönes Kleid, das Sie im Internet bestellt haben – von dem Sie aber nicht wissen, ob und wenn ja, wann der DHL-Bote es Ihnen übergeben wird. Eine Liefergarantie fürs Glück gibt es nicht.
Hecheln Sie also dem Glück nicht länger hinterher. Tragen Sie lieber dazu bei, dass es Ihnen nicht wegrennt. Verwirklichen Sie die Möglichkeiten, die in Ihnen selbst schlummern. Formen Sie das, was in Ihnen noch ungeformt ist. Verwandeln Sie Ihre Ungeduld in Gelassenheit, Ihre Er-

wartungshaltung in Selbstgenügsamkeit. Lenken Sie Ihre Gedanken auf Inhalte, die spannender sind als Ihre Monologe über das verbaute Glück. Üben Sie sich in der Praxis des Schweigens. Reaktivieren Sie die antike Tradition des Schweigebanketts. Versammeln Sie Freunde und Bekannte und ermutigen Sie einen von ihnen, eine kurze Rede über ein gesellschaftlich, historisch oder kulturell relevantes Thema zu halten. Halten Sie sich und das Publikum zum Schweigen an. Denken Sie gemeinsam über das Gesagte nach. Wenn der Redner geendet hat, servieren Sie – still – einen kleinen Imbiss. Essen Sie schweigend, auch wenn es Ihnen schwerfällt. Üben Sie regelmäßig. Die Askese wird Ihre Unzufriedenheit vertreiben.

Wenn Sie sich an dieses Rezept halten, werden Sie aufhören, sich als Sklave zu fühlen. Sie werden die Freiheit schätzen lernen, die in der Selbstdisziplin liegt. Sie werden zu mehr Solidarität fähig sein – und erkennen, dass Ihr individuelles Glück erst dann richtig gut ist, wenn es auch für die Allgemeinheit gut ist.

Literatur

Aufgeführt sind alle zum Verständnis des jeweiligen Kapitels wesentlichen zitierten Quellen sowie ergänzende und weiterführende Literatur. Sämtliche Bücher wurden nach den Kriterien »Lesbarkeit«, »gute Kommentierung« und, wo möglich, »leichte Beschaffbarkeit« ausgewählt. Das Erscheinungsjahr bezieht sich auf die jeweils aktuelle Ausgabe.

Vorwort

Einen ersten Eindruck von der Philosophischen Beratung vermitteln Christoph Ulhaas' Artikel »Lebenskunst: Cogito inkognito« und »Werden, was man ist. Ein Gespräch mit Gerd B. Achenbach – dem Erfinder der philosophischen Praxis«, in: *Gehirn & Geist* 3/2007, S. 44–49.

Zur Zielsetzung Philosophischer Beratung siehe Rebekka Reinhard: »Philosophische Beratung beim Allgemeinarzt«, in: *med+ für Allgemeinärzte* 3/2008, S. 9–11.

Odo Marquards Aufsatz »Zur Diätetik der Sinnerwartung. Philosophische Bemerkungen« findet sich in Gerd B. Achenbach: *Philosophische Praxis*, mit Beiträgen von Matthias Fischer, Thomas H. Macho, Odo Marquard und Ekkehard Martens, Köln 1984; sowie in Odo Marquard: *Apologie des Zufälligen*, Stuttgart 1986.

1. Perfektionismus bei der Generation Option

Zum Phänomen der Generation Option siehe Peter Gross: *Die Multioptionsgesellschaft*, Frankfurt am Main 1994.

Für eine erste Begegnung mit Søren Kierkegaard eignet sich Johan de Mylius (Hg.): *Kierkegaard für Gestresste*, Frankfurt am Main 2000.

2. Warum Angst nur ein anderes Wort für Freiheit ist

Von Marcel Prousts Werk *Auf der Suche nach der verlorenen Zeit*, 7 Bände, Frankfurt am Main 2002, ist Einsteigern besonders der erste Teil (»Combray«) zu empfehlen.

Alexis de Tocquevilles *Über die Demokratie in Amerika*, Stuttgart 1985, gilt als eine der ersten präzisen Bestandsaufnahmen egalitärer Massendemokratie.

Zu Søren Kierkegaard: *Der Begriff Angst*, Stuttgart 1992, siehe auch Konrad Paul Liessmann: *Søren Kierkegaard zur Einführung*, Hamburg 2006.

3. Was der Tod mit dem Leben zu tun hat

Sogyal Rinpoches *Das tibetische Buch vom Leben und vom Sterben. Ein Schlüssel zum tieferen Verständnis von Leben und Tod*, Frankfurt am Main 2007, ist eine Interpretation des *Tibetischen Totenbuchs*.

Zum taoistischen Denken siehe Alan Watts: *Der Lauf des Wassers. Die Weisheit des Taoismus*, Frankfurt am Main 2003.

Zum tieferen Verständnis der aristotelischen und der modernen westlichen Logik siehe: Ernst Tugendhat und Ursula Wolf: *Logisch-semantische Propädeutik*, Stuttgart 1989.

4. Wie man das Zeit-Monster besiegt

Senecas *Von der Kürze des Lebens*, München 2005, ist stressgeplagten Philosophie-Neulingen sehr zu empfehlen.

Ebenso literarisch wie philosophisch ist Henry David Thoreaus *Walden oder Leben in den Wäldern*, Zürich 2007.

Gute Anleitungen zur Achtsamkeitsmeditation finden sich in Jon Kabat-Zinn: *Im Alltag Ruhe finden. Das umfassende praktische Meditationsprogramm,* Frankfurt am Main 2007.

5. Die beste Art zu lachen

Henri Bergsons *Das Lachen. Ein Essay über die Bedeutung des Komischen,* Frankfurt am Main 1988, widmet sich Entstehung und Wirkung der Komik in all ihren Facetten.

Zu Bergson und anderen philosophischen Theorien über das Lachen siehe Manfred Geier: *Worüber kluge Menschen lachen. Kleine Philosophie des Humors,* Reinbek 2007.

In Platons Dialog *Theätet,* Frankfurt am Main 2007, wird mit ironischer Fragetechnik dem Thema Wissen auf den Grund gegangen.

Ironisch, tragisch und mystisch ist die Botschaft von Pascals *Gedanken,* Stuttgart 2004.

Alexander Dills *Philosophische Praxis. Eine Einführung,* Frankfurt am Main 1990, widmet sich ironisch-kritisch den großen Lebensfragen.

Einen erzählerischen Zugang zur Ironie bietet die kommentierte Koan-Sammlung von Alejandro Jodorowsky: *Der Finger und der Mond. Zen-Geschichten und schlagkräftige Worte dazu,* Aitrang 2006.

6. Der Unterschied zwischen Liebe und Lieben

Ein moderner Klassiker zum Thema Liebe ist Erich Fromms *Die Kunst des Liebens,* Berlin 2005.

Eine Sammlung philosophischer Texte von der Antike zur Postmoderne bietet Kai Buchholz (Hg.): *Liebe. Ein philosophisches Lesebuch*, München 2007.

La Rochefoucaulds *Maximen und Reflexionen*, Stuttgart 2005, entlarven die Verzerrungen von Liebe und Freundschaft.

7. Das Gute

Aristoteles' Überlegungen zum Guten finden sich in seiner *Nikomachischen Ethik*, Reinbek 2006.

Einen ersten Überblick über philosophische und naturwissenschaftliche Erklärungsversuche zum Thema liefert Annemarie Pieper: *Gut und Böse*, München 2008.

Zu Søren Kierkegaard: *Entweder – Oder*, München 2005, siehe Asa Schillinger-Kind: *Kierkegaard für Anfänger: Entweder – Oder*, München 2002.

Ebenso ergreifend wie lehrreich ist Viktor E. Frankls existenzphilosophisch inspiriertes Buch *... trotzdem Ja zum Leben sagen. Ein Psychologe erlebt das Konzentrationslager*, München 2005.

8. Das Böse

Platons Überlegungen zum Bösen finden sich in seinem Werk *Politeia*, Frankfurt am Main 1991.

Siehe zum Thema auch Annemarie Pieper, a. a. O.

Boethius' *Trost der Philosophie*, München 2007, ist ein einzigartiges philosophisch-poetisches Kunstwerk aus der Spätantike.

Für alle, die sich dem Unerklärlichen literarisch nähern möchten, ist Franz Kafkas Novelle *Die Verwandlung*, München 2008, unbedingt zu empfehlen.

Von bleibender Aktualität ist Hannah Arendt: *Eichmann in Jerusalem. Ein Bericht von der Banalität des Bösen*, München 2006.

9. Das Geheimnis der Freundschaft

Kritische und melancholische Betrachtungen zum Thema liefert Michel de Montaigne: *Von der Freundschaft und andere Essais*, Frankfurt am Main 2008.

Epikurs Überlegungen zum Thema Freundschaft finden sich in seiner *Philosophie der Freude: Briefe. Hauptlehrsätze. Spruchsammlung. Fragmente*, Frankfurt am Main 2004.

Philosophische Texte von der Antike zur Postmoderne versammelt Klaus-Dieter Eichler (Hg.): *Philosophie der Freundschaft*, Leipzig 2000.

Für eine gepflegte Selbstbeziehung plädiert Wilhelm Schmid: *Mit sich selbst befreundet sein. Von der Lebenskunst im Umgang mit sich selbst*, Frankfurt am Main 2007.

10. Das Fremde und das Normale

Wertvolle Inspirationen zum Thema verdanke ich Jürgen Ph. Furtwängler: *Heilig öffentlich Geheimnis. Das Fremde in seiner seelischen Funktion*, Essen 1999.

In *Die Ordnung der Dinge. Eine Archäologie der Humanwissenschaften*, Frankfurt am Main 2002, untersucht Michel Foucault die Entstehung von Wissenskulturen, Repräsentationen und Denksystemen des Menschen.

Zu Ludwig Wittgensteins *Philosophischen Untersuchungen*, Frankfurt am Main 2003, siehe Joachim Schulte: *Wittgenstein. Eine Einführung*, Stuttgart 1989.

11. Big Talk und andere Kommunikationskatastrophen

Das Zen-Gleichnis findet sich in Alejandro Jodorowsky, a. a. O.

Über Ludwig Wittgensteins Begriff der Lebensform informiert Joachim Schulte, a. a. O.

Für alle, die sich über die folgenreichen Missverständnisse zwischen Philosophen unterschiedlicher Traditionen informieren möchten, eignet sich darüber hinaus Rebekka Reinhards wissenschaftliche Untersuchung: *Gegen den philosophischen Fundamentalismus. Postanalytische und dekonstruktivistische Perspektiven*, München 2003.

12. Pessimismus gegen Unzufriedenheit

Arthur Schopenhauers *Aphorismen zur Lebensweisheit*, Frankfurt am Main 2008, sind für mit (Selbst-)Ironie Begabte besonders geeignet.

Zur therapeutischen Wirkung Schopenhauer'scher Gedanken siehe auch den Roman von Irvin D. Yalom: *Die Schopenhauer-Kur*, München 2006.

Für einen ersten Lesekontakt mit Thomas Bernhard empfehlen sich seine *Autobiographischen Schriften*, 5 Bände, St. Pölten 2004.

Zu Pyrrhon und dem Skeptizismus siehe Andreas Urs Sommer: *Die Kunst des Zweifelns. Anleitung zum skeptischen Denken*, München 2008.

13. Akuter Glückszustand

Über den Zusammenhang von Glück/Willen einerseits und Tugend/Vernunft andererseits informiert Immanuel Kant: *Grundlegung zur Metaphysik der Sitten*, Frankfurt am Main 2007.

Klassische Einsichten zum Thema sind in Epikur, a. a. O., nachzulesen.

Erich Fromms *Haben oder Sein. Die seelischen Grundlagen einer neuen Gesellschaft*, München 2005, behandelt die wichtigste Frage der modernen Zivilisation.

14. Chronisches Glück

Zu Aristoteles, a. a. O., siehe Robert Spaemann: *Glück und Wohlwollen. Versuch über Ethik*, Stuttgart 1998.

Siehe zum Thema auch das Überblickswerk von Annemarie Pieper: *Glückssache. Die Kunst gut zu leben*, München 2007.

Über die philosophische Lebenskunst informieren Wilhelm Schmid: *Philosophie der Lebenskunst. Eine Grundlegung*, Frankfurt am Main 2000, und Christoph Horn: *Antike Lebenskunst. Glück und Moral von Sokrates bis zu den Neuplatonikern*, München 1998.

Eine Auswahl aus Epiktets *Diatriben* findet sich in Epiktet: *Wege zum glücklichen Handeln*, Frankfurt am Main 1992.

Lehrreich und inspirierend sind Marc Aurels *Selbstbetrachtungen*, Frankfurt am Main 2008.

Webadressen

Philosophische Beratung:

www.praxis-reinhard.de

Philosophische Beratung im Rahmen
integrativer Onkologie:

www.klinik-silima.de

Philosophische Veranstaltungen/Seminare:

www.denkwochen.com

Anhang

Ein Selbsttest: Wie viel Philosophie brauchen Sie für ein erfülltes Leben?

Dieser Test gibt Ihnen Aufschluss über Sinn und Un-Sinn Ihrer bisherigen Lebensführung. Notieren Sie zu jeder der folgenden 100 Selbstaussagen ein »trifft zu« bzw. »trifft nicht zu«. Antworten Sie möglichst spontan.

	trifft zu	trifft nicht zu
1. Manchmal höre ich mein Handy klingeln, obwohl niemand anruft.	☐	☐
2. Ich habe Angst, mein ganzes Geld zu verlieren.	☐	☐
3. Ich habe Angst, künftig nicht so viel zu verdienen, wie ich geplant habe.	☐	☐
4. Wenn ich einmal allein bin und nichts zu tun habe, werde ich nervös.	☐	☐
5. Es ist mir nicht möglich zu telefonieren, ohne gleichzeitig noch mindestens zwei andere Dinge zu erledigen.	☐	☐
6. Ich habe Angst, dass man mich nicht so ernst nimmt, wie man sollte.	☐	☐
7. Wenn ich mein Pensum nicht schaffe, macht mich das fast wahnsinnig.	☐	☐
8. Eher stehe ich drei Stunden im Stau, als dass ich daheimbleibe und ein Buch lese.	☐	☐
9. So ganz genau habe ich immer noch nicht begriffen, was »Ironie« bedeutet.	☐	☐

	trifft zu	trifft nicht zu

10. Meiner Meinung nach gibt es keinen großen Unterschied zwischen einem Argument und einer These. ☐ ☐
11. Den Namen Sokrates habe ich noch nie gehört. ☐ ☐
12. Es stört mich nicht im Geringsten, dass ich Bäume und Blumen nur mit »Bäume« und »Blumen« bezeichnen kann und nicht mit ihren botanischen Namen. ☐ ☐
13. Wenn ich mehr Zeit hätte, würde ich, glaube ich, auch einmal einen Roman lesen. ☐ ☐
14. Wenn ich ehrlich bin, kann ich nicht viel mit mir anfangen. ☐ ☐
15. Natürlich möchte ich irgendwann später einmal Kinder haben. ☐ ☐
16. Ich möchte meinen Kindern das Beste bieten, dabei aber selbst nicht zu kurz kommen. ☐ ☐
17. Das Wichtigste im Leben ist für mich, Spaß zu haben. ☐ ☐
18. Ich kann nicht Nein sagen, aber definitiv Ja zu sagen fällt mir auch schwer. ☐ ☐
19. Um eine Verabredung mit Freunden festzumachen, brauche ich in der Regel drei bis sechs Telefonate. ☐ ☐
20. Wenn ich das Gefühl habe, meine Zeit verschwendet zu haben, treibt mich das zur Verzweiflung. ☐ ☐
21. Mir ist nicht klar, wie mir Geschichtskenntnisse oder Fremdsprachen helfen sollen, mich selbst besser zu verstehen. ☐ ☐

	trifft zu	trifft nicht zu
22. Wenn etwas nicht so läuft, wie ich es mir vorstelle, bin ich gleich auf hundertachtzig.	☐	☐
23. Die Zeit rauscht immer schneller an mir vorbei.	☐	☐
24. Ich leiste viel, als mutig würde ich mich aber eher nicht bezeichnen.	☐	☐
25. Ich möchte mehr erleben, aber auch nichts Grundsätzliches an meiner derzeitigen Situation ändern.	☐	☐
26. Es ist mir egal, ob zwischen »anscheinend« und »scheinbar« ein Unterschied besteht oder nicht – ich habe ganz andere Sorgen.	☐	☐
27. Für einen älteren Menschen räume ich zwar meinen Sitzplatz, aber gern tue ich es nicht.	☐	☐
28. Wenn mich ein älterer Mensch mit seiner Langsamkeit daran hindert, schnell an mein Ziel zu kommen, werde ich ziemlich ungeduldig.	☐	☐
29. Ich weiß nicht, wer ich bin.	☐	☐
30. Oft vergesse ich oder bin zu träge, Anrufe oder Mails eines Bekannten/Freundes zu beantworten.	☐	☐
31. Wenn ich meine Zeit nicht wie geplant nutzen kann, werde ich unruhig.	☐	☐
32. Zeitungsberichte über Notstände in Pflegeheimen überblättere ich.	☐	☐
33. Mit den Themen »Patientenverfügung« und »Sterbehilfe« befasse ich mich, wenn es so weit ist.	☐	☐
34. Ich war noch nie länger als drei Monate Single.	☐	☐
35. Ich habe Angst vor der Inflationsspirale.	☐	☐

	trifft zu	trifft nicht zu
36. Meine Problemhaut belastet mich.	☐	☐
37. Wenn ich mich mit anderen vergleiche, habe ich das Gefühl, vom Schicksal benachteiligt zu sein.	☐	☐
38. Ich finde, dumme Leute sind zwar dumm, dafür aber oft glücklicher als kluge Leute wie ich.	☐	☐
39. Wenn ich mit diesem Test fertig bin, gebe ich mir das Videospiel »Grand Theft Auto 4«.	☐	☐
40. Wenn ich Dinge tun muss, die mir nichts bringen, ärgere ich mich sehr.	☐	☐
41. Ich möchte für möglichst wenig Geld möglichst viel haben.	☐	☐
42. Es ist mir wichtig, meinen Kindern einen Sinn für Ethik mit auf den Weg zu geben, habe aber keine Zeit, mir auch noch über meine persönliche Moral den Kopf zu zerbrechen.	☐	☐
43. Ich käme nie auf die Idee, freiwillig eine KZ-Gedenkstätte zu besuchen.	☐	☐
44. Wenn mir ein Freund von jemandem erzählt, den ich nicht kenne, schalte ich sofort ab.	☐	☐
45. Ich wäre viel glücklicher, wenn mein Partner nicht so anstrengend wäre.	☐	☐
46. Im Urlaub oder an Weihnachten gibt es oft Streit in meiner Familie.	☐	☐
47. Wenn ich mehr verdienen würde, würde ich sicherlich auch einmal etwas für die Kinder in der Dritten Welt spenden.	☐	☐

	trifft zu	trifft nicht zu
48. Wenn ich mich zwischen mehreren Optionen entscheiden muss, fühle ich mich in meiner Freiheit beschnitten.	☐	☐
49. Ich finde, man sollte sich im Leben vor allem mit den schönen Dingen befassen, Probleme gibt es schließlich schon genug.	☐	☐
50. Ich bin nicht besonders neugierig, wie ich in zwanzig, dreißig Jahren sein werde – Leben ist jetzt.	☐	☐
51. Wenn mir mein Chef sagt: »Mach dies oder jenes«, mache ich das auch.	☐	☐
52. Wenn mir mein Partner sagt: »Tu dies oder das«, streike ich.	☐	☐
53. Ich habe Angst, in Zukunft immer weniger attraktiv/potent zu sein.	☐	☐
54. Ich bin süchtig (nach Alkohol, Nikotin, illegalen Drogen, TV, Internet, Sex oder Arbeit).	☐	☐
55. Von Montag bis Freitag funktioniere ich, am Wochenende lebe ich.	☐	☐
56. Ich möchte meinen Kindern ein Vorbild sein, zweifle aber manchmal, ob ich den Ansprüchen der Kinder genügen kann.	☐	☐
57. Es fühlt sich schon komisch an, dass die Leute in den Clubs meist viel jünger sind als ich.	☐	☐
58. Ich verstehe nicht, wie Menschen, die in Armut leben oder schwer krank sind, trotzdem fröhlich sein können.	☐	☐
59. In Gesprächen mit Freunden oder Kollegen benutze ich auffällig oft das Wort »ich«.	☐	☐
60. Ich möchte endlich glücklich sein.	☐	☐

	trifft zu	trifft nicht zu

61. Je älter ich werde, desto weniger Interesse bringe ich für Dinge auf, die mich nicht unmittelbar betreffen. ☐ ☐
62. 8 Euro für einen Museumsbesuch ist mir ein bisschen zu viel. ☐ ☐
63. 180 Euro für eine Diesel-Jeans finde ich okay. ☐ ☐
64. Irgendwie habe ich ständig wegen irgendetwas ein schlechtes Gewissen. ☐ ☐
65. Unangenehme Telefonate schiebe ich oft Wochen vor mir her. ☐ ☐
66. Mich interessiert die Zukunft, nicht die Vergangenheit. ☐ ☐
67. Es ärgert mich, dass die Leute auf der Straße immer so griesgrämig vor sich hin starren. ☐ ☐
68. Ich käme nie auf die Idee, die Leute auf der Straße anzuschauen, geschweige denn anzulächeln. ☐ ☐
69. Bevor ich zu viel in eine Freundschaft investiere, warte ich erst einmal, was vom anderen kommt. ☐ ☐
70. Ich finde einfach nicht die richtige Balance. ☐ ☐
71. Wenn ich ein paar Kilo weniger wiegen würde, würde ich sicher viel leichter einen Partner finden. ☐ ☐
72. Ich habe Angst, etwas zu versäumen. ☐ ☐
73. Ich glaube, ich bin in der Midlife-Crisis. ☐ ☐
74. Ich zweifle, ob es mir etwas bringt, ein Buch aus dem 1. Jahrhundert n. Chr. zu lesen. ☐ ☐
75. Es liegt mir näher, in meinen Körper zu investieren als in meinen Geist. ☐ ☐

	trifft zu	trifft nicht zu

76. Mein Lifestyle ist ziemlich individuell – so wie der meiner Freunde. ☐ ☐
77. Anderen Menschen gegenüber verhalte ich mich mal entgegenkommend, mal abweisend, je nach Situation und Stimmung. ☐ ☐
78. Vor Leuten, die viele Fremdwörter in die Unterhaltung einstreuen, habe ich Respekt. ☐ ☐
79. Wenn ich erfahre, dass ein Freund/guter Bekannter von mir psychische Probleme hat, gehe ich erst einmal auf Distanz. ☐ ☐
80. Wenn ich mich mit mir selbst beschäftigen muss, wird mir ziemlich schnell langweilig. ☐ ☐
81. Nach langer, langer Zeit hat mich mein Partner urplötzlich verlassen. ☐ ☐
82. Der ständige Terminduck deprimiert mich. ☐ ☐
83. Seit einiger Zeit habe ich das Gefühl, gar nicht richtig zu leben. ☐ ☐
84. Ich neige zum Jammern. ☐ ☐
85. Es fällt mir schwer, über etwas anderes nachzudenken als über meine eigenen Belange. ☐ ☐
86. Es ist mir unmöglich, in negativen Erlebnissen einen Sinn zu sehen. ☐ ☐
87. Früher habe ich fast immer bekommen, was ich wollte, aber in letzter Zeit läuft alles schief, und das quält mich. ☐ ☐
88. Wenn ich »Philosophie« höre, denke ich an Unternehmensphilosophie. Oder an alte Männer mit Bart und Brille. ☐ ☐

	trifft zu	trifft nicht zu

89. Afrikanische Bürgerkriegsszenen im Fernsehen anzuschauen bewegt mich weniger als ein gut gemachter Politthriller. ☐ ☐
90. Manchmal habe ich den Eindruck, dass mein Kind in moralischer Hinsicht klüger ist als ich. ☐ ☐
91. Über Klimawandel und Umweltverschmutzung mache ich mir schon Gedanken, aber ich denke, es wäre lächerlich, wenn ich plötzlich mit einem Elektroauto durch die Gegend führe. ☐ ☐
92. Früher wurde ich im Job nur ausgenutzt – jetzt kann ich es mir leisten, andere auszunutzen. ☐ ☐
93. Ich habe Angst, entlassen zu werden. ☐ ☐
94. Es fällt mir schwer, klar auszudrücken, was ich eigentlich will. ☐ ☐
95. In mir liegen die Gedanken und Gefühle wie Kraut und Rüben durcheinander. ☐ ☐
96. Ich habe verlernt abzuschalten. ☐ ☐
97. Manchmal möchte ich einfach nur ein anderer sein. ☐ ☐
98. Ich schwanke zwischen Verzweiflung und Größenwahn. ☐ ☐
99. Ich habe Angst, nicht genug zu leisten. ☐ ☐
100. Wenn mein Kind zu viel liest, entwickelt es nicht genug Sozialkompetenz. ☐ ☐

AUSWERTUNG

Zählen Sie zusammen, wie oft Sie »trifft zu« notiert haben. Für jedes »trifft zu« geben Sie sich einen Punkt. Je mehr Punkte Sie haben, desto höher fällt die Dosis Philosophie aus, die Sie benötigen, um zu erkennen, was Sie für ein erfülltes Leben alles *nicht* brauchen.

0 bis 33 Punkte

Sie scheinen sich vom Zeitgeist des Perfektionismus und der Multioptionalität nicht besonders beeindrucken zu lassen. Das ist löblich. Sie sind ein Mensch, der die Dinge gewohnheitsmäßig hinterfragt, der zum Selber-Denken fähig ist. Es stellt sich allerdings die Frage, welche Folgen Ihr kritisches Denken für Ihre Lebensführung hat. Mit anderen Worten: Sind Sie ein Zyniker oder ein Ironiker (siehe Kapitel 5)? Verachten Sie Ihre Zeitgenossen für ihren Konformismus oder versuchen Sie, sie dazu zu inspirieren, sich aus dem Korsett des *Man* (»man tut dies und nicht jenes«) zu befreien? Ihr Leben kann nur dann wirklich erfüllt sein, wenn Sie neben Ihrer Denkfähigkeit auch Ihre Gemeinschaftsfähigkeit (siehe Kapitel 7, 9 und 10) entwickeln. Sich auf seinen Denk-Leistungen auszuruhen ist Un-Sinn.

2 x 4 *Globuli Philosophiae*: Lassen Sie sich die Erkenntnisse der in diesem Buch genannten Philosophen langsam auf der Zunge zergehen. Sollten Sie nach drei Tagen keine Wirkung verspüren, gibt es zwei Möglichkeiten: a) Ihr Leben ist bereits hinreichend erfüllt oder b) Sie haben alles hinterfragt – mit einer Ausnahme: sich selbst. Im Falle b) versuchen Sie bitte die Komfortzone der Selbstverliebtheit (siehe Kapitel 6) zu verlassen und über sich selbst hinauszuwachsen. Zum Beispiel, indem Sie jeden Tag etwas Gutes tun.

34 bis 66 Punkte

Sie sind auf halbem Wege zwischen Sinn und Un-Sinn stecken geblieben. Einerseits lassen Sie sich von *den Anderen* das Leben schwer machen, andererseits ärgern Sie sich darüber. Beklagen Sie sich nicht über *die Anderen* und seien Sie auch nicht unzufrieden (siehe Kapitel 12). Überlegen Sie lieber, worum es in diesem einzigartigen und kostbaren Leben wirklich gehen soll. Trainieren Sie Ihre Todesbewusstheit (siehe Kapitel 3) und versuchen Sie, sich auf das Wesentliche zu beschränken (siehe Kapitel 13) – auch im Bereich zwischenmenschlicher Kommunikation (siehe Kapitel 11). Suchen Sie den Dialog mit denen, die in diesem Test 0 bis 33 Punkte erzielt haben. Hören Sie auf zu spekulieren, wann sich Ihre Erwartungen ans Leben endlich erfüllen werden. Fangen Sie an, jeden einzelnen Ihrer Tage als Übung zu betrachten: Leben Sie *asketisch* (siehe Kapitel 14). Nehmen Sie nicht nur die Moral von Topmanagern und Tradern unter die Lupe, sondern auch Ihre eigene (siehe Kapitel 8). Lernen Sie dabei von den Alten (Platon und Co.) und den Kleinen (Ihren Kindern).

3 x 1 *Philosophia akut*: Nehmen Sie die Philosophie mit viel Flüssigkeit ein, damit Sie sich gleichmäßig auf Körper, Seele und Geist verteilt. Nach zwei bis vier Wochen sollten Sie eine deutliche Besserung Ihres Zustands verspüren. Mögliche Nebenwirkung: Ihre Unzufriedenheit könnte völlig überraschend einem Gefühl der Heiterkeit weichen.

67 bis 100 Punkte

Sie sind kein leichter Fall. Dennoch besteht kein Grund zur Sorge. Immerhin haben Sie zu obigen Selbstaussagen ehrlich Stellung bezogen. Was bedeutet, dass Sie, wenn es darauf ankommt, zur Selbsterkenntnis durchaus in der Lage sind. Für ein erfülltes Leben reicht dies leider nicht aus.

Hören Sie auf, Un-Sinn anzuhäufen. Erkennen Sie, dass die Lebenshaltung der Vorläufigkeit (siehe Kapitel 1) nicht schneller, sondern gar nicht ans Ziel führt. Versuchen Sie, Ihre Ängste nicht zu verdrängen, sondern sich mit ihnen zu befreunden (siehe Kapitel 2). Lernen Sie, sich im richtigen Moment (siehe Kapitel 4) zu entscheiden und zu Ihrer Entscheidung zu stehen. Ihr Hauptproblem scheint darin zu bestehen, dass Sie sich noch nicht genügend ins Dasein vertieft haben. Ihr Verhältnis zum Leben ist noch nicht leidenschaftlich genug. Wenn die Welt eine Bühne ist, begnügen Sie sich mit einem billigen Zuschauerplatz – anstatt selbst eine Rolle zu übernehmen und diese von Anfang bis Ende durchzuspielen. Werden Sie aktiv. Sprechen Sie mit einer Person, die in diesem Test 34 bis 66 Punkte erreicht hat. Diskutieren Sie gemeinsam die Einsichten, die Sie aus diesem Buch gewonnen haben, und erörtern Sie Fragen, die offengeblieben sind. Unterstützen Sie sich gegenseitig dabei, die Sinn-Diät durchzustehen. Geben Sie niemals auf. Der Sinn des Lebens liegt im Leben selbst. Und nicht in irgendeinem Surrogat.

2 x 1 *Philosophia retard forte*: Achten Sie darauf, sich die Philosophie regelmäßig zuzuführen, sonst kann es zu gefährlichen Selbstzweifeln kommen! Mögliche Nebenwirkungen: Horizonterweiterung, Interessenzuwachs, nagende Neugier.

Danksagung

Ich danke allen, die zum Entstehen dieses Buches beigetragen haben, insbesondere meiner Familie und meinen Freunden, meinen Klienten, Jutta und Helmut Liewehr, Michael Meller, Familie von Pauer, Prof. Detlev von Zerssen, Prof. Hans-Jürgen Möller und der Station C o, Dr. Fritz Friedl und der Klinik Silima, Prof. Verena Kast und Prof. Manfred Cierpka, Prof. Joachim Bauer sowie Susanne Holbe und der *Madame*.